本书出版得到清华大学双高计划资助

傅璇琮文集

李德裕年谱

上册

中华书局

图书在版编目（CIP）数据

李德裕年谱/傅璇琮撰. —北京：中华书局,2023.3
（傅璇琮文集）
ISBN 978-7-101-16139-7

Ⅰ.李…　Ⅱ.傅…　Ⅲ.李德裕(787~850)-年谱
Ⅳ.K827=42

中国国家版本馆 CIP 数据核字(2023)第 040333 号

书　　名	李德裕年谱（全二册）
撰　　者	傅璇琮
丛 书 名	傅璇琮文集
责任编辑	李碧玉　郭惠灵
责任印制	管　斌
出版发行	中华书局
	（北京市丰台区太平桥西里 38 号　100073）
	http://www.zhbc.com.cn
	E-mail:zhbc@zhbc.com.cn
印　　刷	北京中科印刷有限公司
版　　次	2023 年 3 月第 1 版
	2023 年 3 月第 1 次印刷
规　　格	开本/920×1250 毫米　1/32
	印张 20⅜　插页 4　字数 440 千字
国际书号	ISBN 978-7-101-16139-7
定　　价	130.00 元

傅璇琮文集

出版说明

傅璇琮先生(1933—2016),浙江宁波人。1951年至1955年,先后就读于清华大学中文系、北京大学中文系,毕业后在北京大学中文系任助教。1958年3月调至商务印书馆任编辑,后因出版分工调整,进入中华书局工作,历任中华书局文学组编辑、古代史编辑室副主任、中华书局副总编辑、总编辑。2008年受聘为中央文史研究馆馆员。曾任国务院古籍整理出版规划小组成员、秘书长、副组长,中国唐代文学学会会长,中国人民大学国学院特聘教授,清华大学中文系教授、古典文献研究中心主任等。

傅璇琮先生是著名出版家。他一生致力于古籍整理出版事业,参与制订《古籍整理出版规划(1982—1990)》、《中国古籍整理出版十年规划和"八五"计划》、《中国古籍整理出版"九五"重点规划》。在中华书局主持或分管编辑工作的数十年间,策划、主持整理出版了一系列具有重大学术影响的古籍图书,培养了一批中青年编辑人才。

傅璇琮先生是著名学者,"学者型编辑"的杰出代表,在古代文史研究领域笔耕不辍，著作宏富。其撰著的《唐代诗人丛考》、《唐代科举与文学》等，体现了开创性的研究方法和深刻的治学理念，产生了广泛而深远的影响；其领衔和参与主编的《续修四库全书》、《续修四库全书总目提要》、《中国古籍总目》、《全唐五代诗》、《全宋诗》、《唐才子传校笺》、《宋才子传笺证》、《全宋笔记》、《唐五代文学编年史》等古籍整理图书和学术著作，成为相关领域的基础性文献和重要学术成果，在海内外学术界、出版界享有广泛和崇高的声誉。

此次整理出版《傅璇琮文集》，收录其个人著作《唐代诗人丛考》、《唐代科举与文学》、《唐翰林学士传论》、《李德裕年谱》四种，合著《李德裕文集校笺》、《河岳英灵集研究》两种，另将傅璇琮先生 1956 年至 2016 年间发表在报刊杂志和收录于文章专集的单篇文章，包括学术论文、杂文、随笔，以及所作序跋、前言、说明等三百六十馀篇，依时间为序结集为《驼草集》。

文集的出版，得到清华大学以及傅璇琮先生家属的鼎力支持，在此谨致谢忱！

中华书局编辑部

2023 年 3 月

目 录

中华版题记

　　上世纪八十年代初,我曾启动研究李商隐,后因李商隐生平与创作牵涉于牛李党争,我就着重研究李德裕,于 1982 年冬撰成《李德裕年谱》,1984 年 10 月在齐鲁书社出版。出版后得到学界的首肯,如南开大学中文系罗宗强教授在为拙著《唐诗论学丛稿》所作的序中,特为论及《李德裕年谱》,谓:"在对纷纭繁杂的史料的深见功力的清理中,始终贯串着对历史的整体审视,而且是一种论辨是非的充满感情的审视。这其实已经超出一般谱录的编写范围,而是一种历史的整体研究了。"

　　另有两位学者在八十年代有专文评论,如现为上海大学文学院教授、当时为中国社科院文学所研究员董乃斌先生,以《宏通而严谨的历史眼光》为题评这部《年谱》(刊于《读书》1986 年第 2 期),认为此书"不仅是运用传统史料编纂法做出的新成绩,而且向我们有力地证明了文史研究中'社会—历史'方法的合理和重要",肯定此书"在学术上又有其新的面貌、新的特点"。又武汉大学文学院王兆鹏教授所作《传统的突破——傅璇琮三部学术著作述评》(《文学遗产》1989 年第 2 期),将《李德裕年谱》与《唐代诗人丛考》、《唐代科举与文学》并论，着重论及《李德裕年谱》从李德裕入手，具体翔实地考察牛李党争的政见、政绩，"使牛李党争的真相与是非曲直大白于天下，同时也澄清了对李商隐的一些'传统的误解'"。

以上所引学术名家对《李德裕年谱》的赞评之辞，对于我自己的治学思路实深受启发。但此书1984年齐鲁版，排校中错字太多，印出后我自己核查，发现几乎三分之二的篇幅，每页都有错字、漏字；另外，在材料的运用中也有好几处错失。李德裕祖籍，为今河北省赞皇县，河北教育出版社重视地域文化建设，注意于继承和发扬传统文化，就与我联系，提出重印《李德裕年谱》修订重印本。经河北教育出版社慨允支持，于2001年11月出版此书的补订新版。此书新版质量提高，更引起读者重视。出版后，历经十年余，据说市场上现已很难再购得。现在中华书局正在出版一套"年谱丛刊"，已推出十余种，即向我提出，将《李德裕年谱》再次重印，列于中华书局"年谱丛刊"中。征得河北教育出版社同意，此次又重印，则我又有机会再作一次订正，力求再次提高质量。

这次我又核查出版后逐步检出的问题，发现仍有错字和材料运用的疏失，这次由中华书局重印，也确是对此书质量提高的再次机缘。

关于文字之错失，这次改正有十五处，今略举数例：如人的名称，原书页106行12，云："当时制诏可能以德裕与无稹为名重一时。"此"无"为"元"之误，元稹是中唐时诗文名家。又原书页14倒5行，"照德皇后"，"照"应改为"昭"。这些皆为排校中的疏误。又如地名，原书页454倒7行，引《旧唐书·武宗纪》"东驾幸洛阳"，经核，"洛"为"咸"之误，此次即改正。又如文集卷次，原书页322行9，《刘禹锡集笺证》卷十六《秋声赋》，此"卷十六"应为"卷一"。又原书页375行6，《李德裕文集》卷一《黠戛斯朝贡图传序》，此"卷一"应为"卷二"。其他错失字，如原书页214行11，"六和七年六月"，"六和"应为"大和"，为文宗年号；页35倒2行，"贬使雷州"，"使"应为"死"；又如页99末行"元和十五年正月甲寅"，据《旧唐书·穆宗纪》，此"正月"前应加"闰"字；页229倒3行"覃亦左秘书监"，"左"前缺"授"字。其他多余字、错字等，均加改正，不再具述。

另有材料运用须正补的，更关系到学术性，今作具体记述，供学者参阅并请指正。

原书页26，贞元十二年(796)，记李德裕父吉甫在忠州刺史任，段文昌时在剑南西川节度使韦皋幕，曾至忠州以文干谒。所据为《旧唐书》卷一六七《段文昌传》，称韦皋任剑南西川节度使时，曾召段文昌在其幕，"表授校书郎"，时"李吉甫刺忠州，文昌尝以文干之"。我在谱中曾云："文昌至忠州以文干吉甫，未能确定何年，姑系于此。"虽云"未能确定何年"，但仍列于贞元十二年。按段文昌之子段成式著有《酉阳杂俎》，其书《读集》七，记有："贞元十七年，先君自荆入蜀，应韦南康辟命。"韦南康即韦皋，韦皋于德宗贞元年间始终任剑南镇。段成式明确记其父于贞元十七年始自荆入蜀，在韦皋幕，则决不能记贞元十二年段文昌由蜀至忠州拜谒李吉甫。故此次于贞元十二年删，改列于贞元十七年。

原书页71，元和六年，记李吉甫任相时，推动并指导林宝、王涯编纂《元和姓纂》,提及林、王二人之序,但未注出处。今即补记林宝之序载于《全唐文》卷七二二,王涯之序载于《全唐文》卷四四八。

原书页106,穆宗长庆元年(821),记:"二月,沈传师迁中书舍人,出翰林院,判史馆事。"此乃据唐丁居晦《重修承旨学士壁记》:"长庆元年二月二十四日迁中书舍人,二月十九日出守本官,判史馆事。"沈传师乃于宪宗元和十二年二月由左补阙、史馆修撰入为翰林学士。经查核,欧阳修《集古录跋尾》(见《欧阳修集》卷一四一,中华书局点校本,2001年)卷八著录《唐韩愈罗池庙碑》,引有《穆宗实录》,云:"长庆二年二月,传师自尚书兵部郎中、翰林学士罢为中书舍人、史馆修撰,其九月,愈自兵部侍郎迁吏部。"韩愈确于长庆二年九月由兵部侍郎迁改为吏部侍郎,则沈传师亦当于长庆二年二月出院。不过,此处所引之《穆宗实录》谓沈传师由兵部郎中罢为中书舍人,则误,因沈传师在翰林院期间已由兵部郎中(从五品上)迁为中书舍人(正五品上),何以又谓出院时以兵部郎中罢为中书舍人?故此次记沈传师出院仍列于长庆元年,但补作辨析。关于沈传师事,见拙著《唐翰林学士传论》宪宗朝沈传师条(辽海出版社,2005年12月)。

原书页177,文宗大和四年,记郑瀚,引《旧唐书》卷一五八《郑瀚传》所记"大和二年,迁礼部侍郎,典贡举二年",即谓:"依唐人惯例,授礼部侍郎多在上年冬,并典明年贡举,郑瀚当为大和二年冬任礼部侍郎。"按丁居晦《重修承旨学士壁记》明确记郑瀚"(大和)二年六月一日,迁礼部侍郎出院"。丁居晦亦为文宗朝翰林学士,与郑瀚同时,其所记当确切,不能以"唐人惯例"推断郑瀚为大和二年冬任礼部侍郎，今改。

原书页392，会昌三年编年文，将其《赠陈夷行司徒制》列于会昌三年，引《旧唐书》卷一七三《陈夷行传》："会昌三年十一月，检校司空、平章事、河中尹、河中晋绛节度使，卒，赠司徒。"谱中即谓"此制当是十一月作"。但据《旧唐书》卷一八上《武宗纪》，会昌四年八月，"河东节度使陈夷行卒"。则陈夷行于会昌三年十一月出任，翌年八月卒，未应将李德裕此制列于会昌三年，今改正。

另外可补的材料：萧遘为晚唐僖宗朝翰林学士，后曾为相，甚有声誉。《全唐文》卷八六僖宗《授王择萧遘平章事制》曾概誉为："自精通艺行，履历清崇，逸翰摩云，高踪绝地。"又乐朋龟草撰的《萧遘判度支制》（《全唐文》卷八一四）特称其才华："众谓国华，雅得韦平之称；时推人瑞，谅齐管乐之名。"萧遘于懿宗咸通五年（864）登进士第，《旧唐书》卷一七九《萧遘传》记其登第后初入仕，即"形神秀伟，志操不群"，慕李德裕为人，自比为李德裕，同年皆戏呼"太尉"。可见懿宗时李德裕在士人中之声誉。此次即补于大中三年李德裕卒后于后世的影响。

我的这部《李德裕年谱》之所以能得到社会的了解和学界的认可，是与齐鲁书社、河北教育出版社和中华书局的积极支持分不开的。我确有亲切体认和坚定展望，学术研究与出版事业的密切配合，必是我们文化建设的一个极有意义的项目。

2012 年元月

二版题记

我于 1978 年底完成《唐代诗人丛考》，交中华书局出版（出版于 1980 年 1 月）。《唐代诗人丛考》所论诗人到大历时为止，我遂想把研究重点转移到中晚唐。但我对中晚唐的研究颇有畏惧心理，这是因为中晚唐的社会情况，无论政治、经济、军事、文化等，都较前复杂，而且有关这一时期的文献资料不单数量繁多，并且真伪混淆、难于辨别。为此，我做了一些基本史料的辑集与梳理工作，并从 1980 年下半年起，进入选题的思考。我很快就选择了李德裕的研究。从我个人来说，我觉得，中晚唐时期的选题，最好有一定宽度的社会涵盖面，这样，研究的视野可以广一些，史料的运用可以活一些，即既能有史实的考辨，也能有事理的推释。中晚唐社会政治的主要问题，一般概括为宦官、藩镇、朋党，这三者是互相制约而又互相联系渗透的，研究三者之一，就一定要牵动其他两点。而在朋党方面，从宪宗元和年间起，直到宣宗大中时期，这近半个世纪，就是历史上所谓的牛李党争。牛李党争一直使研究者感到头疼，认为是非曲直，各有各的说法，很难界清，有些人认为牛李之争头绪纷繁，索性不去理它。有些搞唐代文学的人，一碰到有些作家夹杂在那时的党争中，也觉得难于措手。

经过史料的清理，我得出这样的结论：牛李党争中，核心人物是李德裕。中晚唐文学的复杂情况需要从牛李党争的角度加以说明，而要研究，最直接的办法则是研究李德裕。尽管环绕牛李党争，环绕李德裕，历史记载纷纭繁杂，但是不从李德裕入手，无论对当时的政治或文学，都不能得到真切的回答。正因如此，我就用两年的时间，即 1980 年冬至 1982 年冬，撰写了一部约四十万字的《李德裕年谱》。

这部书于 1984 年 10 月由齐鲁书社出版。出版后得到学界的首肯。南开大学中文系教授罗宗强先生在为我的《唐诗论学丛稿》所作的序言中，先是肯定我的《唐代诗人丛考》已越出个案考辨的范围，从个案考辨通向了整体研究，然后说："这种研究特色在《李德裕年谱》中有了进一步发展。在这部年谱里，谱主的事迹完全织入到围绕牛李党争而展开的历史画面里。因此有研究者提到可以把它作为一部牛李党争专史读。它涉及的其实是当时的整个政局与牵涉在这个政局里的各种人物的活动。从文学研究的角度说，它是一个大背景，在这个大的背景中，有谱主也有众多作家的活动、心态。在对纷纭繁杂的史料的深见功力的清理中，始终贯串着对历史的整体审视，而且是一种论辨是非的充满感情的审视。这其实已经超出一般谱录的编写范围，而是一种历史的整体研究了。"

中国社会科学院文学所研究员董乃斌先生在一篇题为《宏通而严谨的历史眼光》书评中，肯定拙著"在学术上又有其新的面貌、新的特点"，其中之一是："李德裕出身世代官宦之家，一生未尝应科举,三十岁以前基本上没有从事什么政治活动。因此,如仅将视线拘限于德裕一人,则他三十一岁任河东节度掌书记之前的诸般史实本可一笔带过。但由于《年谱》编者有宏通的历史眼光和总揽全局的学术气度,遂将(其父)李吉甫后半生的官历和自贞元初至元和中一系列朝廷政争编入。这就使本来可能流于单薄的前半部分变得十分充实,使全书成为一部比较完整系统的中晚唐政治斗争大事纪要。"

董乃斌先生接着又指出:"围绕着牛李两党的人事权位和不同政见之争,《年谱》除两党中心人物之外还引入了其他许多历史人物,著名的如裴度、元稹、白居易、李绅、李训、郑注、杜牧、温庭筠、李商隐等,实际已形成一张以李德裕为中心的社会关系网和一场以牛李党争为名目的政治斗争活剧。《年谱》所涉及的那些著名历史人物,许多已有定评,现在又被编者放在与李德裕的关系这块区别中晚唐人政治立场分野的界石面前加以考察,遂从事实、从他们的具体言行中引出了不少新颖的富有启发性的见解。"

我在这里之所以引录罗、董两先生不少赞许的话,是因为我觉得他们所说的,我在写作时还未能有此明确的认识,他们所作的理论的概括,对我的治学确有新的启发。我想这或许也有助于读者对本书的研索和利用。

不过,对于1984年出版的这部书来说,我觉得今天也不应讳避其缺失。这也是此次作较大幅度的修订,并重新出版的原因。

首先,这1984年版,错字实在太多,几乎有三分之二的篇幅,每页都有误字、漏字。按照现在的万分之一错字审查规格来说,此书在编校质量上是不合格的。这之中,有排校中的问题,也有我在誊写中的问题。

其次是材料运用中的错失。有的地方把并非李德裕的作品编入，如文宗大和四年（830），据《文苑英华》卷八三二，把一篇题为《易州候台记》列于李德裕任滑州刺史时所作，因文中有"德裕，邑人也"等语。实际上此文为玄宗开元二十九年（741）梁德裕所撰，见《全唐文》卷三五六。梁德裕有诗一首，载于玄宗天宝时所编的唐人选唐诗《国秀集》卷下。又如元和十三年（818）、开成五年（840），两次提到温庭筠均谒见过李德裕，并献诗，所据为温诗《感旧陈情五十韵献淮南李仆射》。此处的"淮南李仆射"，夏承焘、顾肇仓两先生在他们各自的著作中都认为是李德裕（李曾任淮南节度使），我未经覆核，因仍陈说，而实际温诗中的"淮南李仆射"乃是李绅（见陈尚君先生《温庭筠早年事迹考辨》，见所著《唐代文学丛考》）。又如长庆四年（824）记李德裕在浙西观察使任上时，与元稹有诗唱和（元稹时为浙东观察使），因元稹诗题中有"金陵太守"语，我就引杜牧"金陵津渡小山楼"诗说明此时所谓金陵乃指润州（即今江苏镇江）京口。这一说明是不错的，但"金陵津渡小山楼"一诗非杜牧作，实为张祜的《题金陵渡》，乃张冠李戴。

我在每年纪事之后，根据考查所得，李德裕诗文凡可以系年的，都列有"编年文"、"编年诗"。这一做法，董乃斌先生书评中曾谓谱主附载编年诗文题的做法创于清人所作《顾亭林年谱》，称赞拙著保持并发扬了这一良好的学术传统。但我在具体编排时却常出现问题，如上述《易州候台记》即是一例，有些地方则把同一篇作品重复见于两处。如开成五年列《怀山居邀松阳子同作》、《思归赤松村呈松阳子》二诗，谓本年作于扬州，但又见于开成二年。而开成元年之《初归平泉过龙门……》诗,又见于开成五年。有些则编年有误,如别集卷一《通犀带赋》、《鼓吹赋》应在文宗大和八年(834)冬在浙西观察使任上作,却列于大和九年(835),而列于大和八年的《早入中书行公主册礼事毕登集阁成咏》诗(别集卷四),此处所述实为武宗会昌二年(842)八月事。类似情况不少。有些地方记事之处也有重复的,如李德裕第二次入相时加"司空"一事,会昌元年(841)正月有记,而会昌二年(842)正月又有记(经考证,应在二年)。这些都是史料编纂上的粗心所致,有可能因此而造成混乱。

我在撰成《年谱》后,曾想进一步作李德裕文集的整理工作,因李氏文集有多种本子,文字差异较大,需要作一番系统的清理。但因故未及时进行。后来有机会得到两个好的本子,即藏于日本静嘉堂文库的清陆心源影宋抄本(胶卷),及北京文物出版社影印的《常熟翁氏世藏古籍善本丛书》的宋刊《会昌一品制集》(卷一至卷十)。我就会同原在安庆师院任教的周建国先生于八十年代末、九十年代初开始做文集的校笺工作,历经十年,终于有成,由河北教育出版社出版《李德裕文集校笺》一书。这是目前李氏文集篇章收辑最为齐全、文字校勘最为确当的本子。这次修订《年谱》,即充分利用《校笺》的成果,对引录的文字作了核对,并在作品系年上也相应作了修正。同时,在引用日本遣唐僧人圆仁《入唐求法巡礼行记》有关记载时,也复核了白化文学兄等所作的《校注》本(花山文艺出版社1992年9月版)。

这次修订,对某些记事之误加以改正的,还可举几个例子。如李吉甫由郴州刺史改饶州刺史,原系于德宗贞元二十年(804),

实应为贞元十九年（803）。我已引用《唐语林》的记述："李相国忠公，贞元十九年为饶州刺史。"但认为此乃孤证，不足为据。这次据唐权德舆《使持节郴州诸军事权知郴州刺史赐绯鱼袋李公（伯康）墓志铭》、宋《太平寰宇记》、清《金石补正》之《路恕李吉甫题名》，正式确定贞元十九年之说。又如李德裕因其父居相位而以荫补校书郎，原系于元和元年（806）李吉甫第一次入相时，实误，现改为元和八年（813）李吉甫第二次入相时，这样，李德裕与王起等交往及唱和诗之时间都可理顺。

这次还补充了一些有用的材料。如元和五年（810），柳宗元时在贬所永州，曾有《谢李吉甫相公示手札启》（《柳宗元集》卷三六），这时李吉甫在淮南节度使任，曾托吕温致书柳宗元，对柳之境遇表示关注，柳表示感谢。《柳集》同卷又有《上扬州李吉甫相公献所著文启》，启中称颂李吉甫在淮南之政绩。由此可以见出李吉甫对永贞革新的贬臣是寄予同情的，这当与后来李德裕同刘禹锡时有诗文交酬有所影响。又如宝历元年（825）李德裕在浙西观察使任，曾献《丹扆六箴》上谏敬宗（《通鉴》载敬宗"游幸无常，昵比群小"），此次修订时，增补一条材料，即《宋会要·选举》九三五，宋真宗景德元年（1004）赐进士柳察，拟白居易所作策问七十五篇，又续李德裕《丹扆箴》以献，遂复试，赐出身。由此可见李德裕作品对宋代士人的影响。又大和五年（831）有关西蜀维州受降而涉及牛（僧孺）李（德裕）之争以及司马光《通鉴》之评论，这次补辑宋《朱子语类》、明胡广《胡文穆杂著》等，可以更全面研究唐以后人们的评论。又如李德裕有《寄茅山孙炼师》诗三首（别集卷三），又《遥伤茅山县孙尊诗三首》、《尊师是桃源黄先生传法弟子……》(别集卷四),这几首诗中提及的"孙炼师"、"黄先生"、"瞿童子",原谱中均未考出姓名。这次据陶敏先生《全唐诗人名考证》,并参我与周建国先生合著的《李德裕文集校笺》,查出《茅山志》《集古录目》等书,考出孙炼师为孙智清,黄先生为黄洞元,瞿童子为瞿柏庭。

原谱中对外集《穷愁志》四卷,我是基本上采取非李德裕作的态度的。在作《文集校笺》过程中,发现有些篇章的文字非出李德裕之手不可,因此改变原来的主张,认为除了个别少数篇章外,《穷愁志》绝大部分为李德裕所作。

这里我要特别提出的是,这次修订,得力于周建国先生之助不少。他帮我通阅了全书,有不少问题是他发现的。周建国先生于八十年代在复旦大学做研究生时,就发表过关于牛李党争的学术论文,很有见地。近十年来,我们在李德裕研究上合作很有成效。他比我年轻,但治学上多有胜我之处。

我与周建国先生合作,花费将近十年的时间,编纂成《李德裕文集校笺》,即将由河北教育出版社付印问世,现在这部修订本《李德裕年谱》,河北教育出版社也慨允出版。我自信这两部书是真正下过实力的,凡研究李德裕,研究中晚唐历史与文学,最好参阅这两部书。对于河北教育出版社坚持高品位,坚持对文化学术的奉献,我是十分钦佩的,谨致以诚挚的感谢。

1999 年 6 月　北京

【补记】以上题记是去年 6 月撰写的,因 9 月初我将应邀赴台湾新竹清华大学中文系讲学,须作各种准备,因此,未能将这次修订情况作较为充分的介绍。我于今年2月自台返京。5月初河北教育出版社副总编邓子平先生因公来京，亲自把这新版《李德裕年谱》校样带给我，我即用5月上旬的一周假期通阅全稿。近日河北教育出版社又把修改过的校样送来，我再校阅，通读后深有所感。我感到，唐代中晚期，不少有代表性的文学家，如韩愈、柳宗元、刘禹锡、白居易、元稹、李绅、李商隐、杜牧、温庭筠、司空图等，都曾牵涉到当时的政治纷争。他们很关心国事，关心社会，也极重视自己的事业，但他们终究受到各种打击，自己个人、家属及友人都遭遇过祸害。从中晚唐的政事与文人的关系看，文人涉及政争，是没有不失败的，这很值得研究。这之中，有大的朝政问题，也有一些人的品质问题。韩愈在为柳宗元所作的墓志铭中就说过，有些人在交往中，先是"握手出肺肝相示，指天日涕泣，誓生死不相背负"，而一旦友人失势，就"挤之又下石"，而且"自视以为得计"。李德裕也有此遭遇。他在武宗朝任宰相时，特别提拔白居易之从父弟白敏中为翰林学士、中书舍人，白敏中于会昌年间仕途的进升是全得力于李德裕之荐引的。但武宗一死，宣宗即位，一朝天子一朝臣，不到半个月，李德裕就马上贬官，连续受到打击，直至贬于海南岛而死。这之中，白敏中是起了很大作用的。怪不得清初王士禛在《池北偶谈》中说："及德裕之贬，（白敏中）诋之不遗余力。……尤为当世鄙薄。"李德裕在流贬途中所作《穷愁志》四卷，置生死于度外，对世事作了严正的评论，其中有《小人论》一文，说小人不仅是因"世态炎凉"而对人漠视，最主要是

"以怨报德"、"背本忘义",而这二者又恰恰是"不可预防"的。李德裕这样说,当是有为而发。这对于我们研究当时的世态人心,都有启发。不过还是杜甫说得对:"尔曹身与名俱灭,不废江河万古流。"一切都会过去,对有成就、有贡献的人来说,最主要还是看他本人的事业和作品。正因如此,李商隐代郑亚致书于李德裕,劝他"慎保起居","少以家国为念",建议他将其"言不失诬,事皆可信"的著作很好地编起来,以传于后世,"翳尔来者,景山仰之"。(2000 年 7 月 1 日记,时当高温摄氏 40 度)

初版序

一

　　李德裕主要是一个政治人物,但笔者在几年前立意要为他写一部年谱的时候,却是从文学研究的角度出发的。中晚唐的文学与初唐、盛唐有一个很大的不同:初盛唐时期的作家,尽管在他们的作品中也表达了他们的政治理想,特别是李白和杜甫,在他们的诗作中,对国家的命运,政治的盛衰,表现得特别关切,但那时的作家,真正卷入当时重要的政治斗争的,却甚少;中晚唐不同,不少作家本身就往往是政治斗争的一员,也有些则是在不同程度上受到现实政治的波涉,他们的作品直接反映了这些斗争,或者带上了他那一时代所特有的政治斗争的色彩。这种情况,对于生活在九世纪前半世纪的作家来说,更是如此,而这近五十年唐朝廷政治生活中的一件大事,就是历史上所谓的牛李党争。

　　笔者几年前曾与张忱石、许逸民同志合编《唐五代人物传记资料综合索引》一书(1982年4月中华书局出版),在该书的《前言》中,笔者曾说:"中晚唐的文学,是在较前期更为复杂的社会斗争中发展的,研究这一时期的文学,或许会比研究初唐和盛唐更能引人入胜。但另一方面,它也要求有更为广博的历史知识,更为充实的资料基础。作家是社会的人,文学作品是社会生活的反映,脱离具体的社会历史的研究,不了解作家与当时社会生活的联系,不清楚作家当时的各种人事关系,要确切理解作品的内容,它的思想倾向,它在整个文学发展中的地位与影响,是不可能的。"当时我写这几句话的时候,具体想到的就是牛李党争对于文学的影响。

中晚唐文学上的几位大家,除了韩愈、柳宗元以外,其他如白居易、元稹、李绅、李商隐、杜牧,都与牛李党争有关。过去的一些研究者,也往往把他们列为牛党或李党。另外又如李翱、皇甫湜、孙樵等,也都在作品中涉及这一斗争。

李商隐是一个突出的例子。他的坎坷的一生,他的瑰丽奇伟而又带有浓厚感伤情调的诗句,如果不从当时的现实政治和牛李党争这一角度去理解,就无法得出正确的结论。笔者曾有一篇《李商隐研究中的一些问题》的文章(《文学评论》1982年第3期),讨论过这些问题。与李商隐并称的杜牧,似乎比李商隐更关心政治,过去对他在这方面的评价,也往往要比李商隐为高,不少论著认为李商隐在政治斗争中依违动摇,杜牧则以豪爽刚直著称。但如果我们仔细研究牛李党争的材料,就可以发现,情况恰恰相反。李商隐在前期并未牵涉到党争,历史上袭称的他投靠王茂元乃背牛而依李,这一传统的说法是不可靠的。会昌时期的现实给了李商隐以影响,他从实际生活中对李德裕的政治主张产生了认识，正因如此，当宣宗即位后，牛党得势，李德裕接连被贬，李党处于无可挽回的失败情况下，他却用自己的一支笔为之辩诬申冤，表现了明确的是非观念，坚持了倾向进步、追求理想的气概和品质。杜牧是一个对政治非常敏感的诗人，他在李德裕执政以前和执政期间所作的诗文，其中所表达的如抑制藩镇擅权，抗击回纥侵扰，整顿吏治，加强国力，这些都与李德裕的主张相接近，他对于李德裕在会昌执政时期所取得的军事上的胜利，也直接表示了欢悦和钦佩之情。但一旦李德裕失势，杜牧却接连写出几篇文章，对李德裕落井下石，攻击诬蔑，无中生有，把他在会昌时期称颂李德裕的文章和大中时期痛骂李德裕的文章摆在一起，人们真会不敢相信那是出之于同一人的手笔。李商隐知道他所写的表同情于李党的诗文会招来牛党的打击，但他仍然写了，杜牧却为了求得自己仕途上的进展不惜违背事实，违背自己原先坚持过的政治主张。李、杜二人，在这一点上，品格迥异。如果不研究牛李党争的史料，这一传统的误解就无从得到澄清。

又譬如白居易和元稹。元、白的文学成就，世有定评，无庸多说。以为人而论，过去的评论者大多颂白而短元，尤其是对两人的后期的评论。元稹确有可訾议之处，他太热衷于仕途，他是个不甘于寂寞的人，往往在进退出处上招人非议。但元稹的有些方面是被人忽略的。他由江陵召回不久，在起草的贬令狐楚为衡州刺史的制词中，指责令狐楚在元和时"密赞讨伐之谋，潜附奸邪之党"。这两句是说令狐楚附和李逢吉，阻挠对淮西的用兵，又巴结权臣皇甫镈，排斥裴度等贤臣。李逢吉正是李宗闵、牛僧孺等人早期的庇护者。元稹后来又直接与李宗闵发生冲突，指斥李宗闵等人利用科场弊端，为贵要子弟考取进士而向主考官通关节，走门路。据说元稹为此事起草的诏令，使李宗闵等朋党之士切齿痛恨。正因如此，牛党人物把元稹视为李德裕一党，在贬斥李德裕时，也就同时排挤元稹。白居易的妻子是牛党骨干杨汝士从父妹，正因为他与杨家有姻亲关系，就在文宗时牛李斗争激烈之际，他主动请求出居洛阳，过着安闲不问世事的生活。白居易后期之所以未能写出如前期《新乐府》、《秦中吟》那样的诗篇，与他的这种不问是非、消极逃避的政治态度极有关系。激烈而复杂的现实斗争，能磨炼一些作家的笔锋，但也会模糊一些作家的眼睛，捆住他们的手笔。我们当然不能简单地说元稹是李党，白居易是牛党，但如果脱离牛李党争的现实，元、白政治态度的变化也就得不到合理的解释。

牛李党争中，核心人物是李德裕。中晚唐文学的复杂情况，需要从牛李党争的角度加以说明，而要研究牛李党争，最直接的办法则是研究李德裕。尽管环绕牛李党争，环绕李德裕，历史记载，纷纭繁杂，但是不从李德裕入手，无论对当时的政治或文学，都不能得到真切的回答。雨果曾经说过："艺术就是一种勇气。"我觉得，这句话也可用之于学术，真正的学术研究，同艺术创作一样，是需要有探索和创新的勇气的。正因为如此，虽然我并不是搞历史的，又缺乏史学素养，但出于对那一时期文学和政治的探索的愿望，使我鼓起勇气来写这一年谱，而在这一年谱中，也用了一定的篇幅来记述有关的文学家的活动，这样做，是希望从多方面来了解李德裕这一历史人物，也希望有助于对那一时期政治变化与文学发展的研究。

二

牛李党争并不是什么偶然事件,它是当时历史条件的产物,它也不是单纯的个人权力之争,而是两种不同政治集团、不同政见的原则分歧。

大和六年(832)十一月,有一次,唐文宗问宰相:"天下何时当太平,卿等亦有意于此乎?"当时作为宰相之一的牛僧孺回答说:"太平无象。今四夷不至交侵,百姓不至流散,虽非至理,亦谓小康。陛下若别求太平,非臣等所及。"这个时候李宗闵也是宰相,史书上没有记载他的答语,看来牛僧孺的话是可以代表他的意见的。《通鉴》的作者司马光,由于他在北宋中期也处于新旧党派的斗争中,出于他对王安石新法的反对态度,他在《通鉴》中常常是偏牛而非李的。但即使如此,他对于牛僧孺的这番话也大不以为然,评论说:"于斯之时,阉寺专权,胁君于内,弗能远也;藩镇阻兵,陵慢于外,弗能制也;士卒杀逐主帅,拒命自立,弗能诘也;军旅岁兴,赋敛日急,骨血纵横于原野,杼轴空竭于里闾,而僧孺谓之太平,不亦诬乎!"(《通鉴》卷二四四)

司马光所说的,简直是一个惶惶不可终日的政治情势,这是大致符合当时实况的。问题在于,为什么二百多年后的司马光能说到的,生活在当时的牛僧孺却反而看不到?

藩镇割据,宦官擅权,战争连年不息,赋税日益加重,士兵与农民大批被杀戮于战场,农村十室九空,生产力受到极大的破坏,这是当时的现实。怎样对待这个现实，上述牛僧孺的这番话，把牛僧孺等人的政治面目，勾勒得清清楚楚。一句话，他们是把乱世说成盛世。既然这个世界一切都很合理，按照现成的秩序，继续统治下去就是了。牛僧孺、李宗闵各有一些思辨哲理性的文章，牛僧孺说："君人者当务乎道适时。"（《辨名政论》，《全唐文》卷六八二）李宗闵说："人皆奉时以行道者也。"（《随论上下篇》，《全唐文》卷七一四）似乎他们很注意于"时"这个概念。实际上他们所谓"时"的含义，就是趋时，也就是承认当时既成的事实，维护现成秩序的所谓合理性，他们强调人君应当以现成的"时"为准绳，来奉行与之相适应的"道"。如果说牛党有哲学基础的话，这就是他们的哲学基础。他们在政治上的因循保守、反对一切改革，依附于腐朽势力，都是与此相一致的。

李德裕的文采是远胜过牛党诸人的。刘禹锡、元稹等在与李德裕的唱和中赞誉过他的诗篇。宣宗时人裴庭裕说他"文学过人"（《东观奏记》卷上）。一代文豪欧阳修说李德裕的"文辞甚可爱也"（《集古录跋尾》卷九）。高标神韵、少所许可的王渔洋，称道《会昌一品集》的骈体文"雄奇骏伟"（《池北偶谈》卷一七），又认为李德裕的文章可以与陆贽、杜牧、皮日休、陆龟蒙等人并提（《香祖笔记》卷六）。近代学者罗振玉又推崇李德裕的书法，以为唐人隶书"尚存古法者，有唐惟李卫公一人耳"（《石交录》卷四）。至于他的博学广识，唐朝当时人如张彦远《历代名画记》、段成式《西阳杂俎》，都有翔实的记载。尽管是如此的文采风流，但在政治上，李德裕却是一位实干家。他在好几个地方担任过节度使的官职，如在浙西、滑州、西川、淮南，都有治绩，在可能的范围内，为当地做过一些好事。他曾两度为相，都有改革的措施。正是李德裕这种"错综万务，应变开阖"的政治才干和革新主张，使他成为"唐中世第一等人物"（宋叶梦得《避暑录话》卷二），也使他与牛僧孺、李宗闵集团尖锐对立。可以说，牛李两党，对当时一些重大的政治问题，都是针锋相对的。

唐代中后期政治生活中一个突出的问题是藩镇割据。藩镇与中央政权的矛盾，是当时统治阶级中的主要矛盾。李德裕是反对藩镇割据，维护中央集权的。会昌年间他当政时，力排众议，坚决主张对拥兵擅命、盘踞泽潞的刘稹进行军事讨伐，就是明显的例子。战争进行了一年多一些，平定了泽潞五州，打击了藩镇势力，巩固了国家统一，振奋了全国的军心民心。正如《旧唐书》本传所说，在这次平叛战争中，"筹度机宜，选用将帅，军中书诏，奏请云合，起草指踪，皆独决于德裕，诸相无预焉"。而与此相对立，李宗闵等早与昭义节度使刘从谏交通往来，牛僧孺居洛阳时，闻刘稹败讯，每"恨叹之"（《新唐书·牛僧孺传》），态度明显不同。

宦官专权是唐代中后期政治腐败的又一表现。宦官主持了好几个皇帝的废立，操纵朝政，并且直接与一些朝臣勾结。李德裕是主张抑制宦官的权力的，他在抗击回纥、平定刘稹的战争中，不许宦官干预军政，加强了将帅的权力，使得指挥统一，军权集中，保证战争的胜利。他在会昌时的一些实施，都可看出是主张抑制和削夺宦官干政的。清初王夫之曾明确指出："唐自肃宗以来，内竖之不得专政者，仅见于会昌。德裕之翼赞密勿、曲施衔勒者，不为无力。"（《读通鉴论》卷二六）而李宗闵等人，却有巴结宦官的事例。

唐朝中后期，西北和西南边防相当紧张，经常受到回纥、吐蕃和南诏的侵扰。李德裕在文宗大和年间任剑南西川节度使，整顿巴蜀的兵力，成绩斐然，并使得相陷已久的西川入吐蕃的门户维州归附唐朝；而这时牛僧孺为相，却执意放弃维州，结果是平白丢掉重要的边防重地，并使得降人受到吐蕃奴隶主贵族残酷的报复性杀戮。在对回纥的战争中，李德裕也是与牛僧孺相对立的。李德裕主张积极巩固国防，保护边疆地区的正常生产，在此基础上与一些有关的少数民族政权保持和好关系；而牛僧孺则一味主张退让，所执行的完全是一种民族投降政策。

佛教在唐朝中期以后大为发展，使得"中外臣民承流相比，皆废人事而奉佛，刑政日紊"（《通鉴》卷二二三唐代宗永泰元年）。李德裕明确指出，释氏之教"殚竭财力，蠹耗生人"（《会昌一品集》卷二十《祈祭西岳文》）。他赞助武宗灭佛，是历史上的有名事例。这次灭佛，涉及面很广，日本僧人圆仁的《入唐求法巡礼行记》有具体生动的记载。但宣宗即位，牛党白敏中等人执政，马上宣布兴佛，恢复佛教势力。这点，连杜牧、孙樵等在大中时也是不赞成的。

陈寅恪先生认为牛党重进士科，李党重门第，李党代表两晋、北朝以来的山东士族，牛党代表唐高宗、武则天之后由进士词科进用之新兴阶级（《唐代政治史述论稿》中篇《政治革命及党派分野》）。这一说法在史学界影响很广，有些新编的历史书也认为李德裕是"关东著名士族地主的后裔"，"排斥进士"，"企图挽救已经失去社会基础的门阀制度"，而牛党则"都是进士出身"，"他们是新兴的进士贵族"（翦伯赞主编《中国史纲要》第二册，人民出版社1979年1月北京第3次印刷）。仅仅以对进士科举的态度来划分这两个不同的政治集团,从上面所举牛李两党对当时重大政治问题的分歧来加以考察,可以看出论据是如何薄弱。但即以科举而论,牛李两党,何者为是,何者为非,也是十分显然的。

长庆元年(821),礼部侍郎钱徽掌贡举,李宗闵等人向钱徽托人情,后来放榜,录取的多是公卿子弟,其中就有李宗闵的女婿苏巢。于是舆论大哗,皇帝只得命白居易、王起等人复试,这班公卿子弟有不少人落选,苏巢也是其中之一。牛党骨干杨虞卿更是请托、通关节的能手,"每岁铨曹贡部,为举选人驰走取科第,占员缺,无不得其所欲,升沉取舍,出其唇吻。而李宗闵待之如骨肉,以能朋比唱和,故时号党魁"(《旧唐书·杨虞卿传》)。李德裕在执政时,对科举考试作过哪些措施呢?大致有:第一,他反对进士只考试诗赋,认为不能只讲究浮华的词藻,还应考经义策问,讲求实际的行政才能;第二,他反对当时盛行的进士登第后大宴曲江池、门生拜座师的习尚,认为这只能助长奢侈和朋党的不良风气;第三,当时科举考试有这样一种不成文的规定,礼部阅卷初步定了名单,还要依次到宰相府上呈报,请求过目,这里面就有上下其手的种种弊端,李德裕执政,奏请取消这一层手续,这实际上是对包括李德裕自身在内的宰相权力的一种限制;第四,会昌以前,每年录取进士名额大致以二十五人为限,会昌时取消这一限额,这就必然使进士录取人数增加,而这正是在李德裕做宰相、掌大权的时期。

读者不妨比较一下,牛李两党,根据他们的实际行动,在科举制度上,究竟谁是谁非?结论是显而易见的。而且结论在唐代当时就已经有了。当李德裕为牛党所陷害,远贬到海南岛的崖州,当时就有两句诗道:"八百孤寒齐下泪,一时南望李崖州。"所谓"八百孤寒",就是指当时较为清贫的应试举子而言。这就是历史的结论。

当然,李德裕并不是完人,他有种种缺陷和弱点,作为地主阶级的一员,他有他的阶级局限。这是可以分析的,也是可以理解的。但是,我们要看到,他的一些在重大政治问题上的主张和行动,在历史上是属于进步的,他是一个要求改革、要求有所作为的政治家。北宋时"庆历革新"的名臣范仲淹就从这点着眼,对李德裕作了充分的肯定,说他"独立不惧,经制四方,有真相之功,虽奸党营陷,而义不朽矣"(《范文正公集》卷六《述梦诗序》)。清朝人毛凤枝认为他"料事明决,号令整齐,其才不在诸葛下"(《关中金石文字存逸考》卷九)。如果我们把他的政见放在历史的联系上来看,可以说,会昌政治是永贞革新的继续。削夺藩镇和宦官之权,革除朝政的种种弊端,对当时社会上的一些腐败现象进行整顿,这是德宗末期以来要求改革之士的共同愿望。顺宗时永贞革新是一个高潮,宪宗元和前期是又一个高潮,第三个高潮就是武宗会昌时期。会昌以后,唐朝就再也没有出现这样的高潮,唐王朝就在腐败中走向灭亡。唐中期以后,腐朽势力越来越强大,革新力量无不以失败而告终。会昌、大中之际是这两大势力最后一次的大搏斗,结果以李德裕的贬死而宣告革新力量的失败。

另外,牛党攻击李德裕,连带也攻击李德裕的父亲李吉甫。李吉甫在唐宪宗元和前期也曾两度执政,他在任相期间,主张对强藩擅政采取严厉的制裁,史称他"为相岁余,凡易三十六镇"(《新唐书》本传)。他也抑制宦官操持政权,并采取实际措施精简官僚机构,裁汰冗官。李德裕与其父的政治主张,有一定的连贯性。《通鉴》记述牛李党争,也是从元和三年李吉甫当政时开始的。因此,本书编次李德裕早年的行迹,主要就谱叙李吉甫的事绩,希望读者能从整个中晚唐的时代背景下,更充分地理解李德裕政治革新的历史意义。

三

王安石曾指出有一种"阴挟翰墨","以餍其忿好之心"的人,利用执笔为史的机会,对前世"雄奇俊烈"之士曲尽谤讪之能事,以致"往者不能讼当否,生者不得论曲直"(《答韶州张殿丞书》,《王文公文集》卷八)。作为改革家的王安石,他生前的遭遇和身后的评论,他上面所说的话是不幸而言中的。李德裕的情况也与此类似。他在生前,处于激烈的党派斗争中,在他贬死以后,牛党文人,又多"阴挟翰墨",假造出许多情节,甚至伪撰李德裕的诗文,对他进行攻击、诬蔑。作为年谱,就应该提供这些材料,并对这些材料加以必要的辨析。本书是尽可能这样做的。年谱与传记是有所不同的。传记对于人物的记述和评论,作者主观色彩可以较强一些,他认为不确当的材料,可以不写,不予理睬。年谱不同,年谱好比是传记的资料长编,它应当尽量搜集正反两方面的记载,加以恰当的安排和简括的辨析。年谱作者的观点有可能不正确,但如果他辑集了较为齐备的资料,读者仍可从其中得出自己的结论。这也就是传记之所以不能替代年谱的原因所在。

在漫长的中国古代社会中，改革者提出的主张虽然符合历史前进的方向，但其本身的遭际往往是不幸的，后世的评论往往是不公正的。盖棺未必能定论，这是历史常见的现象。我们现在一些史学史的著作和论文，往往多从正面论述一些为通常所肯定的史书，而不大重视古代有些人如何利用历史记述和历史评论来歪曲、毁谤历史上有成就的人物。其实，古往今来，伪史和谤史难道还见得少吗？如果有人在这方面下一些工夫，搜罗一些材料，揭示一些正面的历史人物如何受到歪曲和谤讪，借以照见作伪者鄙怯的灵魂和卑劣的手段，这样做，无疑会丰富史学史的内容。鲁迅曾主张编某一作家的集子，把前人对他毁誉两方面的材料都列入其中；我们今天读鲁迅的几本杂文集的后记，这些后记录入了不少诬蔑、攻击他的文章，我们读了之后不是得到了对当时情景的具体认识，获得极大的启示吗？

以上只是在年谱编成之后，就李德裕的历史作用和牛李党争的性质，谈谈笔者个人的一些看法，同时对本书的编写体例，略作一些说明。杜甫在《秋兴》诗中说："闻道长安似弈棋，百年世事不胜悲。"安史之乱以后，唐帝国由盛转衰，长安城也经历几度兴废。但是它作为汉唐京都的历史名城，却给后世留下丰富的文化积累。笔者今年5月间在西安参加全国唐代文学学会成立大会，饱览了西安的山川胜迹，大雁塔、小雁塔、昭陵、乾陵、华清池、杜公祠、兴教寺、青龙寺，在在引起人们对悠远历史的遐想，使人留下美好的回忆。谨以本书献给永远值得人们忆念的历史文化名都——西安。

1982 年 12 月于北京

年 谱

李德裕家世

李德裕,字文饶。

《旧唐书》卷一七四《李德裕传》:"李德裕,字文饶。"《新唐书》卷一八〇《李德裕传》同。

初名缄。

按两《唐书》本传及唐宋人所撰有关李德裕的记载,皆未载德裕有他名。清瞿中溶《古泉山馆金石文编残稿》卷二《路恕李吉甫等侍郎瘱题名》云:"右路恕、李吉甫等题名,八分书,十行,在永兴县侍郎瘱。……此题名盖即其(琮按指李吉甫)官郴州刺史时也。按吉甫长子名德修……次即卫国公名德裕。……题名云长男绅,次男缄。考绅乃中书令李敬玄曾孙,有诗名,时号短李,元和初第进士,武宗朝为相,封赵郡公,后辞位,以检校右仆射平章事,复节度淮南,卒,赠太尉,谥文肃。穆宗时官右拾遗、翰林学士，与李德裕、元稹同时，号为三俊。德裕当国，擢浙东观察使。缄乃德宗朝相义阳郡王李抱贞子，官至殿中侍御史。二子皆非吉甫子。疑题名所云绅者即德修，缄者即德裕，殆初名本与之同，后乃改易耳。"

按贞元十九年李吉甫由忠州刺史改为郴州刺史，时德裕及兄随父转徙任所，当同游侍郎豀。此年德裕十七岁，名缄；疑弱冠后改名为德裕。

赵郡人。

《旧传》："赵郡人。"《新书》卷一四六《李栖筠传》："世为赵人。"

据《新书》卷三十九《地理志》三，河北道有赵州赵郡，所属县有平棘、宁晋、昭庆、柏乡、高邑、临城、赞皇、元氏。德裕祖栖筠曾封赞皇县子，父吉甫曾封赞皇县侯，而李氏三祖房又世居平棘（见后），则德裕之祖籍当为赞皇（今河北省赞皇县）及平棘（今河北省赵县）。

据《新唐书·宰相世系表》，李德裕一门属赵郡李氏西祖房。赵郡李氏三祖房，中唐时为阀阅之家，如唐赵璘《因话录》卷二载："赵郡李氏，三祖之后，元和初，同时各一人为相：蕃南祖，吉甫西祖，绛东祖，而皆第三。至大和、开成间，又各一人前后在相位：德裕，吉甫之子；固言，蕃再从弟，皆第九，珏亦绛之近从，诸族罕有。"

又《元和郡县志》卷十七河北道赵州所属平棘县，云："赵郡李氏旧宅在县西南二十里，即后汉、魏以来山东旧族也，亦谓之三巷李家云。东祖居巷之东，南祖居巷之南，西祖居巷之西,亦曰三祖宅巷也。三祖李氏亦有地,属高邑县。"又同卷赵州所属赞皇县(县南有赞皇山,因以为名),中云:"百陵岗在县东十里,即赵郡李氏之别业于此岗下也。岗上亦有李氏茔冢甚多。"

德裕六世祖怀宗,未有官职。怀宗以上无可考。

按据《新书·宰相世系表》,德裕之先世为:怀宗——君逸——肃然——载——栖筠——吉甫。怀宗以上无可考,怀宗亦未载官职。

五世祖君逸,隋谒者台郎。

据《新表》。

陈寅恪先生《论李栖筠自赵徙卫事》(《金明馆丛稿》二编)据《隋书》卷三十八《百官志》,谓炀帝即位,多所改革,增置谒者、司隶二台,并御史为三台。谒者台又置散骑郎从五品二十人,承议郎(正六品)、通直郎(从六品)各三十人,宣德郎(正七品)、宣议郎(从七品)各四十人,征事郎(从八品)、将仕郎(从八品)、常从郎(正九品)、奉信郎(从九品)各五十人,是为正品,并得禄当品。又各有散员郎,无员无禄。陈文云:"隋炀失政,命官猥多。谒者台之散员郎,疑即李君逸之所任。此等职名亦如后世小说中之所谓'员外'者,正是乡居土豪之虚衔耳,固未必常时寄居京邑也。"

高祖肃然,曾祖载,皆未有官职,居赵郡,为地方豪族。

据《新表》。

唐李肇《国史补》卷中:"李载者,燕代豪杰,常臂鹰携妓以猎,旁若无人,方伯为之前席,终不肯仕。"又云:"载生栖筠,为御史大夫,磊落可观,然其器不及父。"唐人记李载事者仅此。

陈寅恪先生《论李栖筠自赵徙卫事》云:"是栖筠之父载,终身不仕,而地方官吏敬惮之如此。斯亦山东士族本为地方豪强,不必以仕宦而保持其地位势力之例证也。"又云:"虽隋唐统一中国,江左之贵族渐次消灭,然河北之地,其地方豪族仍保持旧时传统,在政治上固须让关陇胡汉混合集团列居首位,但在社会上依然是一不可轻视之特殊势力也。职此之故,河北士族不必以仕宦至公卿,始得称华贵,即乡居不仕,仍足为社会之高等人物。"

祖栖筠。李氏自栖筠始,仕宦始显,亦自栖筠始,离赵郡而移居京洛。

《旧唐书》卷一四八《李吉甫传》:"父栖筠,代宗朝为御史大夫,名重于时,国史有传。"但今传本《旧唐书》实无李栖筠传。《通鉴》卷二二四大历八年五月《考异》有引《旧·李栖筠传》云云,岑建功《旧唐书校勘记》即谓"温公所见之本实有此传,又云实录本有而修史者失载之耳"。

《新唐书》卷一四六有《李栖筠传》,云栖筠字贞一,幼孤,"不妄交游。族子华每称有王佐才,士多慕向。始,居汲共城山下,华固请举进士,俄擢高第"。按此段叙述,本于权德舆《唐故银青光禄大夫御史大夫赠司徒赞皇文献公李公文集序》(《权载之文集》卷三十三):"初未弱冠,隐于汲郡共城山下,营道抗志,不苟合于时。族子华名知人,尝谓公曰:'叔父上邻伊、周,旁合管、乐,声动律外,气横人间。'感激西上,举秀才第一。"据徐松《登科记考》卷九,栖筠与德舆之父权皋均登天宝七载(公元七四八)进士第。

又据《新书》本传,栖筠卒年五十八,《旧书·代宗纪》,栖筠卒于大历十一年(公元七七六),则当生于玄宗开元七年(七一九)。

栖筠为什么离弃赵郡而隐居共城(今河南辉县),陈寅恪先生《论李栖筠自赵徙卫事》一文有所论列,云:"其时中国太平无事,号为唐代极盛之世。栖筠忽尔离弃乡邑祖宗历代旧居之地,而远隐于汲县之共城山,必有不得已之苦衷,自无可疑。"陈文谓开元初东突厥衰败,"其本部及别部诸胡族先后分别降附中国,而中国又用绥怀政策,加以招抚。于是河北之地,至开元晚世,约二十年间,诸胡族入居者日益众多,喧宾夺主,数百载山东士族聚居之旧乡,遂一变而为戎区"。又云:"又河北士族大抵本是地方之豪强,以雄武为其势力之基础……今则忽遇塞外善于骑射之胡族,土壤相错杂,利害相冲突,卒以力量不能敌抗之故,惟有舍弃乡邑,出走他地之一途。"陈寅恪先生由李栖筠之自赵徙卫,而论及开元末河北之地诸胡族入居的情况,为前人所未道,堪可注意。但开元末、天宝初河北胡人是否有如此大的势力,能将世居其地的山东士族逼走,乃至"舍弃其祖茔旧宅并与茔宅有关之田产而他徙",还不无可疑。李栖筠之迁徙,是否能概括当时河北山东士族的情况,似还缺少其他例证。唐人离家隐居山寺者极多,栖筠自登科后即仕宦于长安及其他地方,安史乱后河北又为战乱之地,因此未得还其旧居,也合于情理,似不必迁回曲折，以胡人入居河北来作解释。

据《新传》，栖筠曾在封常清幕，肃宗驻灵武，栖筠率精卒七千赴难，擢殿中侍御史。后李光弼守河阳，又引为行军司马。累擢给事中，进工部侍郎，为元载所忌，出为常州刺史，有治绩。元载当国久，代宗阴忌之，乃召栖筠为御史大夫，史称其"敷奏明辩，不阿附"，"无所屈"。而终于为元载所抑，代宗又依违不断，栖筠不得重用，忧愤而卒。

《唐语林》卷一《政事》上："广德二年春三月，敕工部侍郎李栖筠、京兆少尹崔沔，拆公主水碾硙十所，通白渠支渠，溉公私田，岁收稻二百万斛，京城赖之。常年命官皆不果敢，二人不避强御，故用之。"此事又见《新书》本传。《唐会要》卷八十九《碾硙》条亦略载其事。

又宋赵明诚《金石录》卷二十九跋尾《唐义兴县重修茶舍记》，则谓义兴贡茶始自栖筠任常州刺史时，明诚并加讥评，云："右《唐义兴县重修茶舍记》，云义兴贡茶，非旧也□，前此故御史大夫李栖筠实典是邦，山僧有献佳茗者，会客尝之，野人陆羽以为芬香甘辣冠于他境，可荐于上，栖筠从之，始进万两，此其滥觞也。厥后因之，征献浸广，遂为任土之贡，与常赋之邦侔矣，每岁选匠征夫至二千余人云。余尝谓后世士大夫区区以口腹玩好之献为爱君，此与宦官、宫妾之见无异，而其贻患百姓，有不可胜言者。如贡茶，至末事也，而调发之扰犹如此，况其甚者乎！羽盖不足道，於乎，孰谓栖筠之贤而为此乎？书之可为后来之戒，且以见唐世义兴贡茶自羽与栖筠始也。"

栖筠与岑参有交往,岑参有赠栖筠诗,当同在封常清安西节度使幕时,如岑参《使院中新栽柏树子呈李十五栖筠》(《全唐诗》卷三○○)。又《碛西头送李判官入京》(同上)、《西亭子送李司马》(同上卷二九九),当亦赠栖筠,盖栖筠在封常清幕,先任判官,后任行军司马。权德舆《赞皇文献公李公文集序》盛赞栖筠之文,云:"大凡出于《诗》之风雅,《易》之贞厉,《春秋》褒贬,且以闳夐钜衍为曼辞,辩丽可喜。""故公之文简实而粹清,朗拔而章明。""皆文约旨明,昭昭然足以激衰薄而申矩度,如昆丘玄圃,积玉相照,景山邓林,凡木不植。"又宋范晞文《对床夜话》曾赞誉李栖筠《桂花曲》诗,谓其结句"曲终却从仙官去,万户千门空月明",后钱起之"曲终人不见,江上数峰青","虽词约而深,不出前意也"。

又《皎然集》卷二《唐洞庭山福愿寺律和尚塔铭》,叙及"奉诚弟子"、"服道弟子"、"饮风弟子"等,即有李栖筠,则栖筠曾皈事释教。

父吉甫,元和时为相。

吉甫有传,见《旧书》卷一四八、《新书》卷一四六。吉甫事,详见谱文,此不具述。

李氏自吉甫时,有宅在西京万年县安邑坊,世亦以"安邑"称吉甫。

宋敏求《长安志》卷八"安邑坊",有云:"中书侍郎、同中书门下平章事、赵国公李吉甫宅。"又引《卢氏杂说》:"李吉甫宅,泓师谓其地形为玉杯,牛僧孺宅为金杯,云玉杯一破无复全,金杯或伤重可完。僧孺宅在新昌里,本天宝中将作大匠康𬤝宅,𬤝自辩图皁,以其地当出宰相,每命相,𬤝必引颈望之,宅卒为僧孺所得。吉甫宅,至德裕贬,其家灭矣。"按《卢氏杂说》所载,已具有牛李党争的影响,此当出于牛党文人所杜撰。德裕虽于大中时远贬海南,但其家未灭,其孙延古、殷衡等尚仕于五代,详见后。

《剧谈录》:"李德裕宅在安邑坊东南隅。"按安邑坊在朱雀门大街之东,属万年县所辖。

李肇《国史补》卷中:"近俗以权臣所居坊呼之,李安邑最著,如爵邑焉。"又宋钱易《南部新书》巳卷亦载:"近俗以权臣所居坊呼之,安邑,李吉甫也;靖安,李宗闵也。……"

又德裕孙庄□所撰《唐故赵郡李氏女墓志铭》(拓本,据周绍良先生所抄过录),此李氏女为德裕子烨之女。《志》有云:"赵郡李氏女悬黎,生得十三年,以咸通十二年七月十五日卒于安邑里第。"咸通十二年为八七一年,德裕卒于大中三年(八四九),则时隔二十余年,安邑坊旧宅尚为李氏子孙所居。

德裕于洛阳龙门之西置平泉别墅。

德裕创建平泉别墅,始于长庆中为浙西观察使时,详见谱文。《李德裕文集校笺》(按以下均称《文集校笺》,详见本书前新版题记)别集卷九《平泉山居戒子孙记》有云:"经始平泉,追先志也。吾随侍先太师忠懿公,在外十四年,上会稽,探禹穴,历楚泽,登巫山,游沅湘,望衡峤。先公每维舟清眺,意有所感,必凄然遐想,属目伊川。尝赋诗曰:'龙门南岳尽伊原,草树人烟目所存。正是北州梨枣熟,梦魂秋日到郊园。'吾心感是诗,有退居伊、洛之志。前守金陵,于龙门之西,得乔处士故居。天宝末避地远游,鞠为荒榛。首阳翠岑,尚有薇蕨;山阳旧径,惟余竹木。吾乃蒉荆莽,驱狐狸,始立班生之宅,渐成应叟之地。又得江南珍木奇石,列于庭际。平生素怀,于此足矣。”

又《通鉴》卷二六五唐昭宣帝天祐二年六月载:“时士大夫避乱,多不入朝,壬辰,敕所在州县督遣,无得稽留。前司勋员外郎李延古,德裕之孙也,去官居平泉庄(胡注引康骈曰:平泉庄去洛城三十里)。”延古居平泉庄又见《新书·李德裕传》、《旧五代史》卷六十《李敬义(延古)传》。天祐二年为九〇五年,去德裕之卒已五十余年,尚为李氏子孙所保存。宋李格非撰《洛阳名园记》,已不载平泉之名,或毁之于五代兵乱。

自栖筠、吉甫始,李氏即葬于洛阳郊外,有墓地。

德裕《让官表》(《文集校笺》卷十八)有云:“先臣松槚,近在东都,血属数人,皆居上国。”栖筠、吉甫葬于何地,两《唐书》未载。德裕此处所谓“先臣”,乃指吉甫,栖筠宦游在外,河北又在强藩之手,恐亦不得归葬赵郡。自此以后,李氏一门,卒后即迁葬于洛郊。如德裕为其妾徐氏所作墓志(《滑州瑶台观女真徐氏墓志铭》,拓本,今据周绍良先生所抄过录)中云:“余自宦达,常忧不永,由是树槚旧国,为终焉之计。粤以其年(琼按指大和三年,徐氏大和三年十一月卒)十二月二十日葬于洛阳之邙山,盖近我也。”德裕此时为义成节度使、滑州刺史,而将其妾迁葬于洛阳,“近我”云云,德裕自计卒后亦须返葬于洛阳也。又大中三年其妻刘氏卒于崖州贬所,德裕为作墓志(《唐茅山燕洞宫大洞炼师彭城刘氏墓志铭》,拓本,今据周绍良先生所抄过录),以正在贬谪中,故虚拟云"以某年某月某日返葬于洛阳榆林近二男一女之墓",则在此之前,其已死之二子一女亦已葬于洛阳郊外之榆林,并预计刘氏日后亦须返葬于该地。德裕子烨于大中六年护父母灵柩北返,也归葬于洛阳,见《刘氏志》后烨附记。

李潘撰《唐故郴县尉赵郡李君墓志铭》,记李烨卒于大中十四年六月郴州官舍,后咸通三年"卜葬于河南县金谷乡张村先茔"。李烨撰其妻《郑氏墓志》,载郑氏卒于大中九年烨之贬所蒙州立山县,后大中十三年"附葬于河南府洛阳县金谷乡先茔"。李庄□撰李烨女悬黎墓志,悬黎咸通十二年卒于西京安邑坊旧第,亦于同年归葬于"榆林大茔"。所谓"金谷乡张村先茔"、"榆林大茔",当皆为一地。

德裕兄德修,敬宗宝历时为膳部员外郎,历舒、湖、楚三州刺史,袭爵赵国公。约文宗时卒,宣宗初加赠礼部尚书。

据《新书·宰相世系表》,吉甫有子二,长为德修,楚州刺史,次为德裕。《新·李吉甫传》末载德修事,云:"子德修,亦有志操,宝历中为膳部员外郎。张仲方入为谏议大夫,德修不欲同朝,出为舒、湖、楚三州刺史,卒。"德修卒年不可确知,要在文宗时,卒于楚州刺史任。宣宗立,会昌六年四月德裕罢相出镇荆南,下诏加赠德修为礼部尚书,见唐裴庭裕《东观奏记》(卷上)、《唐语林》(卷七《补遗》)。

德修事迹,详见谱文,此不具述。

德裕为吉甫次子,庶出。

《新书·宰相世系表》仅载德裕为吉甫次子。按德裕有《谢恩改封卫国公状》（《文集校笺》卷十九），作于会昌四年八月，有云："奉今月二十七日敕，臣封卫国公者。……伏以支庶嗣侯，虽存故事，玄成以兄有谴，乃绍扶阳之封；耿霸以父属爱，遂继牟平之爵。开元中，苏颋特封许国公，亦无袭字。然地居嫡长，受则无嫌。伏思亡父先臣，开国全赵，亡兄已经继袭，未及传孙。臣每念贻谋，岂宜不正？若苟安殊宠，实愧幽明。辄罄愚衷，果蒙听察。"《新书》德裕本传亦谓："策功拜太尉，进封赵国公。德裕固让……帝曰：'吾恨无官酬公，毋固辞。'德裕又陈：'先臣封于赵，冢孙宽中始生，字曰三赵，意将传嫡，不及支庶。……愿得封卫。'从之，遂改卫国公。"则会昌中本欲封赵国公，德裕以己支庶，乃让与德修子宽中。又，苏颋亦庶出，故德裕援以为例。

德裕妻刘氏，彭城人，小德裕一岁。从德裕远贬，大中三年八月卒于崖州，年六十二。

德裕《唐茅山燕洞宫大洞炼师彭城刘氏墓志铭》谓其妻道名致柔，"临淮郡人也，不知其氏族所兴"，则非出自甲第（铭文有云"惟子素行，不生朱门"）。又云："以余南迁，不忍言别，绵历万里，寒暑再期……以己巳岁八月二十一日终于海南旅舍，享年六十有二。"

妾徐氏，名盼，娶于长庆二年为浙西观察使时。徐氏为润州丹徒县人。大和三年卒于滑州，年二十三。

德裕撰《滑州瑶台观女真徐氏墓志铭》，谓"徐氏，润州丹徒县人，名盼，字正定"，"大和己酉岁十一月己亥终于滑州官舍,享年廿三"。又云:"长庆壬寅岁,余自御史(中)丞出镇金陵,徐氏年十六,以才惠归我。"

按刘氏为妻,徐氏为妾,参见岑仲勉先生《唐史馀沈》卷三《李德裕妻刘氏及其子女》条所考。

《新传》谓德裕"不喜饮酒,后房无声色娱"。

德裕有子椅、浑、多闻、烨、钜,另一子失名。

《新表》载德裕子为椅、浑、烨,仅三人。《旧传》亦谓"德裕三子",一为烨,"大中二年,坐父贬象(蒙)州立山尉。二子幼,从父殁于崖州"。《新传》则仅载"子烨","余子皆从死贬所"。

今按《徐氏志》谓徐氏生二子,长名多闻(此当为小名),徐氏卒前已夭,次即烨。《刘氏志》则云:"有子三人,有女二人,聪敏早成,零落过半。中子前尚书比部郎浑,独侍板舆,常居我后,自母委顿,夙夜焦劳,衣不解带,言发流涕,其执丧也,加于人一等,可以知慈训孝思之所至也。幼子烨、钜同感顾复之恩,难申欲报之德,朝夕孺慕,余心所哀。以某年某月某日返葬于洛阳榆林近二男一女之墓。"则刘氏所生为三男二女,"零落过半",即已死三人,当即为已葬洛阳之二男一女,三男中浑随侍海南。已死二男,一当为椅,长男,其一失名。"幼子烨、钜同感顾复之恩",岑仲勉《李德裕妻刘氏及其子女》谓"幼男烨、钜都庶出,烨别贬立山,钜想是随行,然必烨、钜并提者,所以尊嫡母也"。钜则既非刘出,亦非徐出,可见德裕尚有他妾。《刘氏志》后有烨附记,自称"第四男"。今据岑仲勉先生所考,德裕诸子排比为:椅、浑、失名、多闻、烨、钜。

据《新表》，浑为比部员外郎。烨所撰其妻郑氏墓志亦称浑"尚书比部郎"，并载浑之少子名襃，浑卒后养于郑氏。

烨历任校书郎、伊阙尉、河南士曹、集贤校理、汴宋亳观察判官。德裕贬，烨亦贬蒙州立山尉。懿宗初即位，因赦量移为郴县尉，咸通元年卒。烨之事迹，详见谱文，此不具述。

德裕孙（烨子）殷衡，小名庄士；延古，小名庄彦（后名敬义），仕宦于唐末、五代初。李濬所作李烨墓志，谓烨"长子庄士，次子庄彦"。李烨所作其妻郑氏墓志，亦谓"有子二人，曰庄士，曰庄彦"。而《新书·宰相世系表》载烨子为殷衡、延古，"殷衡右补阙，延古司勋员外郎"。则庄士、庄彦即殷衡、延古，庄士、庄彦当为小名。殷衡为兄，延古为弟。

《新五代史》卷六十五《南汉世家》："（刘）隐父子起封州，遭世多故，数有功于岭南，遂有南海。隐复好贤士。是时，天下已乱，中朝士人以岭外最远，可以避地，多游焉。唐世名臣谪死南方者往往有子孙，或当时仕宦遭乱不得还者，皆客岭表。王定保、倪曙、刘濬、李衡、周杰、杨洞潜、赵光裔之徒，隐皆招礼之。……衡，德裕之孙，唐右补阙，以奉使往，皆辟置幕府，待以宾客。"此处李衡省去殷字，盖避宋讳。

吴任臣《十国春秋》卷五十八《南汉·烈宗世家》："开平二年（九〇八）冬十月辛酉，梁命膳部郎中赵光裔、右补阙李殷衡充官告使，诏王为清海静海等军节度使、安南都护。王留光裔、殷衡不遣。"则殷衡仕梁为右补阙，开平二年奉使至南汉，遂为刘隐所留。《十国春秋》同上卷《高祖本纪》，又记乾亨元年（九一七）八月，南汉刘龑即位，任李殷衡为礼部侍郎、同平章事。

《十国春秋》卷六十二并有《李殷衡传》，云："乾亨初，官礼部侍郎、同平章事。居无何，终于其职。"未详其卒年。

韩偓有《奉和峡州孙舍人肇荆南重围中寄诸朝士二篇，时李常侍洵、严谏议龟、李起居殷衡、李郎中冉皆有继和，余久有是债，今至湖南，方暇牵课》（《玉山樵人集》）。陈寅恪先生《李德裕贬死年月及归葬传说辨证》引此，并谓："据冬郎诗题，可知殷衡亦文学之士，不坠其家风者也。"殷衡任起居舍人，当在唐末。

据宋钱易《南部新书》乙卷："咸通九年正月，始以李赞皇孙延故起家为集贤校理。"此延故当即为延古。而《新唐书》德裕传末载"烨子延古，乾符中为集贤校理"，陈寅恪先生文谓"咸通九年"与"乾符中"二者相距十年上下，未知孰是？

《旧书·哀帝纪》天祐二年六月，"戊申，敕前司勋员外郎、赐绯鱼袋李延古责授卫尉寺主簿"。

《新书·李德裕传》："烨子延古，乾符中，为集贤校理，擢累司勋员外郎，还居平泉。昭宗东迁，坐不朝谒，贬卫尉主簿。"

又《通鉴》卷二六五天祐二年六月条亦记此事，已见前记平泉别墅条，此不再引。

《旧五代史》卷六十有《李敬义传》，云"李敬义，本名延古，太尉卫公德裕之孙"。则延古后改名敬义。传又云："昭宗迁都洛阳，以敬义为司勋员外郎。柳璨之陷裴、赵诸族，希梁祖旨奏云:'近年浮薄相扇,趋竞成风,乃有卧邀轩冕,视王爵如土梗者。司空图、李敬义三度除官,养望不至,咸宜屏黜,以劝事君者。'翌日,诏曰:'司勋员外郎李延古,世荷国恩,两叶相位,幸从筮仕,累忝宠荣,多历岁时,不趋班列。而自迁都卜洛,纪律载张,去明庭而非遥,处别墅而无惧,罔思报效,姑务便安,为臣之节如斯,贻厥之谋何在!须加惩责,以肃朝论,九寺勾稽,尚谓宽典,可责授卫尉寺主簿。'司空图亦追停前诏,任从闲适。"则延古当是忠于唐室,对朱温专权表示不合作态度,其兄殷衡后去梁仕南汉,亦同一主旨。

《传》载延古又仕后唐庄宗,署北京(太原)留守判官,拜工部尚书。后归职太原,"监军张承业尤不悦本朝宰辅子孙,待敬义甚薄,或面折于公宴,或指言德裕过恶,敬义不得志,郁愤而卒。同光二年,赠右仆射"。

陈寅恪先生《李德裕贬死年月及归葬传说辨证》谓:"李烨二子殷衡、延古虽分处南北,然皆能自树立,传于后世。"

殷衡、延古之后无闻,德裕后世可知者至殷衡兄弟止。

唐德宗贞元三年丁卯(七八七)　一岁

李德裕生于西京万年县安邑坊。

《旧唐书》卷一七四《李德裕传》,德裕卒于宣宗大中三年(八四九)十二月,年六十三;《新唐书》卷一八〇《李德裕传》同。以此推算,当生于本年。王鸣盛《十七史商榷》卷九一考德裕之卒年为六十四,陈寅恪先生《李德裕贬死年月及归葬传说辨证》已论证其误,详见后大中三年条。钱大昕《疑年录》卷一亦定其生年为贞元三年,是。

李德裕生时,其父李吉甫在京任职。又唐康骈《剧谈录》:"李德裕宅在安邑坊东南隅。"

李吉甫本年三十岁,时任太常博士。

据《旧唐书》卷一四八、《新唐书》卷一四六《李吉甫传》,吉甫生于肃宗乾元元年(七五八),本年应为三十岁。又《唐会要》卷三《皇后》:"(贞元)三年正月十八日,太常博士李吉甫奏曰"云云。按据《旧传》,李吉甫年二十七时即已为太常博士:"年二十七,为太常博士,该洽多闻,尤精国朝故实,沿革折衷,时多称之。"又《新传》曰:"贞元初,为太常博士,年尚少,明练典故。昭德皇后崩,自天宝后中宫虚,恤礼废缺。吉甫草具其仪,德宗称善。"按据《旧纪》,昭德皇后王氏卒于贞元二年十一月丁酉。《唐会要》卷三载李吉甫奏,即议昭德皇后卒后立庙事。

闰五月,唐侍中浑瑊与吐蕃宰相尚结赞会盟于平凉,为吐蕃兵所劫,浑瑊逃遁,副使、兵部尚书崔汉衡以下将吏六十余人为吐蕃所俘。六月,李泌由陕虢观察使入相,为中书侍郎、平章事。九月,回纥可汗遣使合阙将军入唐求婚,德宗以其女咸安公主嫁之。

据《旧纪》、《通鉴》等。

本年,李泌六十六岁(据《旧唐书》卷一三〇、《新唐书》卷一三九本传),窦参五十五岁(据《旧唐书》卷一三六本传),陆贽三十四岁(据《旧唐书》卷一三九本传),李逢吉三十岁(据《旧唐书》卷一六七本传),王起二十八岁(据《旧唐书》卷一六四本传),裴度二十三岁(据《旧唐书》卷一七〇、《新唐书》卷一七三本传),令狐楚二十岁(据《刘禹锡集》卷十九《唐故相国赠司空令狐公集纪》),杜元颖十九岁(据《旧唐书》卷一六三、《新唐书》卷九十六本传),吕温十六岁(据《柳宗元集》卷四十《祭吕衡州温文》),白居易十六岁(据李商隐《刑部尚书致仕赠尚书右仆射太原白公墓碑铭》,《樊南文集详注》卷八),刘禹锡十六岁(据《旧唐书》卷一六〇本传),李绅十六岁(据李绅《墨诏持经大德神异碑铭》,《全唐文》卷六九四),路随十二岁(据《旧唐书》卷一五九、《新唐书》卷一四二本传),沈传师十一岁(据《旧唐书》卷十七下《文宗纪》下,《新唐书》卷一三二本传),元稹九岁(据《白居易集》卷七十《唐武昌军节度处置等使河南元公墓志铭》),牛僧孺八岁(据杜牧《樊川文集》卷七《唐故太子少师奇章郡开国公赠太尉牛公墓志铭》),杨嗣复五岁(据《旧唐书》卷一七六本传)。

贞元五年己巳(七八九)　三岁

二月庚子,窦参入相,由御史中丞为中书侍郎、平章事。三月甲辰,李泌卒。

　　　　据《旧纪》、《通鉴》。

李吉甫此时约任屯田员外郎兼太常博士,为李泌、窦参所器重。

《旧传》载李吉甫年二十七时为太常博士，迁屯田员外郎，博士如故，改驾部员外郎，皆未言具体年月。贞元七年转驾部员外郎（详后），则任屯田员外郎当为此数年间事。又云："宰臣李泌、窦参推重其才，接遇颇厚。"李泌于本年三月卒，窦参本年二月始拜相，李吉甫之为二人所推重，当在本年前后数年间。《新传》："李泌、窦参器其才，厚遇之。"与《旧传》略同。

本年，裴度、杨巨源、马逢、胡证登进士科，丁公著登明经科。礼部侍郎刘太真知贡举（徐松《登科记考》卷十二）。

贞元六年庚午（七九〇）　四岁

本年秋，吐蕃陷北庭都护府，节度使杨袭古奔西州。回纥大相颉干迦斯给袭古，请合军收复北庭，既而又杀袭古，安西由是阻绝，而西州犹为唐守。

据《旧纪》、《通鉴》等。

贞元七年辛未（七九一）　五岁

李吉甫转驾部员外郎。

李吉甫《编次郑钦悦辨大同古铭论》："辛未岁，吉甫转驾部员外郎。"（《全唐文》卷五一二）

本年,令狐楚、萧俛、皇甫镈等登进士科,礼部侍郎杜黄裳知贡举（徐松《登科记考》卷十二）。

贞元八年壬申（七九二） 六岁

本年四月后,李吉甫坐窦参党,贬明州员外长史。时年三十五。

  李吉甫《编次郑钦悦辨大同古铭论》:"壬申岁,吉甫贬明州长史。"《旧传》:"及陆贽为相,出为明州员外长史。"《新传》:"李泌、窦参器其才,厚遇之。陆贽疑有党,出为明州长史。"按窦参之贬在本年四月乙未,同日,"以尚书左丞赵憬、兵部侍郎陆贽为中书侍郎、同中书门下平章事"(《旧·德宗纪》)。同月,元稹岳丈韦夏卿也坐交结窦参而由给事中左迁常州刺史。又《通鉴》卷二三四贞元九年三月载陆贽奏语有云:"窦参得罪之初,私党并已连坐。"李吉甫之贬当与韦夏卿出为常州刺史约前后同时。

  又据《新书》卷四一《地理志》五,明州为上州。《新书》卷四九下《百官志》四下,上州,刺史一人,从三品,职同牧尹;别驾一人,从四品下;长史一人,从五品上(中州、下州皆无长史)。又宋卢宪《嘉定镇江志》卷十六"长史"条谓:"隋为郡官,唐初无,永徽二年改别驾为之,其后二职并置。王府、都督府、诸州皆有长史一员,掌统官僚纪纲职务。中都督府长史正五品,上州长史从五品上,次于别驾。"但此次李吉甫之为明州长史,因是贬责,名为员外官,并无实职。(参《唐会要》卷六七"员外官"条："员外及检校试官斜封官,皆神龙以后有之,开元大革前事,多已除去,唯皇亲战功之外,不复除授。今则贬责者,然后以员外官处之。")

又宋张津《乾道四明图经》卷一、罗浚《宝庆四明志》卷一皆载任侗为贞元九年明州刺史,九年以前未详,亦未载李吉甫名。

关于窦参被贬原因之考察。

窦参于贞元八年四月被贬为郴州别驾,贞元九年三月再贬为驩州司马,未至贬所,中途"赐死"。窦参被贬的原因,过去史书记载,有以为是由于窦参与陆贽的矛盾,韩愈《顺宗实录》更载为"议者多言参死由贽"(卷四)。实际情况恐非如此。按《旧唐书》卷一三六《窦参传》,参历官万年尉、奉先尉、大理司直、监察御史,以及侍御史知杂、御史中丞,《旧传》称其"习法令,通政术,性矜严,强直而果断";为御史中丞时,"不避权贵,理狱以严称","时宰颇忌之,多所排抑,亦无以伤参"。《新唐书》卷一四五《窦参传》也称其"为人矜严悍直,果于断","入为御史中丞,举劾无所回忌"。当然窦参本身的行为也有可议之处,史称其为相后"任情好恶,恃权贪利";宠爱族子窦申,"每议除授,多访于申,申或泄之,以招权受赂。申所至,人目之为喜鹊"(《旧传》)。窦参被贬的直接原因,是窦申与吴通玄、通微兄弟相勾结,诬告陆贽,为德宗所察觉。《旧·窦参传》云:"兵部侍郎陆贽与参有隙。吴通微弟兄与贽同在翰林,俱承德宗顾遇,亦争宠不协。金吾大将军、嗣虢王则之与申及通微、通玄善,遂相与倾。贽考贡举,言贽考贡不实。吴通玄取宗室女为外妇，德宗知其毁贽，且令察视，具得其奸状，乃贬则之为昭州司马，吴通玄为泉州司马，窦申为道州司马。不旬日，贬参郴州别驾，即日以陆贽为宰相。"

按窦申倚仗窦参，招财纳贿，而窦参不加阻止，且加以包庇，诚如陆贽所云："窦参顷司钧轴，颇怙恩私，贪饕货财，引纵亲党，此则朝廷同议，天下共传。"（《陆宣公集·奏议》卷二《商量处置窦参事体状》）但窦申之事尚不至于责窦参如此之重。所云陆贽与窦参有隙，史籍也未载其详，相反，窦参被贬郴州后，湖南观察使李巽又上言汴州节度使刘士宁送给窦参绢五千匹，德宗大怒，欲杀参，陆贽还上疏解救。陆贽奏谓："窦参与臣无分。因事报怨，人之常情。然臣参宰衡，合存公体，以参罪犯，置之死地，恐用刑太过。"（《旧·窦参传》）陆贽且以刘晏被杀为戒，谓："刘晏久掌货财，当时亦招怨讟，及加罪责，事不分明，叛者既得以为辞，众人亦为之怀愍。用刑暧昧，损累不轻，事例未遥，所宜重慎。"又云："臣等亲奉天颜，议加刑辟，但闻凶险之意，尚昧结构之由。况在众流，何由备悉，忽行峻罚，必谓冤诬，群情震惊，事亦非细。"（同上）由此可见，罢窦参相位，贬出，及既贬之后，又欲置于死地，皆出于德宗，陆贽尚从中加以疏解。

细绎史籍的记载，可以推究出窦参贬死之缘由。《旧传》谓参"多引用亲党，使居要职，以为耳目，四方藩帅，皆畏惧之"。此谓窦参受到藩镇之忌恨，藩镇也阴谋报复之。淄青节度使李纳"既惮参，馈遗毕至，外示敬参，实阴间之"（《旧传》)。《新传》更明言："于是淄青李纳厚馈参，外示严畏，实赂帝亲近为间，故左右争毁短之。"李纳如此，宣武（汴州）节度使刘士宁也如此，在窦参已被贬至郴州后，刘士宁仍故意送绢五千匹，"湖南观察使李巽故与参隙，以状闻，又中人为之验左，帝大怒，以为外交戎臣，欲杀参"；"时宦侍谤沮不已，参竟赐死于邕州"（《新传》）。窦参任御史中丞时，因执法严正，曾得罪于权贵，领度支盐铁转运使时，与方镇也有矛盾。窦参初时尚能得德宗的信任，但德宗为人忌刻，对地方强藩既惧兼恨，尤其嫉恨朝臣与方镇的联结，方镇如李纳等即利用德宗的这一心理，故意以钱帛馈参，引起德宗的猜疑，再加以宦官从旁"谤沮"，窦参终于贬死。陆贽《商量处置窦参事体状》、《奏议窦参等官状》引德宗宣谕，有"此人交结中外，意在不测"，"窦参结朕左右，兼有阴谋"等语，都可见出关于此事的处理，实出于德宗的意旨。此一事件并非如有些论著所谓是陆贽集团与窦参集团的斗争，而是藩镇、宦官利用德宗之猜疑与忌刻，加予窦参之诬陷与打击。

按照德宗之本意，坐窦参之事而远贬者为数尚多，如陆贽《奏议窦参等官状》所引德宗语："其窦参等所有朋党亲密，并不可容在侧近，宜便条疏，尽发遣向僻远无兵马处，先虽已经流贬，更移向远恶处者。"陆贽对此是不赞同的，他在奏状中谓："窦参久秉钧衡，特承宠渥，君之所任，孰敢不从，或游于门庭，或结以中外，或偏被接引，或骤与荐延，如此之徒，十恒七八。若听流议，皆谓党私，自非甚与亲交，安可悉从贬累？"虽有陆贽的疏救，仍有不少人远贬，诸窦以外，上述韦夏卿、李吉甫即是如此。又如唐次，本为礼部员外郎，因受窦参器重，也被贬为开州刺史，"在巴峡间十余年，不获进用。西川节度使韦皋抗表请为副使，德宗密谕皋令罢之"（《旧书》卷一九〇下《文苑·唐次传》，又参《册府元龟》卷九一五《总录部·废滞》）。

李德裕随父至贬所。

《旧·李德裕传》："贞元中，以父谴逐蛮方，随侍左右，不求仕进。"又段成式《酉阳杂俎》续集卷八《支动》："卫公幼时，尝于明州见一水族，有两足，觜似鸡，身如鱼。"

本年，欧阳詹、李观、王涯、韩愈、李绛登进士科，裴度登博学宏词科，兵部侍郎陆贽知贡举（徐松《登科记考》卷十三）。

贞元九年癸酉（七九三）　七岁

李吉甫仍在明州员外长史任。作《杭州径山寺大觉禅师碑铭并序》。

文载《全唐文》卷五一二，记大觉禅师卒于贞元八年十二月二十八日，"明年二月八日，奉全身于院庭之内，遵遗命也；建塔安神，申门人之意也"。又云："弟子实相，门人上首，传受秘藏，导扬真宗。……以吉甫连蹇当代，归依释流，俾箓难名，强著无迹。"据此，则此文当作于本年春。《金石录》卷十目录，第一千八百九十八，有《唐大觉禅师碑》，下注云："李吉甫撰，萧起正书，大中八年十二月。"又《宝刻丛编》卷十四两浙西路临安府,亦著录此碑,另有《唐径山大觉禅师国一影堂记》,谓"唐崔元翰撰,羊士谔正书,贞元九年二月八日立"(注云出《复斋碑录》)。

李吉甫于本年十一月并有《编次郑钦悦辨大同古铭论》,世以为传奇小说。

文载《全唐文》卷五一二,鲁迅辑入《唐宋传奇集》卷二。文末署"时贞元九年十一月二十八日,赵郡李吉甫记"。鲁迅据《太平广记》卷三九一录入。《唐宋传奇集》卷末《稗边小缀》云:"文亦原非传奇;而《广记》注云出《异闻记》,盖其事奥异,唐宋人固已以小说视之,因编于集。"郑钦悦,开元、天宝时人,事迹附见《新唐书》卷二〇〇《儒学·赵冬曦传》,又可参见李商隐《请卢尚书撰曾祖妣志文状》(《樊南文集补编》卷十一)。

本年,柳宗元、刘禹锡、武儒衡登进士科,元稹登明经科,李绛登博学宏词科,户部侍郎顾少连知贡举(徐松《登科记考》卷十三)。

贞元十年甲戌(七九四) 八岁

李吉甫在明州员外长史任。本年初或上年,作《唐茶山诗述碑阴记》。

《宝刻丛编》卷十四两浙西路湖州,载有《唐茶山诗并诗述》(按此为袁高撰),此后为《唐诗述碑阴记》,注云:"唐李吉甫撰,徐璹正书,贞元十年正月立。"宋王象之《舆地碑记目》卷一安吉州碑，记有《袁高茶山述》（下云"贞元七年立"），又《碑阴》，下云："李吉甫撰，贞元十年建。"据此，则《碑阴记》当作于本年初或上年。

十二月，陆贽罢相，为太子宾客。

《旧纪》："（十二月）壬戌，贬中书侍郎、平章事陆贽为太子宾客。"《通鉴》卷二三五亦载："中书侍郎、同平章事陆贽以上知待之厚，事有不可，常力争之。所亲或规其太锐，贽曰：'吾上不负天子，下不负所学，他无所恤。'裴延龄日短贽于上。赵憬之入相也，贽实引之，既而有憾于贽，密以贽所讥弹延龄事告延龄，故延龄益得以为计，上由是信延龄而不直贽。贽与憬约至上前极论延龄奸邪，上怒形于色，憬默而无言。壬戌，贽罢为太子宾客。"按德宗前以猜疑窦参，用陆贽为相而罢贬窦参，陆贽既相之后，又倚信户部侍郎、判度支裴延龄，以聚敛财货，对陆贽之直谏渐感厌烦，至本年十二月，竟罢免其相位。

本年，李逢吉、王播登进士科，裴垍、裴度、皇甫镈登贤良方正能直言极谏科，户部侍郎顾少连知贡举（徐松《登科记考》卷十三）。

贞元十一年乙亥（七九五）　九岁

四月，陆贽由太子宾客再贬为忠州别驾。

《旧纪》贞元十一年，"（四月）壬戌，贬太子宾客陆贽为忠州别驾"。陆贽之贬，见《顺宗实录》卷四，两《唐书》陆贽、裴延龄等传，及《通鉴》，以《旧·陆贽传》所载较翔实，摘录于此："户部侍郎、判度支裴延龄，奸宄用事，天下嫉之如仇，以得幸于天子，无敢言者，贽独以身当之，屡于延英面陈其不可，累上疏极言其弊。延龄日加谮毁。十年十二月，除太子宾客，罢知政事。贽性畏慎，及策免私居，朝谒之外，不通宾客，无所过从。十一年春，旱，边军刍粟不给，具事论诉；延龄言贽与张滂、李充等摇动军情。……德宗怒，将诛贽等四人，会谏议大夫阳城等极言论奏，乃贬贽为忠州别驾。"

李吉甫由明州员外长史迁为忠州刺史。夏，赴任。或云宰相欲害陆贽，故起吉甫为忠州刺史。

《旧·李吉甫传》："久之遇赦，起为忠州刺史。时贽已谪在忠州，议者谓吉甫必逞憾于贽，重构其罪。"《新传》："贽之贬忠州，宰相欲害之，起吉甫为忠州刺史，使甘心焉。"据此，则李吉甫之刺忠州，在陆贽贬为忠州别驾以后。吉甫有《忠州刺史谢上表》，云："伏奉恩命，擢授臣持节忠州诸军事、守忠州刺史，越自东海，牧于巴中。"又云："受命之日，心魂载驰，属楚越途遥，奔驰道阻，溯流七千，涉险非一，虐暑婴疒，羸骸仅存，以今月七日昇曳到所部上讫。"（《全唐文》卷五一二）此处仅云"今月七日"到任，未言何月，但表中"虐暑婴疒"云云，则当在夏月。陆贽之贬在四月，则吉甫赴任或当在六、七月间。

又《新传》谓宰相欲害陆贽，故意以吉甫为忠州刺史。据《新书》卷六二《宰相表》，此时任宰相者为赵憬、贾耽、卢迈。《旧书》卷一三六《卢迈传》谓"时大政决在陆贽、赵憬，迈谨身中立,守文奉法而已"。《新书》卷一五○迈传略同。又《旧书》卷一三八《贾耽传》谓"耽性长者,不喜臧否人物。自居相位,凡十三年,虽不能以安危大计启沃于人主,而常以检身厉行以律人"。卢迈、贾耽都不像将李吉甫改授忠州刺史以加害陆贽的主谋者。唯有赵憬为相时与陆贽有隙,《旧书》卷一三八《赵憬传》谓:"憬与陆贽同知政事,贽恃久在禁庭,特承恩顾,以国政为己任,才周岁,转憬为门下侍郎,憬由是深衔之,数以目疾请告,不甚当政事,因是不相协。裴延龄奸诈恣睢,满朝侧目,憬初与贽约于上前论之;及延英奏对,贽极言延龄奸邪诳诞之状,不可任用,德宗不悦,形于颜色,憬默然无言,由是罢贽平章事,而憬当国矣。"宰执中唯赵憬较有可能为此事之主谋者,但赵憬与陆贽并无深仇,现有文献记载还未能下此结论;德宗初欲诛杀陆贽,后为阳城等极谏而止,则起吉甫为忠州,或亦出于德宗之意。

吉甫至忠州,以宰相礼事陆贽,二人相得甚欢。

《旧·陆贽传》:"初,贽秉政,贬驾部员外郎李吉甫为明州长史,量移忠州刺史。贽在忠州,与吉甫相遇,昆弟、门人咸为贽忧,而吉甫忻然厚礼,都不衔前事,以宰相礼事之,犹恐其未信不安,日与贽相狎,若平生交契者。贽初犹惭惧,后乃深交。时论以吉甫为长者。"新旧《唐书·李吉甫传》所载略同。《册府元龟》卷八八五《总录部·以德报怨》亦载吉甫至忠州,待陆贽"以宰相礼事之,犹恐其未信不安,遂与之亲狎,若平生还往者"。按此事诚足以表现李吉甫之器量。但窦参之贬出,实际并未如史籍所载系参与陆贽之冲突,且窦参亲友坐累受贬者，陆贽曾上奏德宗为之疏解，此等情状李吉甫定当知闻，故在忠州以厚礼待陆贽，并非偶然。但正因如此，意受当权者之忌，《新传》因曰"坐是不徙者六岁"。

李德裕随父赴忠州。〔辨《北梦琐言》谓德裕生于吉甫赴任途中〕

李吉甫赴忠州，德裕当随父至任所，《酉阳杂俎》续集卷八《支动》曾载德裕少时过瞿塘见一怪物事（但《酉阳杂俎》谓德裕过瞿塘时年十一，误，本年德裕九岁，此当系段成式偶误）。又《北梦琐言》卷八谓："吉甫相典忠州，溯流之任，行次秭归，地名云居台，在江中，掌武诞于此处，小名台郎，以其地而命名也。"此谓德裕生于秭归附近之江中，按之史籍，其妄显然。

又，忠州，唐时属山南东道（参见《新唐书·地理志》），为下州，治所临江县，在今四川东部忠县。

李吉甫有《神女庙》诗，或即赴任途中所作（今已不存）。

欧阳修《集古录跋尾》卷八记《唐神女庙诗》，题下注"贞元十四年"，跋云："右《神女庙》诗，李吉甫、丘玄素、李贻孙、敬骞等作。余贬夷陵令时，尝泛舟黄牛峡，至其祠下，又饮虾蟆碚水，览其江山巉绝穷僻，独恨不得见巫山之奇秀，每读数子之诗，爱其辞翰，遂录之。"《金石录》卷九目录，第一千六百三十七，有"唐李吉甫《神女庙》诗"，下注"正书"，未载年月。《宝刻丛编》卷十九夔州路夔州，有"唐杂言神女词"，云："唐忠州刺史李吉甫撰，正书，无姓名，贞元十四年正月二十五日刻。"（注云出《复斋碑录》）李吉甫之《神女庙》诗今已不存，此诗或为本年赴任途中经夔州时作，而于贞元十四年刻石。

贞元十二年丙子（七九六）　十岁

本年，张仲方、崔郾登进士科，张仲方又登博学宏词科，礼部侍郎吕渭知贡举（徐松《登科记考》卷十四）。

贞元十三年丁丑（七九七）　十一岁

李吉甫在忠州刺史任。约于本年撰《唐仙都观王阴二真君影堂碑》（今已不存）。

　　《宝刻丛编》卷十九忠州，有《唐仙都观王阴二真君影堂碑》，云："唐李吉甫撰，储伯阳行书，贞元十四年正月立。"王象之《舆地碑记目》卷四忠州碑记，有"丰都景德观唐碑十"，中有"李吉甫真人影堂记、二真君碑、二仙公碑"；又《玉石碑》，下云："即景德观三真人碑，唐贞元中李吉甫修，碑刻见存，碑石莹润，号曰玉石。"又《唐平都山真人影堂记》，下云："平都唐碑，惟此三碑尤佳，皆李吉甫修撰，又曰玉石碑。"按李吉甫所作今已不存，立石于贞元十四年正月，则撰作或当在本年。

贞元十四年戊寅（七九八）　十二岁

本年，李翱、吕温、王起登进士科，尚书左丞顾少连知贡举（徐松

《登科记考》卷十四)。

贞元十五年己卯(七九九) 十三岁

本年,吕温登博学宏词科,中书舍人高郢知贡举(徐松《登科记考》卷十四)。

贞元十六年庚辰(八○○) 十四岁

九月,宰相郑余庆贬为郴州司马。

　　《旧纪》贞元十六年,"(九月)庚戌,贬中书侍郎、同中书门下平章事郑余庆为郴州司马,户部侍郎、判度支于頔为泉州司户"。《通鉴》卷二三五载此事谓:"中书侍郎、同平章事郑余庆与户部侍郎、判度支于頔素善,頔所奏事,余庆多劝上从之。上以为朋比,(九月)庚戌,贬余庆郴州司马,頔泉州司户。"按,这也是德宗猜疑忌刻的表现。

本年,白居易、杜元颖登进士科,中书舍人高郢知贡举(徐松《登科记考》卷十四)。

贞元十七年辛巳(八○一) 十五岁

李吉甫因病罢忠州刺史任,但仍留住忠州。

详见后贞元十九年谱。

段文昌时在剑南西川节度使韦皋幕,曾至忠州以文谒吉甫。

段文昌,《旧书》卷一六七、《新书》卷八九有传,字墨卿,一字景初,西河人,世居荆州。《旧传》云:"文昌家于荆州,倜傥有气义,节度使裴胄知之而不能用。韦皋在蜀,表授校书郎。李吉甫刺忠州,文昌尝以文干之。及吉甫居相位,与裴垍同加奖擢。"按段文昌及其子成式,后与李德裕皆有交往。经查,段成式《酉阳杂俎》,其书《续集》七,记有:"贞元十七年,先君自荆入蜀应韦南康辟命。"韦南康即韦皋。据此,则段成式在剑南西川节度幕中任职时自蜀至忠州拜谒李吉甫,当于贞元十七、十八年间。

贞元十八年壬午(八〇二)　十六岁

李吉甫本年除郴州刺史,因病未赴任,仍居住忠州。

详见后贞元十九年谱。

贞元十九年癸未(八〇三)　十七岁

李吉甫于本年夏赴郴州刺史任。

《旧传》载吉甫刺忠州,与陆贽甚相得,"六年不徙官,以疾罢免,寻授郴州刺史"。《新传》亦谓"坐是不徙者六岁,改郴、饶二州"。皆未明载年月。今按《全唐文》卷五一二载李吉甫《柳州刺史谢上表》,此"柳"字为"郴"字之误,但宋人即有以此文辑入柳宗元文集者,王应麟《困学纪闻》卷十七《评文》有云:"柳文多有非子厚之文者:……《柳州谢上表》,其一乃李吉甫《郴州谢上表》也。"岑仲勉先生《读全唐文札记》亦论及此文,并云"《英华辨证》五已正之,今卷五七一又复收入柳宗元下,应分别删正"。

《表》云:"臣前岁以疾停官,去年蒙恩除替,便欲裂裳裹足,趋赴京师,以旧疾所婴,弥年未愈,逮及今夏,始就归途。"据此,则吉甫于贞元十七年即因病解忠州刺史任,十八年除郴州刺史,也因旧疾未愈,仍留住忠州。《表》文又云:"况臣昔因左官,一纪于外。"按吉甫于贞元八年责降明州长史,至贞元十九年恰为一纪。

又据《新书》卷四一《地理志》五,郴州属江南西道,治所郴县(即今湖南郴县)。又《万历郴州志》卷二《秩官表》上郴州刺史,德宗贞元时有李吉甫,未注年月,当亦据两《唐书》。同书卷十五《循良传》载李吉甫,云"贞元初为刺史",大误。

按此时郑余庆被贬为郴州司马,系吉甫属下。顺宗立,余庆内召,宪宗即位,余庆又擢为宰相,吉甫之入,当与郑余庆有关。

李吉甫在郴州曾有题名传于后世。

清瞿中溶《古泉山馆金石文编残稿》卷二有《路恕李吉甫等侍郎㸑题名》,云:"右路恕、李吉甫等题名,八分书,十行,在永兴县侍郎㝇。……此题名盖即其官郴州刺史时也。"

李吉甫在郴州,有《夏日登北楼十韵》,元和时杨於陵、柳宗元曾有和作。吉甫原诗已佚。

柳宗元有《奉和杨尚书郴州追和故李中书夏日登北楼十韵之作依本诗韵次用》(中华书局点校本《柳宗元集》卷四十二),注引孙氏曰:"先是贞元中李吉甫为郴州刺史,有《北楼诗十韵》,至是於陵和之,公亦和焉。"按杨於陵元和十一年四月自户部侍郎、判度支贬郴州刺史,有和吉甫诗,时柳宗元已由永州改刺柳州,继有和作。今李诗已佚,录柳诗于下:"郡楼有遗唱,新和敌南金。境以道情得,人期幽梦寻。层轩隔炎暑,迥野恣窥临。风去徽音续,芝焚芳意深(注引孙氏曰:风去以比吉甫,芝焚以比杨尚书也)。游鳞出陷浦,唳鹤绕仙岑。风起三湘浪,云生万里阴。宏规齐德宇,丽藻竞词林。静契分忧术,闲同迟客心。骅骝当远步,鸤鸠莫相侵。今日登高处,还闻《梁父吟》。"清陈景云《柳集点勘》谓:"风去,谓吉甫去官;芝焚,则伤其逝。"其说近是。由此可见柳宗元对李吉甫之景仰。

李吉甫于七月后改授饶州刺史,约本年冬赴任。

权德舆《使持节郴州诸军事权知郴州刺史赐绯鱼袋李公(伯康)墓志铭并序》(《全唐文》卷五〇三):"(贞元)十九年秋七月,拜郴州刺史。"又《唐语林》卷三《方正》云:"李相国忠公,贞元十九年为饶州刺史。"此"李相国忠公"即李吉甫。由此则知李吉甫于本年夏刚至郴州,即于七月后由李伯康接任。

又《金石补正》卷六七《路恕李吉甫题名》："清河□路恕体仁、朝议大夫前守郴州刺史李吉甫,贞元十九年岁次癸未拾月戊寅朔二十四日辛丑,蒙恩除替,归赴京阙。"另清瞿中溶《古泉山馆金石文编残稿》卷二有《路恕李吉甫等侍郎豀题名》,云:"右路恕李吉甫等题名,八分书,十行,在永兴县侍郎豀。……此题名盖即其官郴州刺史时也。"按贞元十九年十月二十四日已称李吉甫为"前守郴州刺史",则已卸任,但仍在郴州。吉甫有《饶州刺史谢上表》(《全唐文》卷五一二),云:"今月五日,中使刘元晏奉宣圣旨,擢授臣饶州刺史,兼赐官告,仍至当州送上者。臣与元晏以某月二十三日至州上讫。"此表未明言年月。或为贞元十一、十二月。又《太平寰宇记》卷一○七"饶州鄱阳县"有云:"柳公楼在城西北角。……贞元十九年李吉甫复其名曰柳公楼。"则吉甫确于本年抵任。

又据《新书》卷四一《地理志》五,饶州属江南西道,唐时为上州,州治鄱阳(即今江西鄱阳县)。

春,白居易与元稹以书判拔萃科登第,并授秘书省校书郎。(徐松《登科记考》卷十五,又参见《白居易集》卷四十三《养竹记》、卷七十《河南元公墓志铭》,《旧书》卷一六六《元稹传》)。

杜牧生。

《樊川文集》卷九《唐故淮南支使试大理评事兼监察御史杜君墓志铭》,并参缪钺《杜牧年谱》。

贞元二十一年
永 贞 元 年 乙酉（八〇五） 十九岁

正月，癸巳，德宗卒，太子李诵即位，是为顺宗。二月辛卯，韦执谊拜相；壬寅，王叔文为起居舍人，充翰林学士。甲子，大赦，渐次颁行新政。

见《旧纪》、《通鉴》等。

李吉甫有《贺赦表》，对新政表示拥护。时仍为饶州刺史。

李吉甫《贺赦表》（《全唐文》卷五一二）云："伏奉二月二十四日制书，大赦天下。"按《顺宗实录》卷二载："二月甲子，上御丹凤门，大赦天下。自贞元二十一年二月二十四日昧爽已前，大辟已下，罪无轻重，常赦所不原者，咸赦原之。诸色人中，有才行兼茂明于理体者、经术精深可为师法者、达于吏理可使从政者，宜委常参官各举所知；其在外者，长吏精加访择，具名闻奏，仍优礼发遣。"大赦令中又有禁宫市、禁五坊小儿等。吉甫表所云二月二十四日制书，即指此。吉甫《贺赦表》对新政加以称颂，表示拥护，云："伏惟陛下体元圣之姿，膺出符之运。统理万事，建中于人。躬大禹之菲薄，奉玄元之慈俭，损己以益下，约身而爱人。捐珠玉而不玩，斥绮丽而不御。事有妨于农业，物有害于女工，人力所疲，上心攸荡，自此罢黜，归于典常。若乃投荒御魅之伦，触网婴罗之类，或炎裔沦屈，骨肉相从，或囹圄幽囚，馈饷不至，皆阳和所未煦，雨露所罕沾，靡不沐浴天波，昭睹白日。"

又按《表》文又云:"况臣谬当共理,职在抚循。"又云:"谨遣当州军事衙前虞候王国清奉表陈贺以闻。"则此时吉甫仍为外州刺史。据新旧《唐书》本传,吉甫刺忠州后,又历任郴州、饶州刺史,已知吉甫于贞元十九年夏赴饶州任,而本年八月又应召入朝,则上此表时当仍在饶州。吉甫有《饶州刺史谢上表》(《全唐文》卷五一二)

李吉甫在饶州破除迷信之一例。

《旧传》:"先是,州城以频丧四牧,废而不居,物怪变异,郡人信验;吉甫至,发城门管钥,剪荆榛而居之,后人乃安。"(《新传》略同)《唐语林》卷三《方正》所载稍详,云:"先是郡城已连失四牧,故府废者七稔,公莅任后,命启钥而居之。郡吏以有怪坚请,公曰:'神好正直,守直则神避。妖不胜德,失德则妖兴。居之在人。'"

三月,追前左降官郑余庆、陆贽、阳城等赴京师,陆贽、阳城未闻命而卒于贬所。五月,郑余庆为尚书左丞。

《通鉴》卷二三六贞元二十一年三月,"壬申,追忠州别驾陆贽、郴州别驾郑余庆、杭州刺史韩皋、道州刺史阳城赴京师"。《顺宗实录》卷二亦记此事,并云:"德宗自贞元十年已后不复有赦令,左降官虽有名德才望,以微过忤旨谴逐者,一去皆不复叙用,至是人情大悦,而陆贽、阳城皆未闻追诏而卒于迁所,士君子惜之。"又据《旧纪》,本年五月癸未,"以郴州司马郑余庆为尚书左丞"。

七月乙未,诏"军国政事,宜令皇太子勾当"。八月庚子,顺宗禅位,太子李纯即皇帝位,是为宪宗。辛丑,改贞元二十一年为永贞

元年,壬寅,贬王伾、王叔文等。癸亥,郑余庆拜相,同中书门下平章事。(《旧纪》)

八月,李吉甫由饶州召入为考功郎中、知制诰,十二月,为中书舍人,与裴垍充翰林学士。

  《旧纪》本年八月癸亥载郑余庆拜相后,云:"丙寅,以饶州刺史李吉甫为考功郎中,虢州刺史唐次为吏部郎中,并知制诰。"(按唐次亦为贞元八年坐窦参事被贬出)又十二月壬戌,"以考功郎中、知制诰李吉甫为中书舍人,以考功员外郎裴垍为考功郎中、知制诰,并充翰林学士"。又《旧传》:"宪宗嗣位,征拜考功郎中、知制诰,既至阙下,旋召入翰林为学士,转中书舍人,赐紫。"《新传》所载略同。按吉甫此次召入,恐与郑余庆有关,二人在郴州,一为刺史,一为别驾,当即相知,余庆拜相,即召吉甫入朝。

  元稹《承旨学士院记》:"李吉甫,永贞元年十二月二十四日自考功郎中、知制诰入院;二十七日正除,仍赐紫金鱼袋,充。"丁居晦《重修承旨学士壁记》:"李吉甫,永贞元年十二月二十四日自考功郎中、知制诰充,二十七日迁中书舍人,赐紫金鱼袋。"

〔辨误〕

  唐赵璘《因话录》卷一:"德宗尝暮秋猎于苑中。是日天色微寒,上谓近臣曰:'九月衣衫,二月衣袍,与时候不相称,欲递迁一月,何如?'左右皆拜谢。翌日,命翰林议之而后下诏。李赵公吉甫时为承旨,以圣人能上顺天时,下尽物理,表请宣示万方,编之于令。李相程初为学士,独不署名,具状奏曰:'臣谨按《月令》,十月始裘。《月令》是玄宗皇帝删定,不可改易。'上乃止。由是与吉甫不协。"

按李程谏德宗事,《旧书》卷一六七《李程传》未载,《新书》卷一三一《李程传》载之,谓:"召为翰林学士,再迁司勋员外郎,爵渭源县男。德宗季秋出畋,有寒色,顾左右曰:'九月犹衫,二月而袍,不为顺时,朕欲改月,谓何?'左右称善,程独曰:'玄宗著《月令》,十月始裘,不可改。'帝矍然止。"又据《重修承旨学士壁记》,李程于贞元二十年九月为翰林学士,元和三年出院。李程任翰林学士时谏止德宗,当有可能,但贞元末李吉甫尚任外州刺史,至宪宗即位,始由饶州入朝,永贞元年十二月,乃入翰林院,并无德宗时为翰林学士承旨之可能。《因话录》所载,当系晚唐人因攻击李德裕,而并诬陷李吉甫之善于逢迎人主,其说实不可信。且查考李程事迹,也未有与吉甫不协事,此等皆须辨正。

李德裕当随父由郴徙饶,又由饶州回京。

详见后元和年谱。

九月,刘禹锡等以坐王叔文党贬远州刺史,十月,更贬为远州司马,又贬韦执谊为崖州司马,即所谓"八司马"。

见《旧纪》、《通鉴》等。

本年,沈传师、李宗闵、牛僧孺、杨嗣复、杜元颖登进士科,礼部侍郎权德舆知贡举(徐松《登科记考》卷十五)。

宪宗元和元年丙戌(八〇六) 二十岁

李吉甫本年仍为中书舍人、翰林学士;十二月,加银青光禄大夫。

元稹《承旨学士院记》:"李吉甫……元和元年加银青光禄大夫。"丁居晦《重修承旨学士壁记》载李吉甫"元和元年十二月加银青"。

李吉甫本年之建树。

据新旧《唐书》等所载。李吉甫本年在任中书舍人、翰林学士期间,曾奏请数事,今列述于下:

一、请征讨刘辟,密献计策。刘辟本为西川行军司马,永贞元年十二月,拥兵胁迫唐朝廷任命为剑南西川节度使。元和元年正月戊子,下诏讨刘辟,命高崇文等将兵入蜀,并令兴元严砺、东川李康掎角接应。《旧·李吉甫传》谓:"刘辟反,帝命诛讨之,计未决,吉甫密赞其谋,兼请广征江淮之师,由三峡路入,以分蜀寇之力。事皆允从,由是甚见亲信。"《新传》亦谓:"刘辟拒命,帝意讨之未决,吉甫独请无置,宜绝朝贡,以折奸谋。"《通鉴》卷二三七元和元年正月载其事,所记稍详:"上欲讨刘辟而重于用兵,公卿议者亦以为蜀险固难取。杜黄裳独曰:'辟狂戆书生,取之如拾芥耳!臣知神策军使高崇文勇略可用,愿陛下专以军事委之,勿置监军,辟必可擒。'上从之。翰林学士李吉甫亦劝上讨蜀,上由是器之。"《新传》更谓:"刘辟平,吉甫谋居多。"但宋吴缜《新唐书纠谬》则谓《新传》所载李吉甫在此次讨平刘辟中之功绩皆属虚无,甚至谓:"夫黄裳以宰相而当伐叛之任,书之其传固其宜矣,而吉甫以一中书舍人,乃欲多有其功,就使其实,且犹未可,而况于虚乎?然则此吉甫数事,本皆无有,而今史之所述如是者,非它,盖其子德裕秉政日尝重修宪宗实录,故吉甫之美恶,皆增损而不实。"按吴缜纠摘《新唐书》之疏误,虽有是处,但多求之过苛,此处谓李吉甫在讨平刘辟中所奏之计议,皆属虚无,则似未睹《旧传》、《通鉴》所述。又元和二年二月吉甫拜相,《唐大诏令集》卷四六所载《李吉甫平章事制》,即有"王纲以张,蜀寇斯殄,左右密勿,实由嘉言"等语。又《唐会要》卷五三《委任》条,亦谓:"李吉甫自翰林学士参定平蜀。"可见李吉甫在此次讨伐强藩擅命的战役中,坚定有谋,乃是实录,并非虚誉。

二、罢斥与宦官相勾结的中书吏滑涣。《旧传》:"宪宗初即位,中书小吏滑涣与知枢密中使刘光琦昵善,颇窃朝权,吉甫请去之。"按此事《新传》言之较详,云:"中书吏滑涣素厚中人刘光琦,凡宰相议为光琦持异者,使涣请,常得如素。宦人传诏,或不至中书,召涣于延英承旨,迎附群意,即为文书,宰相至有不及知者。由是通四方赂谢,弟泳官至刺史。郑余庆当国,尝一责怒,数日即罢去。吉甫请间,劾其奸,帝使簿涣家,得赀数千万,贬死雷州。"郑余庆身居宰执,因曾斥责滑涣,竟至罢相,当时宰臣如杜佑、郑絪等"皆低意善视之"(《通鉴》卷二三七元和元年八月)。《旧书》卷一五八《郑余庆传》亦谓:"宰相杜佑、郑絪皆姑息之,议者云佑私呼为滑八,四方书币赍货,充集其门。弟泳官至刺史。及余庆再入中书,与同僚集议,涣指陈是非,余庆怒其僭,叱之。寻而余庆罢相,为太子宾客。"滑涣势焰之嚣张,因有宦官之支持,郑余庆终于因得罪于涣而免去相位。其时李吉甫官止中书舍人,又因任翰林学士,即用计谋揭发滑涣的奸恶,也间接打击宦官的势力。据《通鉴》及《旧·郑余庆传》,时贬涣为雷州司户,寻"赐死",在元和元年九月。

三、阻止李锜领盐铁使。浙西观察使李锜骄纵不法,贞元时跋扈已甚,德宗屡姑息之。《新·李吉甫传》云:"时李锜在浙西,厚赂贵幸,请用韩滉故事领盐铁,又求宣、歙。问吉甫,对曰:'昔韦皋蓄财多,故刘辟因以构乱。李锜不臣有萌,若益以盐铁之饶,采石之险,是趣其反也。'帝寤,乃以李巽为盐铁使。"据《旧纪》元和元年四月丁未,杜佑罢领度支、盐铁、转运等使,以兵部侍郎李巽代其任,则吉甫之阻止李锜领盐铁等使,即在四月间。李锜于元和二年十月反,果不出吉甫之所料。

四、建议濠、泗二州不隶徐州军。《新传》云:"张愔既得徐州,帝又欲以濠、泗二州还其军。吉甫曰:'泗负淮,饷道所会,濠有涡口之险,前日授建封,几失形势。今愔乃两廊壮士所立,虽有善意,未能制其众。又使得淮、涡,厄东南走集,忧未艾也。'乃止。"按据《新书》卷一五八《张建封传》,张建封于贞元四年任徐泗濠节度使,此乃出于当时宰相李泌的建议,认为应当加重徐州的军力与财力,以对抗淄青节度使李纳,兼以加强唐朝廷对东南漕运的控制,因此将濠、泗二州划归徐州管辖。贞元十六年张建封卒,朝廷任命韦夏卿继其任,但军中不受代,拥立建封子愔。《旧书》卷一四〇《张封建传》谓:"军众请于朝廷,乞授愔旄节,初不之许,乃割濠、泗二州隶淮南,加杜佑同平章事,以讨徐州。"即唐朝廷为了征讨徐州军,又将濠、泗二州割隶淮南,并命淮南节度使杜佑讨徐州。后唐军不胜,终于又授愔以节度使之名。元和元年,张愔被疾请代,唐廷又任东都留守王绍为节度使,同时为取悦于徐州,复将淮、泗二州隶徐州军,"徐人喜得二州,故不为乱"(《通鉴》卷二三七元和元年十一月)。李吉甫的建议是为了削弱徐州的军力,并加强中央政权的控制力。但当时执政者为求得妥协,复将濠、泗二州割隶徐州。

李德裕随父返京师,不愿应科举试,未入仕。

　　《旧传》:"德裕幼有壮志,苦心力学,尤精《西汉书》、《左氏春秋》,耻与诸生从乡赋,不喜科试。年才及冠,志业大成。"《新传》:"少力于学,既冠,卓荦有大节。不喜与诸生试有司,以荫补校书郎。"按李德裕随侍其父转徙于忠、郴、饶等州,未曾就科试,旧籍称其有"壮志"、"大节",谅非虚语。但此时李德裕尚未入仕,其以荫补校书郎,当在李吉甫于元和六年由淮南再入相以后,详后谱。

〔辨误〕

　　《北梦琐言》卷一:"太尉李德裕,幼神俊,宪宗赏之,坐于膝上。父吉甫,每以敏辩夸于同列,武相元衡召之谓曰:'吾子在家,所嗜何书?'意欲探其志也。德裕不应。翌日,元衡具告吉甫,因戏曰:'公诚涉大痴耳。'吉甫归以责之,德裕曰:

'武公身为帝弼,不问理国调阴阳,而问所嗜书,书者,成均、礼部之职也。其言不当,所以不应。'吉甫复告,元衡大惭。由是振名。"

按本年德裕二十岁,去年宪宗立,吉甫入朝,德裕亦年已十九,实无"宪宗赏之,坐于膝上"之可能。武元衡与吉甫同丁元和二年拜相,德裕已二十一岁,亦不可能有如此对答语。《琐言》所载,纯属乌有。

本年,皇甫湜、李绅、韦处厚登进士科,杜元颖登博学宏词科,元稹、韦处厚、白居易、沈传师、萧俛登才识兼茂明于体用科,礼部侍郎崔邠知贡举(徐松《登科记考》卷十六)。

元和二年丁亥(八〇七) 二十一岁

正月,李吉甫与武元衡同拜相,吉甫为中书侍郎、同平章事,武元衡为门下侍郎、同平章事。

《旧纪》元和二年正月:"乙巳,以门下侍郎、同平章事、南阳郡开国公杜黄裳检校司空、同平章事,兼河中尹、河中晋绛等州节度使。……己卯,赐绯鱼袋。武元衡为门下侍郎、同平章事、赐紫金鱼袋,以中书舍人、翰林学士李吉甫为中书侍郎、同平章事。"《新纪》、《通鉴》同,皆系于正月,唯《唐大诏令集》卷十六"命相"三《李吉甫平章事制》,文末注云"元和二年三月",此"三"字疑为"正"字之讹。

《李吉甫平章事制》云:"银青光禄大夫、行中书舍人、翰林学士、上柱国李吉甫，符彩外发，清明内融，体仁而温，抱义而峻。识同精赜，知皇王致理之源；学该古今，穷天人相与之际。自擢于纶阁，列在禁围，鼓三变之文，润色王度；总五才之用，参赞庙谟。化俗思迈于成康，致君愿及于尧舜。当注思之所向，每罄心而必陈。深中不回，独立无惧，经纶常见其道远，激切多至于涕零。王纲以张，蜀寇斯殄，左右密勿，实由嘉言。降神而生，辅朕为理。……可守中书侍郎、同中书门下平章事，散官、勋如故。主者施行。"

又元稹《承旨学士院记》亦记李吉甫"（元和）二年正月二十一日拜中书侍郎、同中书门下平章事"，丁居晦《重修承旨学士壁记》同，可见吉甫拜相确在本年正月。

同居相位者尚有郑絪。

据《新书》卷六十二《宰相表》中，郑絪于永贞元年十二月壬戌由中书舍人为中书侍郎、同中书门下平章事，本年仍在相位。又据《旧书》卷一五九《郑絪传》，絪卒于大和三年（八二九），年七十八，则当生于天宝十一载（七五二），本年五十六岁。

李吉甫本年之政绩。

李吉甫本年正月拜相，于政治多所建树，今据两《唐书》本传及有关材料，分述于下：

一、建议令方镇所属州郡刺史得自为政，并由朝廷派出郎吏为刺史。《旧传》云："吉甫性聪敏，详练物务，自员外郎出官，留滞江淮十五余年，备详闾里疾苦。及是为相，患方镇贪恣，乃上言使属郡刺史得自为政。"《新传》："吉甫连塞外迁十余年,究知闾里疾苦,常病方镇强恣,至是为帝从容言:'使属郡刺史得自为政,则风化可成。'帝然之,出郎吏十余人为刺史。"按,据两《唐书》本传所载,吉甫这一措施,是鉴于方镇贪恣与专权而发,为削弱节度使的权力,加强中央对州郡地方政权的控制,因此提出方镇所属州郡刺史可以自行为政,不必听命于节度使(或观察史),并由中央派出尚书省所属各部郎官出任刺史,以加重刺史的权任。这与吉甫长期在外做地方官,"备详闾里疾苦"有关。本年七月,宪宗曾问宰臣:"当今政教,何者为急?"吉甫即以地方牧宰能否得人为对,主张派朝官赴外任,谓:"国以民为本,亲民之任,莫先牧宰,能否实系一方。"又谓:"末世命官,多轻外任,选授之际,意涉沙汰,委以藩部,自然非才。"(《唐会要》卷五三《杂录》。按吉甫此处奏对,《全唐文》未收)

又,吉甫建议由郎官出任刺史,当时确曾付诸实施,白居易有《除郎官分牧诸州制》,云:"汉宣帝云:'与我共理者,其惟良二千石乎?'诚哉是言。朕每三复,安得循吏,副吾此心?今之台郎,一时妙选,尝经任历,率有才用。虽典曹庀事,其务非轻,而恤隐分忧,所寄尤重。是用并命,分牧吾人。岁时之间,期于报政。户部郎中某可某州刺史,兵部员外郎某可某州刺史,云云。"(《白居易集》卷五四"翰林制语"一)按白居易于本年十一月除授翰林学士(参见《旧传》、《通鉴》及《白集》卷四十七《奉敕试制书诏批答诗等五首》),此文当系居易任翰林学士时所作。

又《通鉴》卷二四一元和十四年载淄青平定后横海节度

使乌重胤奏语,也涉及州刺史的职权问题,颇可参考,今摘录于此:"横海节度使乌重胤奏:'河朔藩镇所以能旅拒朝命六十余年者,由诸州县各置镇将领事,收刺史、县令之权,自作威福。向使刺史各得行其职,则虽有奸雄如安、史,必不能以一州独反也。臣所领德、棣、景三州,已举牒各还刺史职事,应在州兵并令刺史领之。'……自至德以来,节度使权重,所统诸州各置镇兵,以大将主之,暴横为患,故重胤论之。"

二、对李锜擅命专权采取坚决处置的对策。镇海军浙西节度使李锜于贞元末即专恣不法,不听朝命。元和初,唐朝廷先后平定杨惠琳、刘辟之乱,李锜内不自安,渐萌反志。李吉甫对李锜,坚决主张讨伐。《新传》云:"又度李锜必反,劝帝召之,使者三往,以病解,而多持金赇权贵,至为锜游说者。吉甫曰:'锜,庸材,而所蓄乃亡命群盗,非有斗志,讨之必克。'帝意决。复言:'昔徐州乱,尝败吴兵,江南畏之。若起其众为先锋,可以绝徐后患。韩弘在汴州,多惮其畏,诚诏弘子弟率兵为犄角,则贼不战而溃。'从之。诏下,锜众闻徐、梁兵兴,果斩锜降。"按李锜于元和二年正式起兵谋反,同月,唐朝廷下制削李锜官爵及属籍(锜为宗室),并下诏征讨。又同月,其部将执锜降,李锜之叛能迅速平定,与朝廷采取坚决对策与正确部署有关,李吉甫于此与有功焉。

三、徙易方镇。《新传》:"德宗以来,姑息藩镇,有终身不易地者。吉甫为相岁余,凡易三十六镇,殿最分明。"按《新传》此处所述,钱大昕《廿二史考异》曾持异议,其书卷五十四谓:"按吉甫以元和二年正月拜相,明年九月出镇,其时魏博则田季安,恒冀则王士真,卢龙则刘济,淄青则李师道,淮西则吴少诚,沧景则程权,易定则张茂昭,汴宋则韩弘,泽潞则卢从史,陈许则刘昌裔,河东则严绶,凤翔、陇右则李鄘,东川则严砺,俱未徙节,所更代者,不过河中、邠宁、西川诸道近镇而已,恐未必有三十六镇之多,传文不足深信。"岑仲勉《唐史余沈》不同意钱说,认为《新传》所说可信,其书卷三六:"余按《旧纪》一四,元和二年六月戊午,凤翔节度使张敬则卒,已以京兆尹李鄘为凤翔陇右节度使,则凤翔之更易,正吉甫为相时,钱氏以李鄘占未徙节者之一,尚嫌失检。今姑就吴氏《方镇年表》略检之,除钱氏所举外,如泾原朱忠亮,鄜坊路恕,朔方范希朝,振武张奉国,陕虢房式,山南东裴均,山南西裴玢,荆南赵昌,浙西李元素、韩皋,浙东阎济美、薛苹,江西韦丹,福建陆庶,鄂岳郗士美,湖南李众(?),黔中李词,岭南杨於陵,岭南西赵良金,合诸停舒、庐、滁、和四川团练使额,停保义军等,为数几近二三十,《新书》之言,尚非铺张过甚。"又云:"《全唐文》四九三权德舆《魏国公贞元十道录序》:'凡今三十一节度,十一观察,与防御、经略以守臣称使府者共五十。'同书五一二李吉甫《上元和郡县图志序》:'起京兆府,尽陇右道,凡四十七镇。'三十六自非专指节度言。"

　　按岑说可信,今查白居易有《论于頔、裴均状——于頔、裴均欲入朝事宜》(《白居易集》卷五十八),中有云:"伏见贞元已来,天下节将,握兵守土,未肯入朝。自陛下刑服三凶,威加四海,是得诸道节度使三二年来,朝廷追则追,替则替,奔走道路,惧承命之不暇。"又云:"臣伏见近日节度使,或替或追,稍似繁数。"白氏此文题云"于頔、裴均欲入朝事宜",查于頔于元和三年九月由山南东道节度使为守司空、同中书门下平章事,裴均则于元和三年四月入为右仆射、判度支,居易此奏当作于二人入朝之前,或即在元和三年三、四月间。文中云"刑服三凶",三凶即指杨惠琳、刘辟、李锜;又云"三二年来"即指元和二、三年间事。文中称诸道节度使之调动"稍似繁数",甚至谓"奔走道路,惧承命之不暇",白氏系当时人,据所见闻而言,此可与《新·李吉甫传》"凡易三十六镇"相参证。

四、选拔人才。《旧书》卷一四八《裴垍》载:"元和初,召入翰林为学士,转考功郎中,知制诰,寻迁中书舍人。李吉甫自翰林承旨拜平章事,诏将下之夕,感出涕,谓垍曰:'吉甫自尚书郎流落远地,十余年方归,便入禁署,今才满岁,后进人物,罕所接识。宰相之职,宜选擢贤俊,今则懵然莫知能否。卿多精鉴,今之才杰,为我言之。'垍取笔疏其名氏,得三十余人;数月之内,选用略尽,当时翕然称吉甫有得人之称。"《旧·李吉甫传》也称"叙进群才,甚有美称"。吉甫此次入相,选用各方面的人才,史籍谓"有得人之称",固然与裴垍的推荐有关,但如没有吉甫大力任用,也不可能做到"人得叙进,官无留才"(《新传》)。因此南宋胡寅谓:"李吉甫不得端亮之列(琮按此仍系胡氏受旧史影响所得之偏见),然于陆敬舆能忘纤芥之憾,于裴垍能输访问之悃,此固君子之高致也。夫听言莫难于受荐,以人才志趣有异有同,故忌克之人,必自选择,以防参商矛盾之为己害也。今吉甫一旦用垍所疏三十余人,曾不猜靳。知人之明,虽在裴垍,得人之誉,乃归吉

甫。"(《读史管见》卷二十四)

〔辨误〕《通鉴》记李吉甫谮郑絪事非实。

《通鉴》卷二三七元和二年十一月载:"昭义节度使卢从
史,内与王士真、刘济潜通,而外献策请图山东,擅引兵东出。
上召令还,从史托言就食邢、洺,不时奉诏;久之,乃还。他
日,上召李绛对于浴堂,语之曰:'事有极异者,朕比不欲言
之。朕与郑絪议敕从史归上党,续征入朝。絪乃泄之于从
史,使称上党乏粮,就食山东。为人臣负朕乃尔,将何以处
之?'对曰:'审如此,灭族有余矣!然絪、从史必不自言,陛下
谁从得之?'上曰:'吉甫密奏。'绛曰:'臣窃闻搢绅之论,称
絪为佳士,恐必不然。或者同列欲专朝政,疾宠忌前,愿陛下
更熟察之,勿使人谓陛下信谗也。'上良久曰:'诚然,絪必不
至此。非卿言,朕几误处分。'"

按此事不见于《旧书·郑絪传》,《新书》卷一六五《郑絪
传》载之,与《通鉴》略同,云:"始,卢从史阴与王承宗连和,
有诏归潞,从史辞潞乏粮,请留军山东。李吉甫密谮絪漏言
于从史,帝怒,坐浴堂殿,召学士李绛语其故,且曰:'若何而
处?'绛曰:'诚如是,罪当族。然谁以闻陛下者?'曰:'吉甫
为我言。'绛曰:'絪任宰相,识名节,不当如犬彘枭镜与奸臣
外通。恐吉甫势轧内忌,造为丑辞以怒陛下。'帝良久曰:'几
误我!'"此事又见《新书》卷一五二《李绛传》,但较略。

《通鉴》与《新传》所载,都称李吉甫向宪宗密谮亦即诬
告郑絪,意在说明李吉甫之猜忌与阴险。而实际上此事纯属
乌有,宋吴缜《新唐书纠谬》曾逐项加以驳斥,其说颇有理据,

今摘录于下："今按宪宗本纪,元和四年二月丁卯綑罢相,至三月乙酉成德军节度使王士真方卒,其子承宗自称留后,十月辛巳承宗始反,是月朝廷命吐突承璀为将以讨承宗。而《卢从史传》云,丁父丧,未官,即献计诛王承宗,由是夺服领泽潞讨贼。且既云从史父丧未官而献计诛承宗,朝廷因命复领泽潞讨贼,则是亦皆在三月王士真死而承宗自立之后也,然则綑当是时已去相久矣。綑传所述与帝纪及年表并诸人传皆不相符,其证一也。又按李吉甫以元和二年正月为相,而三年九月出为淮南节度使,至四年三月王士真死,承宗自立,十月承宗反而朝廷讨之,自后从史方有与承宗连和之事,是时吉甫乃在淮南,何由得谮綑漏言,其证二也。又至五年四月从史方贬死,六年正月吉甫方再入相,是时綑已去相将二期矣。其年月及綑、从史、吉甫之所在事状,皆参差不相符,其证三也。……"(卷二《似实而虚·郑綑作相时事皆不实》)按吴氏《纠谬》据时间排列,指出《新书》载此事矛盾参差,不可信从,《通鉴》之误也与《新书》同。今据史籍所载,将李吉甫、郑綑、卢从史等人行迹列表于后:

元和二年	李吉甫、郑綑皆在相位。
元和三年	九月,李吉甫出为淮南节度使。
元和四年	二月,郑綑罢相,为太子宾客。 三月,成德节度使王士真卒,其子承宗自为留后。
	四月,昭义节度使卢从史因丁父忧,久未起复,请以本军讨王承宗;壬辰,即令起复为左金吾大将军,节度使如故。 十月,命吐突承璀帅诸道兵征讨王承宗。

元和五年	三月,卢从史阴与王承宗通谋。癸巳,郑絪为岭南节度使。 四月甲申,吐突承璀用计执卢从史归京师。 戊戌,贬卢从史为驩州司马。
元和六年	正月,李吉甫复由淮南入相。

又按白居易有《与昭义军将士诏》,曰:"卢从史为卿主将,作朕藩臣,权位尊崇,恩宠优厚;而乃外示恭顺,内怀奸邪,刻削军中,暴殄境内。朕以君臣之道,未忍发明,为之含容,颇有年月。近又苟求起复,请讨恒州,与贼通谋,为国生患,自领士马,久屯行营,收当军赏设之资,加本道刍粟之估,不为公用,尽入私家。"(《白居易集》卷五十六"翰林制诏"三)岑仲勉《隋唐史》谓白氏制诏中"自领士马,久屯行营",即是"就食山东"之谓,"确在请讨恒州之后"(《隋唐史》卷下第四十五节小注五十三。又岑仲勉亦谓《通鉴》、《新书》所载李吉甫谮郑絪一事非实,并可参见所著《通鉴隋唐纪比事质疑》页二五九《卢从史引兵东出》条)。白居易《与昭义军将士诏》系元和五年夏贬卢从史为驩州司马后,将卢之罪状宣示昭义将士,所谓"近又苟求起复",即指元和四年四月卢从史请求起复讨王承宗之事。总之,此事皆在李吉甫、郑絪罢相之时,《通鉴》与《新传》所载李绛与宪宗对语,谓李吉甫疾忌"同列","欲专朝政",皆为无根之谈。

然则所谓李吉甫诬构郑絪,究系何人所造作?《通鉴》、《新传》所本为何书? 吴缜曾已指出:"此盖李绛之门生故吏撰集绛事者务多书其事,以为绛之美"(见上《新唐书纠谬》）。而此处所谓"撰集绛事者"，即传世之《李相国论事集》。清人劳格即已指明此点，认为《论事集》编成于李德裕迁谪以后，对德裕之父不无贬词。《劳氏碎金》卷中于《李相国论事集》云："是书成于大中五年，距相国之没二十余年，传闻异辞，不无失实，适值李卫公迁谪之后，故于赵公不无贬词。如论郑絪事，按其年月，悉皆参错，而宋景文反据以补二传，宜其为吴廷珍（缜）所纠也。"按《李相国论书集》今有《畿辅丛书》本，其卷二《论郑絪事》即详载李绛与宪宗对答语，《通鉴》、《新传》当即本此。岑仲勉《隋唐史》也谓："《论事集》由牛党造以诋吉甫，所言自有参错不实。"（引见上）笔者曾将《李相国论事集》中凡涉及李吉甫与李绛之事者，与《通鉴》、新旧《唐书》对勘，发现凡有诋毁李吉甫言行的，《通鉴》与两《唐书》莫不出于《论事集》，确如清人彭元瑞所说："新旧两书绛本传，皆以此书为蓝本。"又说："其事新旧《唐书》、《通鉴》多采入，皆括其事，亦有史、《鉴》所无者。"（《知圣道斋读书跋》卷二《李相国论事集》）宋王楙《野客丛书》卷十《唐书叙事疏卤》条也曾拈出《新书》载郑絪事本之于《论事集》，不足之处是王楙相信《论事集》所载"为甚的"，反而据以指斥《新书》的疏失。

又《李相国论事集》为蒋偕所编定。偕为蒋乂子，而蒋乂子又与李吉甫有隙。《旧书》卷一四九《蒋乂传》载乂于元和二、三年间为秘书少监，复兼史馆修撰，奉诏与独孤郁、韦处厚同修《德宗实录》。五年，书成奏上，以功拜右谏议大夫。"明年，监修国史裴垍罢相，李吉甫再入，以乂、垍之修撰，改授太常少卿。"《新书》卷一三二《蒋乂传》所载略同,也谓:"裴垍罢宰相,而李吉甫恶垍,以尝监修,故授乂太常少卿。"裴垍罢相,是因为健康原因,垍与李吉甫并无交恶,详后谱。谓裴、李交恶,出于晚唐时牛党文人的渲染。蒋乂于李吉甫再相时以谏议大夫改为太常少卿之闲职,心生怨望,完全出于私人意气。且据两《唐书》乂传,蒋乂系反对对藩镇用兵者,与李吉甫之政见亦不合。《旧传》载蒋偕之兄系文宗时为史馆修撰,"与同职沈传师、郑瀚、陈夷行、李汉等受诏撰《宪宗实录》"。开成中转谏议大夫,"武宗朝,李德裕用事,恶李汉,以系与汉僚婿,出为桂管都防御观察使"(《新传》略同)。蒋偕本人与李德裕虽无直接冲突,但其父兄与李吉甫父子交恶,故其所编之《李相国论事集》多处诋毁李吉甫,即出于私人泄愤与党争偏见。

十二月,李吉甫撰成《元和国计簿》奏上。

《唐会要》卷之十六《修撰》:"元和二年十二月,李吉甫等撰《元和年国计簿》十卷,上之。"《旧纪》详载其事,元和二年十二月己卯:"史官李吉甫撰《元和国计簿》,总计天下方镇凡四十八,管州府二百九十五,县一千四百五十三,户二百四十四万二百五十四,其凤翔、鄜坊、邠宁、振武、泾原、银夏、灵盐、河东、易定、魏博、镇冀、范阳、沧景、淮西、淄青十五道,凡七十一州,不申户口。每岁赋入倚办,止于浙江东西、宣歙、淮南、江西、鄂岳、福建、湖南等八道,合四十九州,一百四十四万户。比量天宝供税之户,则四分有一。天下兵戎仰给县官者八十三万余人,比量天宝士马,则三分加一,率以两户资一兵。其他水旱所损，征科发敛，又在常役之外。吉甫都纂其事，成书十卷。"按《元和国计簿》原书已佚，《旧纪》此处所记元和时户口、岁赋与天宝时的比较，当系撮述书中内容的概要。

李吉甫封赞皇侯。

《旧纪》："十二月甲寅，宰相李吉甫封赞皇侯。"

吕温有和李吉甫诗。

吕温《奉和李相公早朝于中书候传点偶书所怀奉呈门下武相公中书郑相公》(《吕和叔文集》卷一)。按本年十月，武元衡出为剑南西川节度使，李吉甫、武元衡、郑絪三人同在相位，时乃本年正月至十月，吕温和诗即于此时作。吉甫原诗已佚。

十月，武元衡出为剑南西川节度使。赴蜀途中曾有诗寄李吉甫、郑絪。

《旧纪》元和二年十月，"丁卯，以门下侍郎、平章事武元衡检校吏部尚书、兼门下侍郎、平章事、成都尹，充剑南西川节度使"。又《旧书》卷一五八《武元衡传》："先是，高崇文平蜀，因授以节度使。崇文理军有法，而不知州县之政，上难其代者，乃以元衡代崇文，拜检校吏部尚书，兼门下侍郎、平章事，充剑南西川节度使。"可知武元衡此次出任西川，乃因高崇文治蜀无政，又无适当人选可以继任，于是命武元衡以宰相之尊出镇。《唐大诏令集》卷五十三《武元衡西川节度同平章事制》也谓："眷兹西南，忧寄方切。非宽大无以莅众，非慈惠无以厚生，非诚信无以抚蛮夷，非忠贤无以殿邦国。眷我心膂,膺兹重任,外分兵符,以副于重望,中佩相印,不离于具瞻。"

武元衡《途次近蜀驿蒙恩赐宝刀及飞龙厩马使还奉寄中书李郑二公》(《全唐诗》卷三一七)。按李吉甫与武元衡,二人政见多相同,如李锜谋反时,郑絪主姑息,武元衡则主张讨伐,与吉甫意合;后再度入相时,又力赞对淮蔡用兵;李吉甫卒后,武元衡为宰臣中主用兵最力者,遂为王承宗所遣之刺客暗杀。《新·李吉甫传》曾言:"始,吉甫当国,经综政事,众职咸治。引荐贤士大夫,爱善无遗,褒忠臣后,以起义烈。与武元衡连位,未几节度剑南,屡言元衡材,宜还为相。"武元衡出镇西川,李吉甫曾多次建议宜召还为相,可见两人之交谊。

〔辨误〕《北梦琐言》载李德裕为父出计谋,排挤武元衡出相位。

《北梦琐言》卷六:"吉甫相与武相元衡同列,事多不叶,每退,公词色不怿。掌武启白曰:'此出之何难。'乃请修狄梁公庙,于是武相渐求出镇。智计已闻于早成矣。"此事亦见于《通鉴》卷二三七元和二年十月武元衡出镇西蜀条《考异》所引。

按前已述及,武元衡与李吉甫同在相位时,政见相同;武元衡本年出镇西川,是宪宗倚重他治理刘辟乱后的巴蜀;元衡离任后,李吉甫屡次建议应使其复居相位。《北梦琐言》所谓李、武同列,"事多不叶",纯属子虚。至于所载李德裕献策请修狄梁公庙以排挤武元衡,亦为牛党文人捏造以诬蔑李德裕助父为恶。所谓用狄仁杰事攻击武氏之后,唐人确有之,但非出于李德裕,而恰出于牛党令狐绹之父令狐楚。《旧书》

卷一五八《武儒衡传》云："儒衡气岸高雅,论事有风采。群邪恶之,尤为宰相令狐楚所忌。元和末年,垂将大用,楚畏其明俊,欲以计沮之,以离其宠。有狄兼谟者,梁公仁杰之后,时为襄阳从事,楚乃自草制词,召狄兼谟为拾遗,曰:'朕听政余暇,躬览国书,知奸臣擅权之由,见母后窃位之事。……洪惟昊穹,降鉴储祉,诞生仁杰,保祐中宗。……'及兼谟制出,儒衡泣诉于御前……宪宗再三抚慰之,自是薄楚之为人。"《新书》卷一五二《武儒衡传》所载略同,云"楚自草制,引武后革命事,盛推仁杰功,以指切儒衡,且沮止之"。又见《通鉴》卷二四一元和十四年七月条。可见令狐楚用吹捧狄仁杰的手段以攻击武儒衡,在当时为一著名事例,晚唐文人假借此事,乃移植于李德裕名下。

元和三年戊子(八〇八) 二十二岁

二月,李吉甫进封赵国公。

《旧纪》元和二年,"二月丙申,宰相李吉甫进封赵国公"。
四月,皇甫湜、牛僧孺、李宗闵登贤良方正直言极谏科,因策语太切,久之不调。考策官杨於陵、韦贯之等皆贬官。旧史有以为是李吉甫泣诉于宪宗之故,并以为牛李党争即从此始。

《旧纪》元和三年四月,"乙丑,贬翰林学士王涯虢州司马,时涯甥皇甫湜与牛僧孺、李宗闵并登贤良方正科第三等,策语太切,权幸恶之,故涯坐亲累贬之"。又《通鉴》卷二三七元和三年载："夏四月，上策试贤良方正直言极谏举人，伊阙尉牛僧孺、陆浑尉皇甫湜、前进士李宗闵皆指陈时政之失，无所避；吏部侍郎杨於陵、吏部员外郎韦贯之为考策官，贯之署为上第。上亦嘉之，诏中书优与处分。李吉甫恶其言直，泣诉于上，且言'翰林学士裴垍、王涯覆策，湜，涯之甥也，涯不先言；垍无所异同'。上不得已，罢垍、涯学士，垍为户部侍郎，涯为都官员外郎，贯之为果州刺史。后数日，贯之再贬巴州刺史，涯贬虢州司马。乙亥，以杨於陵为岭南节度使，亦坐考策无异同也。僧孺等久之不调，各从辟于藩府。"

《通鉴》记此次制科案始末较《旧纪》为详悉，但《旧纪》仅谓皇甫湜等对策语太切，"权幸恶之"，而《通鉴》则以"权幸"归之于李吉甫，而以为王涯、韦贯之等贬官，乃出于李吉甫之主谋。后世记载，也即有以牛李党争起于此次制科案者，如《郡斋读书志》（四部丛刊影宋淳祐袁州刊本）卷二上著录《元和朋党录》一卷，云："右唐马永易记牛李朋党始末，自牛僧孺试贤良，迄令狐绹去位。"按此马永易当为马永锡，北宋徽宗时人。《直斋书录解题》卷五杂史类著录《元和录》三卷著者马永锡，"崇观、政和间人也。……《馆阁书目》以永锡为唐人，大误也"。又宋邵博《邵氏闻见后录》卷九称："牛僧孺自伊阙尉试贤良方正，深诋时政之失，宰相李吉甫忌之，泣诉于宪宗。……予谓牛李之党基于此。"既然是事关牛李党争的起始，故此事究竟如何，不可不辨。今汇辑有关材料，间加考辨，以供研讨。

关于此事的记载，大致可分两大类，一是以为皇甫、牛、李之指陈时政得失，系指向宰相，故李吉甫泣诉于上，遂贬杨於陵、王涯等；一是以为皇甫等人为攻讦权幸，而与李吉甫无关。属于后一类者，除上所引《旧纪》外，又如《唐会要》卷七十六《制科举》条，云："其年四月，以起居舍人、翰林学士王涯为都官员外，吏部员外郎韦贯之为果州刺史。先是，策贤良，诏杨於陵、郑敬、李益与贯之同为考官。是年，牛僧孺、皇甫湜、李宗闵条对甚直，无所畏避，考官考三策，皆在第，权幸或恶其诋己，而不中第者乃注解其策，同为唱诽，又言涯居翰林，其甥皇甫湜中选，考核之际，不先上言，故同坐焉。居数日，贯之再黜巴州司马，涯虢州司马，杨於陵遂出为广州节度使。裴垍时为翰林学士，居中覆视，无所同异，乃为贵幸泣诉，请罪于上。上不得已，罢垍翰林学士，除户部侍郎。"按，《唐会要》所载与《旧纪》相若，皆谓致诸人之贬者为"权幸"、"贵幸"。又如《旧书》卷一四八《李吉甫传》："（元和）三年秋，裴均为仆射、判度支，交结权幸，欲求宰相。先是，制策试直言极谏科，其中有讥刺时政、忤犯权幸者，因此均党扬言皆执政教指，冀以摇动吉甫，赖谏官李约、独孤郁、李正辞、萧俛密疏陈奏，帝意乃解。"《新·李吉甫传》亦同："裴均以尚书右仆射判度支，结党倾执政。会皇甫湜等对策，指摘权强，用事者皆怒，帝亦不悦。均党因宣言：'殆执政使然。'右拾遗独孤郁、李正辞等陈述本末，帝乃解。"按裴均本为荆南节度使，《新书》卷一〇八本传谓均为宦官窦文场养子，得中人之助，于元和三年由荆南入为尚书右仆射、判度支。传称其"以财交权幸，任将相凡十余年"。《通鉴》元和三年四月亦载："以荆南节度使裴均为右仆射,均素附宦官得贵显,为仆射,自矜大。"由此可见:一、元和三年四月制科案时,裴均正谋求为右仆射,他利用皇甫湜等对策中斥宦官语来中伤李吉甫,说此为执政教指。按此事极有可能,因前已叙及李吉甫曾揭发勾结宦官之中书吏滑涣罪状,也间接抑制宦官把持朝政。二、所谓"权幸"、"贵幸",即指宦官,有其特定之含义。据此而观《旧书》卷一四八《裴垍传》盖可通晓:"(元和)三年诏举贤良,时有皇甫湜对策,其言激切,牛僧孺、李宗闵亦苦诋时政。考官杨於陵、韦贯之升三子之策皆上第,垍居中覆视,无所同异。及为贵幸泣诉,请罪于上,宪宗不得已,出於陵、贯之官,罢垍翰林学士,除户部侍郎。"则此所谓贵幸者,即宦官也。

但司马光不同意新旧《唐书》吉甫本传所谓裴均之党称执政教指之记载,元和三年九月戊戌条《考异》曰:"按牛僧孺等指陈时政之失,吉甫泣诉,故贬考覆官。裴均等虽欲为谗,若云执政自教指举人诋时政之失,岂近人情邪!"此点岑仲勉曾驳斥之,谓:"时政得失,从皇甫湜策文观之,系指宠任宦官,执政教外庭攻击内阉,是封建史上人情之常,司马固曾任宰相者,不谓竟有此脱离现实之反质也。"(《通鉴隋唐纪比事质疑》页二六三《李吉甫出镇淮南》条)

言李吉甫泣诉者,前已举《通鉴》,《旧书》卷一七六《李宗闵传》所载较有代表性:"初,宗闵与牛僧孺同年登进士第,又与僧孺同年登制科。应制之岁,李吉甫为宰相当国,宗闵、僧孺对策,指切时政之失,言甚鲠直,无所回避。考策官杨於陵、韦贯之、李益等又第其策为中等,又为不中第者注解牛、李策语,同为唱诽。又言翰林学士王涯甥皇甫湜中选,考核之际,不先上言。裴垍时为学士,居中覆视,无所异同。吉甫泣诉于上前,宪宗不获已,罢王涯、裴垍学士,垍守户部侍郎,涯守都官员外郎;吏部尚书杨於陵出为岭南节度使,吏部员外郎书韦贯之出为果州刺史。王涯再贬虢州司马,贯之再贬巴州刺史,僧孺、宗闵亦久之不调,随牒诸侯府。七(?)年,吉甫卒,方入朝为监察御史。"与此相同者为《新书》卷一七四《李宗闵传》,《旧书》卷一六九《王涯传》。其他如《旧书》卷一六四《杨於陵传》言"为执政所怒",《新书》卷一六三《杨於陵传》谓"宰相恶其言",《新书》卷一七四《牛僧孺传》谓"条指失政,其言鲠讦,不避宰相,宰相怒",所谓"宰相"、"执政",当也指李吉甫而言。

欲知此次对策究竟是攻击李吉甫还是攻击宦官,最确切的方法是研究策文的内容。但皇甫湜、牛僧孺、李宗闵之人的对策,只有皇甫湜文尚传于世。三人对策的基本内容应该相同,因此将皇甫之策文加以剖析。《全唐文》卷六八五载皇甫湜《对贤良方正直言极谏策》,其论最激切者为以下一段文字:"抑臣又闻先王所以不视而明,不听而聪,披颈负之萌,断非僻之绪,其义易知也。盖左右仆御唯正之供,必有足信者,必有知礼者,出使足以尽情伪,居常足以助听览。左右之臣既如是矣,而又日与公卿大夫讲论政事,史书其举,官箴其阙,以至于百工庶人莫不谏而谤焉;济济多士为之股肱,赳赳武夫为之爪牙,兹所以永有天下也。今宰相之进见亦有数,侍从之臣皆失其职,百执事奉朝请以进,而律且有议及乘舆之诛,未知为陛下出纳喉舌者为谁乎?为陛下爪牙者为谁乎?日夕侍起居,从游豫,与之论臣下之是非、赏罚之臧否者复何人也?股肱不得而接,何疾如之;爪牙不足以卫,其危甚矣!夫裔夷亏残之微,褊险之徒,皂隶之职,岂可使之掌王命、握兵柄,内膺腹心之寄,外当耳目之任乎?此壮夫义士所以寒心销志,泣愤而不能已也!”其议论之锋芒乃针对宦官之专横,非指李吉甫。不宁唯是,文中且特别指明“宰相之进见亦有数”,此乃为宰相立言,故后文又建议宪宗应“日延宰相与论义理”,以“去汉之末祸”。“汉之末祸”,即宦官专政。皇甫湜之文通篇未有指责宰相者,且往往以君上与时宰并举,如云“以陛下之明圣,夫岂不欲国之得人乎?以宰相之公忠,夫岂不欲人之足用乎”?又云:“陛下寤寐思理,宰相忧勤奉职。”皇甫湜此篇对策应是第一手材料,足可说明当时诸人策文并无攻讦宰相,李吉甫实无泣诉于上之必要。为何皇甫湜之文传世,牛、李二人对策不传?岑仲勉《隋唐史》有较好之解释:“湜官不过郎中,比较无所畏忌,故其对策得与刘蕡同传。牛、李(宗闵)则后来身居宰辅,投鼠忌器,唯恐内官旧事重提,不安于位;又以早年对策,喧腾一时,遂计为接木移花,以转人视听,吉甫泣诉之谰说,夫于是应时产生。”(页四一〇)

又李翱《唐故金紫光禄大夫尚书右仆射致仕上柱国弘农郡开国公食邑二千户赠司空杨公墓志铭》(《全唐文》卷六三九)亦记杨於陵此次被贬事,云:“会考制举人,奖直言策为第一,中贵人大怒,宰相有欲因而出之者,由是为岭南节度使。”

按杨於陵卒于文宗大和四年，大和五年李翱为作墓志，此时距元和三年对策仅二十余年，文云"中贵人大怒"，与皇甫湜策文的内容相应。皇甫对策与李翱墓志，是唐人材料，可信程度较大。至于志文中"宰相有欲因而出之者"，则可能已有大和时朋党之成见，但当时宰相尚有郑絪，且郑絪之资历较李吉甫为深，不能单由李吉甫任其责。李珏于大中时作牛僧孺神道碑，记元和三年制科事，亦只提及"持权者"："联以贤良方正举，又冠甲科，策中盛言时事，无有隐避，持权者深忌之。"李珏作碑文时李德裕已南贬，不必再为隐讳，但仍不及李吉甫名，此可为深思。

总之，关于元和三年制科事，过去史籍记载颇有歧异，其所以歧异之故，岑仲勉之说较为信实，其《唐史馀沈》卷三《牛李问题》条云："此必须先明牛党排挤之伎俩，与晚唐史料之来源，然后乃得窥症结也。宦官之为祸，肃、代已还，即根深蒂固，不自宪宗始，而时政之失，莫甚于宦官。僧孺、宗闵之言纵切直，谅与湜等耳，倘谓吉甫当国，执颠持危扶之义以相例，则宗闵后来两度执政，前后七年，僧孺亦两度执政，前后六年，且皆遭逢志除宦官之文宗，何未见一施其抱负？况交结中人，《旧·宗闵传》固有明文乎？夫唐代宦官，为祸诚烈，然历朝君相，均应负责，何为专罪吉甫？……牛党之恶李氏父子，儿女之私为远因之一。宦官不能仇，于是转而仇吉甫。牛党多文人进士，晚唐史料，常取给于此辈之撰著或传述，忽而谓指斥中人，事由指使；忽而谓向上泣诉，遂罢裴、王；覆雨翻云，宵邪长技，史官采择弗慎，夫是以说出两歧，公道长湮也。”

又，宋邵博《邵氏闻见后录》卷九：“牛僧孺自伊阙尉试贤良方正，深诋时政之失。宰相李吉甫忌之，泣诉于宪宗，以考官为不公，罢之。考官，白乐天也，故并为吉甫父子所恶。”白居易确为本年制策复试官，但并未罢官，长庆时李德裕出镇润州，为浙西观察使，尚与白居易有诗唱和。邵氏所言皆非实。

九月，李吉甫为宦官所抑，出镇扬州，授淮南节度使。

《旧纪》元和三年九月，“丙申，以户部侍郎裴垍为中书侍郎、同平章事。戊戌，以中书侍郎、平章事李吉甫检校兵部尚书、兼中书侍郎、平章事、扬州大都督府长史、淮南节度使”。

按吉甫此次罢相，出镇扬州，原因何在，史籍记载不一，亦须辨明。《旧传》云：“吉甫早岁知奖羊士谔，擢为监察御史；又司封员外郎吕温有词艺，吉甫亦眷接之。窦群亦与羊、吕善，群初拜御史中丞，奏请士谔为侍御史，温为郎中知杂事。吉甫怒其不先关白，而所请又有超资者，持之数日不行，因而有隙。群遂伺得日者陈克明出入吉甫家，密捕以闻，宪宗诘之，无奸状。吉甫以裴垍久在翰林，宪宗亲信，必当大用，遂密荐垍代己，因自图出镇。其年九月，拜检校兵部尚书、兼中书侍郎、平章事，充淮南节度使。上御通化门楼饯之。”《新传》略同，细节稍有出入。《旧传》谓“日者陈克明出入吉甫家”，《新传》则谓“俄而吉甫病，医者夜宿其第，（窦）群捕医者，劾吉甫交通术士”，窦群、羊士谔、吕温本为吉甫所荐拔，窦群后又奏请羊为侍御史、温为郎中知杂事，吉甫因有不同意见，未即应允，此在官员任命时亦为常见之事（按钱大昕《潜研堂金石文跋尾》卷七《左拾遗窦叔向碑》，谓此碑为羊士谔撰，署衔为"朝议郎、侍御史、内供奉、上护军"，钱氏曰："今按吉甫以元和三年九月戊戌罢相，碑立于是年十月癸丑，士谔已为侍御史，计其授官，必在吉甫未罢之日，则吉甫亦未能终持不下也。"钱大昕之推测是合乎情理的，可见吉甫并非坚持不允所请，只不过并非即刻答允窦群的奏请，却受到窦群的忌恨）。问题在于李吉甫以宰相之尊，窦群等何敢如此大胆，竟至密捕出入吉甫家之医生，而且此事已经宪宗讯审，贬群等官，吉甫何故又"固乞免"，则必有深一层之原由，此点新旧《唐书》之《李吉甫》未载，而可以在《吕温传》中探知。《旧书》卷一三七《吕温传》谓："（元和）三年，吉甫为中官所恶，将出镇扬州，温欲乘其有间倾之。"《新书》卷一六〇《吕温传》所载更为详悉："群为御史中丞，荐温知杂事，士谔为御史，宰相李吉甫持之，久不报，温等怨，时吉甫为宦侍所抑，温乘其间谋逐之。会吉甫病，夜召术士宿于第，即捕士掠讯，且奏吉甫阴事。宪宗骇异，既诘辨，皆妄言，将悉诛群等，吉甫苦救乃免。"由此可见，吉甫罢相、出镇的真正原因，是"为中官所恶"，"为宦侍所抑"，在此期间，已定吉甫出守淮南，窦群等见其失势，以为有隙可乘，遂加以诬害。但虽然如此，宪宗欲诛杀窦群等，吉甫仍"苦救之"，此亦可见其度量。吉甫见此情景，知留在相位亦无补于事，乃密荐裴垍代己，而坚请外任。

又《通鉴考异》引《旧传》文，司马光推断其罢相原因为

"吉甫自以诬构郑絪,贬斥裴垍等,盖宪宗察见其情而疏薄之,故出镇淮南。及子德裕秉政,掩先人之恶,改定《实录》,故有此说耳"。司马氏之说,岑仲勉在其所著《隋唐史》、《通鉴隋唐纪比事质疑》中均加驳斥,岑氏谓:"按吉甫泣诉,诬构郑絪,罢斥裴垍三事,均非实情,前已分别辨正。司马氏惟不详察当日朝庭情势,故为牛党谰言所困惑。"(《通鉴隋唐纪比事质疑》页二六三)"宪宗如察吉甫构陷而疏薄之,而使出外镇,则从前被贬者似应同奉召回,顾稽之史乘,并不如是……淮南为当日唐家第一个节镇,正旧官僚欲求不得之美缺,杜佑深受德宗倚畀,故连任十余年,以云'疏薄',则渴营'疏薄'者大不乏人,何爱于吉甫而以相授,而亲临通化门饯行。……宪宗实录争执之焦点,在于掩盖当年之攻击宦官,司马乃听信谎言,以为德裕掩先人之恶。……如谓《旧书·吉甫传》采自宪宗实录,则大中二年十一月所颁,说是路隋旧本,于时德裕已远窜南服,岂尚能由彼改定? ……窃谓当日宪宗蓄意用兵,饷需是急,王锷入朝,又被弹劾,吉甫之出,群臣间许有默契,故两年后即复召为相。"(《隋唐史》页四一〇—四一一)岑氏关于《宪宗实录》修撰改定事,后文尚进一步论述,其驳《通鉴·考异》之说,皆言之成理,惟出镇淮南之理由,则系揣测之词。岑氏未引用两《唐书·吕温传》,故未考虑吉甫此时为宦官所抑之事实。吉甫于元和元年为中书舍人时即揭发与宦官勾当之中书吏滑涣罪恶,籍没其家财至数千万,也间接抑制宦官的势力。本年皇甫湜等策文又指斥宦官之专横,并建议君主应多与宰相论政,当然会更引起宦官的忌恨，故此次之出镇淮南，当即与宦官之谤毁有关。

李吉甫在淮南，与西川节度使武元衡有诗唱酬（武诗存而李诗佚）。

《全唐诗》卷三一七载武元衡《奉酬淮南中书相公见寄》，此"淮南中书相公"即李吉甫。元衡此诗前有自序云："皇帝改元之二年，余与赵公同制入辅，并为黄门侍郎。夏五月，连拜弘文、崇文大学士。冬十月，诏授检校吏部尚书兼门下侍郎，彤弓玈矢，出镇西蜀。后九月，赵公加大司马之秩，右弼如故，龙旂虎符，出制淮海。时号扬益，俱为重藩，左右皇都，万里何远。公手提兵柄，心匠化源，芳词况余，情勤靡极，质文相映，金玉锵然。蜀道之阻长，楚郊之风物，襟灵所属，尽在斯矣。永怀赵公岁寒交好之情，因成诗人不可方思之义，聊书匪报，以款遐心。"诗云："……铁马秋临塞，虹旌夜渡泸。江长梅笛怨，天远桂轮孤。浩叹烟霜晓，芳期兰蕙芜。雅言书一札，宾海雁东隅。岁月奔波尽，音徽雾雨濡。蜀江分井络，锦浪入淮湖。独抱相思恨，关山不可逾。"今李吉甫原唱已佚，观武元衡诗意，似当为吉甫至扬州后即以所作寄元衡，武之和作，已在岁末。由诗序及诗之本文，可以看出二人之交谊。

李德裕本年与刘氏结婚，刘氏年二十一岁。

李德裕《唐茅山燕洞宫大洞炼师彭城刘氏墓志铭》，载刘氏卒于大中三年（八四九），年六十二，又谓刘氏之归李家，至其卒，"四十一年于兹矣"。自卒年上推四十一年，当在本年，时刘氏二十一岁，德裕二十二岁。

《志》曰："炼师道名致柔，临淮郡人也，不知其氏族所兴。"铭文曰:"清泉一源,秀木孤根。惟子素行,不生朱门。"《志》中无只字提及刘氏之父祖及仕宦,可见刘氏非出自望族。

又岑仲勉《唐史余沈》卷三《李德裕妻刘氏及其子女》条云:"李德裕撰《唐茅山燕洞宫大洞炼师彭城刘氏墓志铭并序》,陈寅恪曾录入附记,标曰李德裕妾(《历史语言研究所集刊》五本二分——琼按即《李德裕贬死年月及归葬传说辨证》,已收入《金明馆丛稿二编》),想是匆匆未暇详审之故。按德裕撰其妾滑州瑶台观女真徐氏志:'惟尔有绝代之姿……若芙蓉之出蘋萍……庶尔子识尔之墓,以展孝思。一子多闻,早卒,次子烨。'辞亢而昵。本志则云:'和顺在中,光英发外,婉嬺有度,柔明好仁。……愧负淑人,为余伤寿。'铭云:'念子之德,众姜莫援。'辞等而庄,妻妾之名攸别矣。"又云:"《志》又云:'中年于茅山燕洞宫传上清法箓……言行无玷,淑慎其身,四十一年于兹矣……享年六十有二。'视德裕仅少一岁,唐世女子率早出阁,就年龄论之,已非姬侍之比。"按岑氏说是。

本年,柳公权登进士科与博学宏词科,皇甫湜、牛僧孺、李宗闵、王起、贾餗登贤良方正能直言极谏科,中书舍人卫次公知贡举(徐松《登科记考》卷十七)。

元和四年己丑(八〇九) 二十三岁

李吉甫在淮南节度使任。本年春刘禹锡有书奉寄李吉甫,并有酬

吉甫寄武元衡诗。

刘禹锡《上淮南李相公启》(《刘禹锡集笺证》卷十八):"某向以昧于周身,措足危地。骇机一发,浮谤如川。巧言奇中,别白无路。祝网之日,漏恩者三。咋舌兢魂,分终裔壤。岂意天未剿绝,仁人登庸,施一阳于剥极之际,援众溺于坎深之下。南箕播物,不胜曷言。危心铩翮,由是自保。阴施之德已然,乃闻受恩同人,盟以死答。私感窃抃,积于穷年。化权礼绝,孤志莫展。今幸伍中牵复,司存宇下。伏虑因是记其姓名。谨献诗二篇,敢闻左右。古之所以导下情而通比兴者,必文其言以表之。虽氓谣俚音,可俪风什。伏惟降意详择,斯大幸也。谨因扬子程留后行,谨奉启,不宣。"瞿蜕园《刘禹锡集笺证》、卞孝萱《刘禹锡年谱》定此启作于元和四年,谓程留后即程异。程异与刘禹锡、柳宗元同属王叔文集团,参与永贞革新,并于宪宗即位初外贬,为"八司马"之一。《旧唐书》卷一三五《程异传》:"元和初,盐铁使李巽荐异晓达钱谷,请弃瑕录用,擢为侍御史,复为扬子留后。"卞《谱》谓:"李巽卒于元和四年五月(据《旧唐书·宪宗纪》上),其荐引程异,最迟是元和四年初之事。又据禹锡《上杜司徒启》(元和七年作)云'自同类(按指程异)幸复,又已三年',可以证实程异确于元和四年初召回。"按卞说是,刘禹锡此启当是四年春程异赴扬子留后任,托以奉呈李吉甫,时李吉甫即在扬州。由启中"岂意天未剿绝,仁人登庸,施一阳于剥极之际,援众溺于坎深之下",及"阴施之德已然,乃闻受恩同人,盟以死答"等句观之,似李吉甫拜相后曾有恩德及于刘禹锡或"八司马"之其他人者。

又,刘禹锡《启》中所谓"献诗二篇",未知是何二篇,不得其详。《刘禹锡集》卷二十二有《奉和淮南李相公早秋即事寄成都武相公》诗,末云:"秋与离情动,诗从乐府传。聆音还窃抃,不觉抚么弦(自注:李中书自扬州见示诗本,因命仰和)。"则是吉甫先以诗寄禹锡,并命和作,今李之原诗已佚。时刘禹锡尚在朗州司马贬所,当时所谓罪人,而李吉甫以使相出镇淮南,却不避嫌疑,与之诗书交往,由此亦可见李吉甫的气度。

十一月,淮西彰义军节度使吴少诚卒,大将吴少阳自立为留后。淮西久擅权,不听朝命。李吉甫奏请移淮南节度治所于寿州以备之,因事未果。

《通鉴》卷二三八元和四年:"初,吴少诚宠其大将吴少阳,名以从弟,署为军职,出入少诚家如至亲,累迁申州刺史。少诚病,不知人,家僮鲜于熊儿诈以少诚命召少阳摄副使、知军州事。少诚有子元庆,少阳杀之。十一月己巳,少诚薨,少阳自为留后。"《新·李吉甫传》:"自蜀平,帝锐意欲取淮西。方吉甫在淮南,闻吴少阳立,上下携泮,自请徙寿州,以天子命招怀之,反间以挠其党,会讨王承宗,未及用。"又《通鉴》卷二三九元和九年闰六月曾追叙此事,云:"上自平蜀,即欲取淮西。淮南节度使李吉甫上言:'少阳军中上下携离,请徙理寿州以经营之(胡注:淮南节度使治扬州,欲徙治寿州以经略淮西)。'会朝廷方讨王承宗,未暇也。"

按据《新书》卷四一《地理志》五,寿州(今安徽寿州)亦属淮南道,但更靠近蔡州。

李吉甫在淮南,辟王起为掌书记。

《旧书》卷一六四《王起传》:"登制策直言极谏科,授蓝
田尉。宰相李吉甫镇淮南,以监察充掌书记。"按王起亦于元
和三年与皇甫、牛、李等应贤良方正能直言极谏科者。

又据《新书》卷五八《艺文志》二,乙部史录杂传记类,有
王起撰《李赵公行状》一卷,下注云"李吉甫"。则吉甫死后,
王起曾为作行状,惜已不传。

李德裕时亦随父在淮南,与王起交游,曾同游汴州列子庙。时德
裕仍未入仕。

《文集校笺》别集卷四有诗,题为《重过列子庙,追感顷年
自淮服与居守王仆射同题名于庙壁,仆射已为御史,余尚布
衣……》。按此诗作于开成五年(八四〇)八月李德裕自淮南
节度使奉召入京过汴州列子庙时。云"顷年",即元和三至五
年间李吉甫辟王起为掌书记,带监察御史衔。云"仆射已为御
史,余尚布衣",则德裕时随父淮南,尚无官职。又,王起于开成
五年八月为检校左仆射、东都留守,故诗题称为"居守王仆射"。

二月,郑絪罢相,李藩入相。

《新纪》元和四年,"二月丁卯,郑絪罢。给事中李藩为门
下侍郎、同中书门下平章事"(按《旧纪》未有本年四月以前
事)。《通鉴》卷二三七元和四年载:"裴垍荐藩有宰相器。
上门下侍郎、同平章事郑絪循默取容,二月丁卯,罢絪为太
子宾客,擢藩为门下侍郎同平章事。"

按宪宗即位之初,政治上欲有所进取,曾革除某些弊政,

并为加强皇权,主张对藩镇采取强硬措施,元和前期所倚重
之宰臣,如杜黄裳、李吉甫、武元衡及稍后之裴度,亦莫不有
所作为。郑絪循默取容,无所建树,因亦罢去。《唐大诏令
集》卷五十五"罢免"上,有《郑絪太子宾客制》,中云:"早以
令闻,入参禁署,永惟勤绩,出授台司。期尔有终,匡予不逮;
岁月滋久,谋猷寖微。罔清净以慎身,每因循而保位。既乖
素履,且郁皇猷。宜副群情,罢兹枢务。"文末署"元和四年二
月"。此制文又见《白居易集》卷五四"翰林制诏"一,则知为
白居易所起草。

**十月,下诏讨成德军节度使王承宗,以宦官吐突承璀为招讨处置
等使,白居易、独孤郁等极论征讨大事,不可以内官为将帅,后下
诏只改处置为宣慰,犹存招讨之名。**

见《通鉴》。

本年,韦瓘、杨汝士、卢商、卢钧登进士科,户部侍郎张弘靖知贡举
(徐松《登科记考》卷十七)。

元和五年庚寅(八一〇) 二十四岁

十一月,裴垍因疾罢相。

按据《通鉴》卷二三八元和五年九月载,裴垍于此时已得
风疾:"裴垍得风疾,上甚惜之,中使候问旁午于道。"至十一
月,终于罢相,《通鉴》于十一月载:"中书侍郎裴垍数以疾辞
位,庚申,罢为兵部尚书。"新旧《纪》同。

十二月,李鄘任淮南节度使。

《旧纪》元和五年十二月,"癸酉,诸道盐铁转运使、刑部尚书李鄘检校吏部尚书,兼扬府长史,充淮南节度使"。

李吉甫约于本年十二月罢淮南节度使任,此时前后宪宗曾下诏征其入相。

按据前述,本年十二月癸酉,任李鄘为淮南节度使,癸酉为十二月初七。又明年正月庚申任李吉甫为相,庚申为正月二十五日。《唐大诏令集》卷四六载《李吉甫平章事制》,称"前淮南节度副大使",可知吉甫于五年十二月任李鄘为淮南时即已罢淮南任。

又《白居易集》卷五六"翰林制诏"三有《与吉甫诏》,云:"韩用政至,省所奏陈谢,具悉。卿……才可以雄镇方隅,故委之外阃;智可以密参帷幄,故任以中枢。而能一其衷心,再有冲让。虽劳谦弥切,每陈丹府之诚;而忧寄方深,难辍紫垣之务。勉喻已伸于前诏,忠勤载露于来章。今征讨已停,方隅稍泰;克清之日,虽则不遥,难夺之心,亦宜且抑。重此宣谕,当体朕怀。是推至公,烦有陈谢。"关于此文的时间,岑仲勉曾有论列,其所著《白氏长庆集伪文》(前《历史语言研究所集刊》第十二本),谓:"盖王承宗洗雪后,欲再召李吉甫入相而吉甫谦辞也。以'征讨已停'句测之,当是七、八月间所作。"按洗雪王承宗在元和五年七月,此事对唐朝廷来说是一次失败。王承宗因其父死,自立为成德军留后,朝廷后又勉强任命为成德节度使,终因其难制,又于元和四年十月下诏征讨,但却以宦官吐突承璀为诸道兵马统帅,指挥不一,士无斗志,唐军多次失利,朝中大臣又和战主张不一。最后因旷费时日,劳费太多,于五年七月下诏"洗雪"其罪,实际上是妥协,是宪宗对藩镇采取强硬政策的一次挫折。宪宗可能因此复拟征召李吉甫入相。岑仲勉定白居易草拟之制词为七、八月间,为时恐过早,当在任李鄘为淮南节度使前后。

李吉甫在淮南之政绩。

《旧传》:"在扬州,每有朝廷得失,军国利害,皆密疏论列,又于高邮县筑堤为塘,溉田数千顷,人受其惠。"《新传》:"居三岁,奏蠲逋租数百万,筑富人、固本二塘,溉田且万顷。漕渠庳下不能居水,乃筑堤阏以防不足,泄有余,名曰平津堰。江淮旱,浙东西尤甚,有司不为请,吉甫白以时救恤,帝惊,驰遣使分道赈贷。吉甫虽居外,每朝廷得失,辄以闻。"

柳宗元时在永州司马贬所,曾上书李吉甫,感谢其关怀之情,并称颂其政绩,献文十篇。

《柳宗元集》卷三六《谢李吉甫相公示手札启》,云:"宗元启:六月二十九日(原注:元和五年),衡州刺史吕温道过永州,辱示相公手札,省录狂瞽,收抚羁缧,沐以含弘之仁,忘其进越之罪。感深益惧,喜极增悲,五情交战,不知所措。"据此,则本年六月,吕温过永州时,曾出示李吉甫致吕温(或柳宗元)之书信,对柳之贬责予以关注,故柳"感深益惧,喜极增悲"。信末又云:"伏以淮海剧九天之遥,潇湘参百越之俗,倾心积念,长悬星汉之上;流形委骨,永沦魑魅之群。何以报恩,唯当结草。无任喜惧感恋之至。"按柳宗元另有一书启,题为《上扬州李吉甫相公献所著文启》(《柳宗元集》卷三六)

亦当此时前后作,中有称颂李吉甫在朝及在淮南时之政绩,云:"阁下相天子,致太平,用之郊报,则天神降,地祇出;用之经邦,则百货殖,万物成;用之文教,则经术兴行;用之武事,则暴乱蔪灭。依倚而冒荣者尽去,幽隐而怀道者毕出,然后中分主忧,以临东诸侯,而天下无患。盛德大业,光明如此,而又有周公接下之道,斯宗元所以废锢滨死,而犹欲致其志焉。阁下傥以一言而扬举之,则毕命荒裔,固不恨矣。谨以杂文十首上献。"

二月,元稹贬江陵府士曹参军。

见《通鉴》。

本年,王璠、杨虞卿、唐扶登进士科,礼部侍郎崔枢知贡举(徐松《登科记考》卷十八)。

〔编年文〕

《圯上图赞》(别集卷八)

宋赵明诚《金石录》卷九《目录》"第一千六百九十六唐圯上图赞"下注曰:"李德裕撰,齐推正书。元和五年三月。"则此文当作于本年,为现存李德裕所作最早之文。齐推为齐抗弟,元和初曾隐于会稽石伞峰下,后官至饶州刺史。《全唐文》卷七一六曾录其文一篇。

元和六年辛卯(八一一) 二十五岁

正月,李吉甫再次拜相,声誉甚高。

《旧纪》元和六年正月，"庚申，以淮南节度使、中书侍郎、同平章事、赵国公李吉甫复知政事、集贤殿大学士、监修国史"。《旧传》载吉甫此次入相，声誉甚高："吉甫初为相，颇洽时情，及淮南再征，中外延望风采。"《新传》亦谓："及再辅相，天下想望风采。"

《唐大诏令集》卷四六《李吉甫平章事制》，文末署"元和六年正月"，中云："曩以淮海大都，吴楚雄镇，岁属艰食，人多愁声，是假全才，用康疲俗。下流乎水利，不惮乎劳心。故蠹以长堤，潴其天泽，变舄卤为稻粱之壤，致蒸黎有衣食之源。吏守成规，人无迁志。"（又见《全唐文》卷五六）

按《诏令集》题下署白居易作，但中华书局校本《白居易集》无此文，似可补。由《诏令集》所载制词，也可看出当初李吉甫出任淮南，并非宪宗因所谓郑絪、裴垍及制科事对吉甫有所不满，而因淮南是大郡，又关系到唐朝廷从东南所取之赋税，故欲倚重吉甫而整顿东南之漕运。

李吉甫本年之政绩。

一、省官减俸。《旧传》谓："及再入相，请减省职员并诸色出身胥吏等，及量定中外官俸料，时以为当。"关于此点，《新传》记载较详，云："吉甫疾吏员广，由汉至隋，未有多于今者，乃奏曰：'方今置吏不精，流品庞杂，存无事之官，食至重之税，故生人日困，冗食日滋。又国家自天宝以来，宿兵常八十余万，其去为商贩、度为佛老、杂入科役者，率十五以上。天下常以劳苦之人三奉坐待衣食之人七。而内外官仰奉禀者，无虑万员，有职局重出，名异事离者甚众，故财日寡而受禄多，官有限而调无数。九流安得不杂？万务安得不烦？汉初置郡不过六十，而文、景化几三王，则郡少不必政紊，郡多不必事治。今列州三百、县千四百，以邑设州，以乡分县，费广制轻，非致化之本。愿诏有司博议，州县有可并并之，岁时入仕有可停停之，则吏寡易求，官少易治。国家之制，官一品，奉三千，职田禄米大抵不过千石。大历时，权臣月奉至九千缗者，州刺史无大小皆千缗，宰相常衮始为裁限，至李泌量闲剧稍增之，使相通济。然有名在职废，奉存额去，闲剧之间，厚薄顿异，亦请一切商定。'乃诏给事中段平仲、中书舍人韦贯之、兵部侍郎许孟容、户部侍郎李绛参阅蠲减，凡省冗官八百员，吏千四百员。"

按吉甫此奏，又见《旧纪》、《通鉴》，均系于元和六年六月。至于官吏并省详定的结果，《旧纪》于本年九月载："减诸司流外总一千七百六十九人。"《通鉴》是年九月亦载："甲寅，吏部奏准敕并省内外官计八百八员，诸司流外一千七百六十九人。"按奏文中称当时内外官食俸禄的"无虑万员"，若以一万计，则此次并省总数，依《通鉴》计算（约二千五百），占官员总数的四分之一；依《新传》计算（约二千二百），占总数五分之一强；即依《旧纪》所载最少数计算（约一千七百），也近总数的五分之一。可见这次减省官吏是收到实效的。吉甫明确地说，省官是为了"稍减冗食，足宽疲氓"（《旧纪》载中书门下奏语），是为了减轻平民的经济负担，也有利于国家的节省开支。奏文中所谓"郡少不必政紊，郡多不必事治"，以及"吏寡易求，官少易治"，确为至言，这也可以看出李吉甫改革朝政的雄心和气魄。

又按精简官吏，德宗贞元时曾一度施行。《旧书》卷十二《德宗纪》贞元三年闰五月，"庚申，诏省州县官员，上州留上佐、录事、参军、司户、司士各一员，中州上佐、录事、参军、司户、司兵各一员，下州上佐、录事、司户各一员，京兆河南两府司录、判司及四赤丞、簿、尉量留一半，诸赤畿县留令、丞尉各一员。时宰相张延赏请减官收俸料以助军讨吐蕃故也"。但此次减省官吏，仅限于州县地方官，并未能及中央各官署，而即使如此，也未能贯彻，至同年七月即停止实行。《旧纪》是年七月载："乙卯，诏：'朕顷缘兴师备边，资用不给，遂权议减官，以务集事。近闻授官者皆已随牒之任，扶老携幼，尽室而行。俸禄未请，归还无所，衣冠之敝，流寓何依？其先敕所减官员，并宜仍旧。'初既减员，内外咨怨张延赏，李泌初入相，乃讽谏官论之，乃下此诏。"这次的精简官员是宰相张延赏提出来的，但据《旧书》卷一二九《张延赏传》，"自建议减员之后，物议不平"，并谓"减员人众，道路怨叹"，于是侍中马燧、太子少保韦伦及浙西观察使白志贞等都提出停止实行，遂下诏罢之，张延赏本人也于七月去世。对照贞元三年的失败，李吉甫此次的成效就更堪称道。

二、不允京城诸佛寺以庄碨免税。《旧传》："京城诸僧有以庄碨免税者，吉甫奏曰：'钱米所征，素有定额，宽缁徒有余之力，配贫下无告之民，必不可许。'宪宗乃止。"《新传》所载稍简，仅云"又奏收都畿佛祠田、碨租入，以宽贫民"。按此事《唐会要》系于元和六年正月以后，卷八十九《碨碾》条谓：

"元和六年正月,京城诸僧,有请以庄碹免税者。宰臣李吉甫奏曰……"李吉甫这一主张也就是不允许寺院有过分的经济特权,同时也是封建政权与寺院地主争夺租赋的反映。

三、归普润军于泾原。《旧传》于元和六年又载:"又请归普润军于泾原。"语焉不详。《新传》稍详,谓:"刘澭旧军屯普润,数暴掠近县,吉甫追还泾原,畿民赖之。"按刘澭为幽州节度使济异母弟,因与济有矛盾,率所部兵奔京师,德宗授以秦州刺史,以普润为治所。刘澭卒于元和二年(详两《唐书·刘澭传》及《旧·宪宗纪》)。又据《新·地理志》,普润县属凤翔府。此当是刘澭死后,其旧部不服约束,常侵暴近县,因此吉甫建议以其建制归泾原,即夺其治军之所,使长安畿县得以安全。

四、建议宗室诸女由有司管理其婚配,不由宦官。此事新旧《传》皆载,但不如《通鉴》翔实,《通鉴》卷二三八元和六年载:"十六宅诸王既不出阁,其女嫁不以时,选尚者皆由宦官,率以厚赂自达。李吉甫上言:'自古尚主必择其人,独近世不然。'十二月壬申,诏封恩王等六女为县主,委中书、门下、宗正、吏部选门第人才称可者嫁之。"此事又见《唐会要》卷六《公主杂录》条、《全唐文》卷五六宪宗《封恩王等女为县主制》。《唐会要》亦系于元和六年二月。

〔辨正〕关于李吉甫与裴垍的关系。

史籍曾载吉甫第二次入相后与裴垍交恶,罢垍之兵部尚书职,并牵涉到当时史官蒋武等皆改官职,事皆不确,应加辨正。

《新·裴垍传》:"垍之进,李吉甫荐颇力,及居中,多变更吉甫时约束,吉甫复用,衔之。会垍与史官蒋武等上《德宗实录》,吉甫以垍引疾解史任,不宜冒奏,乃徙垍太子宾客,罢(蒋)武等史官。"此事亦见《唐会要》卷六四《史馆》下《史馆杂录》:"(元和)六年四月,史官左拾遗樊绅、右拾遗韦处厚、太常博士林宝并停修撰,守本官,以考功员外郎独孤郁充史馆修撰,兼判馆事。又以兵部尚书裴垍为太子宾客。垍以疾罢相,拜兵部尚书,久未任朝谢,宰相李吉甫自淮南至,复监修国史,与垍有隙,又以垍抱病方退,不宜以贞元实录上进,故史官皆罢,垍亦更移散秩。"

按《新传》谓裴垍入相后多变更吉甫为相时约束,未知其何所指,史籍中都未有具体记载。前已述及,吉甫第一次入相时,曾请裴垍推荐人才,垍之为相,也出于吉甫的"密奏",二人政见多同。如以对待宦官与藩镇而言,二人均主张采取抑制的政策,《旧·裴垍传》:"杨於陵为岭南节度使,与监军许遂振不和,遂振诬奏于陵,宪宗令追与慢官,垍曰:'以遂振故罪一藩臣,不可。'请授吏部侍郎。严绶在太原,其政事一出监军李辅光,绶但拱手而已,垍具奏其事,请以李鄘代之。"由此可见裴垍对宦官的态度。李吉甫在第一次任相时即制裁与宦官有密切关系的中书吏滑涣,第二次执政时亦有类似情况,如《旧书》卷一七一《裴潾传》:"元和初,累迁右拾遗,转左补阙。元和中,两河用兵。初,宪宗宠任内官,有至专兵柄者,又以内官充馆驿使。有曹进玉者,恃恩暴戾,遇四方使多倨,有至捽辱者,宰相李吉甫奏罢之。十二年,淮西用兵,复以内官为使。潾上疏曰……"可见所谓裴垍变更吉甫之法度，并无根据。

又裴垍撰进《德宗实录》在元和五年十月，这时裴垍仍居相位，并兼修国史(《全唐文》卷六〇宪宗《褒裴垍等进德宗实录诏》，称"以卿台辅元臣，清直正气，博贯程制，该通古今，载笔之司，遂命监领"，也可见进奏时裴垍尚为相)，而吉甫尚在淮南。《新·裴垍传》所谓"吉甫以垍引疾解史任，不宜冒奏"，则时间先后即误。由此可见《新·裴垍传》与《唐会要》叙事之谬误。若谓因裴垍之故而排斥史官蒋武、林宝等，而实际上林宝乃受到李吉甫的重用，他的《元和姓纂》一书即在吉甫的赞助下修成。《姓纂》成书于元和七年，陈振孙《直斋书录解题》卷八谓"吉甫以命宝，二十旬而成书"。林宝自序也说："宝末学浅识，首膺相府之命，因案据经籍，穷究旧史，诸家图牒，无不参详，凡二十旬，纂成十卷。"王涯在为《姓纂》作序中甚至认为此书的发凡起例、规模体制都是李吉甫所定："赵公尝创立纲纪，区分异同，得之于心，假之于手，以授博闻强识之士济南林宝。"由此可见，所谓李吉甫与裴垍交恶，吉甫迫使裴垍解兵部尚书之任，疑皆出于蒋武及晚唐牛党文人的附会虚构。《旧书》于裴垍、李吉甫等传末"史臣曰"，论裴、李二人之关系，尚称公允，今录之于下："裴垍精鉴默识，举贤任能，启沃帝心，弼谐王道。如崔群、裴度、韦贯之辈，咸登将相，皆垍之荐达。立言立事，知无不为。吉甫该洽经典，详练故实，仗裴垍之抽擢，致朝伦之式序。吉甫知垍之能别髦彦，垍知吉甫之善任贤良，相须而成，不忌不克。"

〔辨正〕关于李吉甫与李藩的关系。

　　《旧纪》元和六年二月,"壬申,门下侍郎、同平章事李藩为太子詹事。藩与吉甫不叶,吉甫既用事,故罢藩相位"。(同年十一月载:"癸巳,新授华州刺史李藩卒。")为何李吉甫于正月入相,即于二月罢李藩相位,是否吉甫有意排斥李藩?《旧书》卷·四八《李藩传》未明载其事,《新书》卷·六九《李藩传》叙述稍详,云:"李吉甫复相,藩颇沮止。会吴少阳袭淮西节度,吉甫已见帝,潜欲中藩,即奏曰:'道逢中人假印节与吴少阳,臣为陛下恨之。'帝变色不平。翌日,罢藩为太子詹事。"此云吉甫复相,李藩颇沮止,所为何事,未得而明,即事之有无,也未能论定。但观李吉甫前此行事,可知吉甫并非气量狭小、睚眦必报之人。李藩之罢相,恐即出于授吴少阳为节度使一事。吴少阳本是乘彰义军节度使吴少诚死,自立为留后,时唐朝廷因对王承宗用兵,军力不足,只得予以妥协。元和五年七月"洗雪"王承宗,山东等地军事结束。淮西长期以来即与朝廷对抗,宪宗早已准备对之用兵,李吉甫在淮南时本拟徙治所于寿州以图淮西(见前谱),可见在对付淮西这一点上宪宗与吉甫是一致的。而六年正月李藩在相位时,又进一步任吴少阳为节度使,经吉甫提醒,就促使宪宗解李藩之相位。即是说,李藩与吉甫,是在如何对待藩镇的政见上有矛盾,而并非私人之间的权利之争。《旧·李藩传》称"藩为相材能不及裴垍,孤峻颇后韦贯之,然人物清规,亦其流也"。时当宪宗欲有所作为、奋张国力之际,李藩之才不足当剧任,其罢相固无足怪。《全唐文》卷五六宪宗

《李藩守太子詹事制》中亦谓："授任已来,再逾年序,夙夜之勤虽著,弼谐之效未孚。将何以允至公之求,成天下之务?宜辍黄枢之重,尚居端尹之崇,尔其勉之,式谓优礼。"

八月,吕温卒于衡州刺史任。

> 参柳宗元《衡州刺史东平吕君诔》(《柳宗元集》卷九),刘禹锡《哭吕衡州时予方谪居》(《全唐诗》卷三五九)。

四月戊辰,裴垍由兵部尚书改为太子宾客。七月,垍卒。十二月己丑,李绛拜相,为朝议郎、守中书侍郎、同中书门下平章事。

> 见《旧纪》、《通鉴》。

本年丰收。

> 《通鉴》卷二三八元和六年末载:"是岁,天下大稔,米斗有直二钱者。"

元和七年壬辰(八一二) 二十六岁

李吉甫仍为宰相。

〔辨正〕关于李吉甫欲自托于宦官吐突承璀,因而擢元义方为京兆尹事。

> 《通鉴》卷二三八元和七年:"春正月辛未,以京兆尹元义方为鄜坊观察使。初,义方媚事吐突承璀,李吉甫欲自托于承璀,擢义方为京兆尹。李绛恶义方为人,故出之。"《旧纪》亦载,元和七年正月,"辛未,以京兆尹元义方为鄜州刺史、鄜坊丹延观察使"。按《通鉴》此处所记,不仅叙及元义方改官,

主要还牵涉到李吉甫对吐突承璀之态度。此事《新书》卷二〇一义方本传也述及,云:"历虢商二州刺史、福建观察使。中官吐突承璀,闽人也,义方用其亲属为右职。李吉甫再当国,阴欲承璀奥助,即召义方为京兆尹。李绛恶其党,出为鄜坊观察使。"此事新旧《唐书》之李吉甫、李绛传及《旧书》之元义方传均未载。李吉甫第二次入相前,吐突承璀即因征讨王承宗无功,为朝官所劾,于元和五年九月罢中尉之职,降为军器使,已失权势。吉甫于六年正月入相,再无理由凭借吐突承璀为其奥助;而且吉甫执政时一再抑制宦官擅权,皆有史料依据,实没有必要为巴结一个失势的宦官而提拔元义方为京兆尹。今据核查,《通鉴》与《新·元义方传》所载此事皆出于《李相国论事集》。《李相国论事集》卷五《论元义方事》云:"元和七年春,元义方自福建观察使拜京兆尹。是时中贵人吐突承璀特承恩宠,义方由径小人也,以承璀闽越人,因为廉慎,厚结其乡里亲族,悉署军中右职,令厚加请受,中贵人深荷之。宰相李吉甫自淮南重入,托身于承璀,为不易之契,与义方同与通结,特除京兆尹。户部侍郎李绛素恶其为人,及拜相后,遂出义方为鄜坊节度使。"此云元义方元和七年正月自福建观察使拜京兆尹,实则元义方为京兆尹在元和六年四月。《论事集》连基本时间即误,所谓李吉甫欲自托于吐突承璀,更属无稽之谈。《论事集》曾载李绛与宪宗论郑絪事,亦为过诬吉甫,前已述及,此处也是一例。《通鉴》又载李吉甫与李绛辩难事,如本年三月载:"三月丙戌,上御延英殿,李吉甫言:'天下已太平,陛下宜为乐。'李绛曰:'汉文帝时兵木无刃，家给人足，贾谊犹以为厝火积薪之下，不可谓安。今法令所不能制者，河南北五十余州；犬戎腥膻，近接泾陇，烽火屡惊；加之水旱时作，仓廪空虚，此正陛下宵衣旰食之时，岂得谓之太平，遽为乐哉！'上欣然曰：'卿言正合朕意。'退，谓左右曰：'吉甫专为悦媚；如李绛，真宰相也！'"按，此也出自《论事集》卷五《论太平事》。所载李吉甫语，与吉甫平日行事正好相反，吉甫正欲制抑两河擅命的藩镇，因而作种种准备，并注意朝政的改革，岂能说宪宗以太平无事？且谓宪宗已识吉甫诡佞，则为何此后数年仍委之以政事？岑仲勉《通鉴隋唐纪比事质疑》对《通鉴》过诬吉甫事，皆为辨明，均可参考，此不赘述。

十二月，杨归厚因论宦官许遂振之奸，为宪宗所怒，欲远斥之，李吉甫力救得免。杨归厚为刘禹锡之姻亲。

《新·李吉甫传》："左拾遗杨归厚尝请对，日已旰，帝令它日见，固请不肯退。既见，极论中人许遂振之奸，又历诋辅相，求自试，又表假邮置院具婚礼。帝怒其轻肆，欲远斥之，李绛为言，不能得。吉甫见帝，谢引用之非，帝意释，得以国子主簿分司东都。"

按据《旧纪》此事在元和七年十二月："丙辰，左拾遗杨归厚以自娶妇，进状借礼会院，贬国子主簿分司。"又《全唐文》卷五七亦载《贬杨归厚国子主簿制》，其中说："以婚姻之私，假借公馆，表章上献，慢黩则多。俾移秩于国庠，仍分曹于洛邑，可国子主簿，分司东洛。"杨归厚之所以贬斥，显然是由于论宦官许遂振之奸，受到宦官集团的毁谤，所谓借礼会院、诋辅相,只是借口。据李翱所作杨於陵墓志铭(《全唐文》卷六三九)元和三、四年间杨於陵为岭南节度使,李翱在其幕下,"监军许遂振好货庆强,而小人有阴附之者,故遂振密表潜公,直言韦词、李翱惑乱军政,于是除替罢归"。许遂振的密奏,能使节度使罢职,可见其阴狠。杨归厚面奏宪宗论其奸状,当然更触及宦官集团的忌讳。杨归厚离京赴洛阳,刘禹锡曾寄以诗,有"闻君前日独庭争,汉帝偏知白马生","洛阳本自宜才子,海内而今有直声"之句(《寄杨八拾遗》,《刘禹锡集笺证》卷三五)。归厚死后,刘又有《祭虢州杨庶子文》,也叙及此事,云:"伏阁论事,侵及内权。克扬直声,不慑左迁。"(《刘禹锡集笺证》卷四十)所谓直声者,即因弹奏宦官而得清直之名声。归厚本来要受到远贬,赖李吉甫力救,得以授国子主簿分司。

又,据刘禹锡《祭虢州杨庶子文》云:"与君交欢,已过三纪。维私之爱,与众无比。乃命长嗣,为君半子。谁无外姻,君实知己。"可见刘、杨是儿女亲家。

本年,李汉、陈夷行、李珏登进士科,兵部侍郎许孟容知贡举(徐松《登科记考》卷十八)。

元和八年癸巳(八一三) 二十七岁

李吉甫本年仍居相位。

下诏赠其父官,并与其一子官,李德裕即以荫补校书郎。

《白居易集》卷五十四"翰林制诏"一载《赠吉甫先父官并与一子官制》,云:"某官李吉甫,出入将相,迨今七载,而能修庶职,叙彝伦,毗予一人,以底于道。夙夜不怠,厥功茂焉。夫忠于君者,教本于亲;宠其身者,赏延于嗣。于是乎有饰终之命,有任子之恩,所以感人心而劝臣节也。惟兹旧典,可举而行。"岑仲勉《白氏长庆集伪文》(《历史语言研究所集刊》第十二本)谓:"制曰'某官李吉甫,出入将相,迨今七载'。按吉甫以二年正月相,曰七载,则应为八年之制也。"岑氏考谓白居易于元和六年四月丁母忧出翰林,此制文必非白居易作。按岑仲勉推断此篇制文非白居易作,说是,但制文本身不伪,当出于当时翰林院之某学士手。制文云与一子官。按长子德修,于吉甫首任宰相时已赠官,此次所与者当为德裕。《新·李德裕传》:"少力于学,既冠,卓荦有大节。不喜与诸生试有司,以荫补校书郎。"

又据《新书·百官志》,弘文馆、秘书省、著作局皆有校书郎,职务则大致相似,即"掌校理典籍、刊正错误"(弘文馆),"雠校典籍,刊正文章"(秘书省)。李德裕属于秘书省之校书郎,见《文集校笺》别集卷三《七言九韵雨中自秘书省访王三侍御……》诗,题下并署"秘书省校书郎李德裕"。

正月,权德舆罢相。

《旧纪》元和八年正月,"辛未,制以正议大夫、守礼部尚书、同平章事、上柱国、扶风郡开国公权德舆守礼部尚书,罢知政事"。又《通鉴》卷二三九元和八年正月载:"李吉甫、李绛数争论于上前,礼部尚书、同平章事权德舆居中无所可否;

上鄜之。辛未,德舆罢守本官。"新旧《唐书·权德舆传》所载略同。

二月辛卯,李吉甫进所撰《元和郡国图》、《六代略》、《十道州郡图》等。

《旧纪》元和八年二月,"辛卯,宰相李吉甫进所撰《元和郡国图》三十卷,又进《六代略》三十卷,又为《十道州郡图》五十四卷。"《旧传》载:"吉甫尝讨论《易象》异义,附于一行集注之下;及缀录东汉、魏、晋、周、隋故事,讫其成败损益大端,目为《六代略》,凡三十卷;分天下诸镇,纪其山川险易故事,各写其图于篇首,为五十四卷,号为《元和郡国图》。"

按《旧纪》谓《元和郡国图》三十卷,《十道州郡图》五十四卷;《旧传》谓《元和郡国图》五十四卷,未记《十道州郡图》;《唐会要》(卷三六《修撰》)谓《元和郡国图》五十四卷,与《旧传》同。《新书》卷五十八《艺文志》二乙部史录地理类著录《元和郡县图志》五十四卷,《十道图》十卷。今李吉甫《上元和郡县图志序》尚存(《全唐文》卷五一二),称"谨上《元和郡县图志》,起京兆府,尽陇右道,凡四十七镇,成四十卷,每镇皆图在篇首,冠于叙事之前,并目录两卷,总四十二卷",宋陈振孙《直斋书录解题》亦作四十卷。由此知作三十卷、五十四卷者皆误。又《十道州郡图》后未见传世,也未见著录,观其书名,与《元和郡县图》内容似重复,或即为一书,史家误记为两书。今传世之《元和郡县图志》虽仍四十卷,但其间也有缺卷,详参《四库全书总目》卷六八提要。南宋程大昌尝作此书跋(宋孝宗淳熙二年),称"图今亡矣,独志存焉耳",或图即亡于南北宋之际。

又按李吉甫撰《元和郡国图志》,有其现实政治目的,那就是鉴于安史之乱以后藩镇割据、"强侯傲而未肃"的局面,想通过编写全国郡县山川地形图,加强中央政权对全国的控制。其上书序中说:"况古今言地理者凡数千家,尚古远者或搜古而略今,采谣俗者多传疑而失实,饰州邦而叙人物,因丘墓而征鬼神,流于异端,莫切根要。至于丘壤山川攻守利害本于地理者,皆略而不书,将何以佐明王扼天下之吭,制群生之命,收地保势胜之利,示形束壤制之端。此微臣之所以精研、圣后之所宜周览也。"

程大昌跋也盛赞此书,谓"此于唐家郡县疆境,方面险要,必皆熟按当时图籍言之,最为可据";又云:"宪宗经略诸镇,吉甫实赞成之,其于河北、淮西,悉尝图上地形,宪宗得以坐览要害而隃定策画者,图之助多也。"清孙星衍《元和郡县图志序》也称吉甫诸多措施,"皆切时政之本务",并谓:"此《志》为元和八年奏御之本,文义简括,便上省览。唐宰相之善读书者,吉甫为第一人矣。"

《四库全书总目》以《元和郡县图志》列于地理总志之首,谓:"舆记图经,《隋》、《唐志》所著录者,率散佚无存,其传于今者,惟此书为最古,其体例亦为最善。后来虽递相损益,无能出其范围。今录以冠地理总志之首,著诸家祖述之所自焉。"

二月甲子,武元衡由西川入相。本年,李吉甫、武元衡、郑絪皆有诗唱酬。

《旧纪》元和八年正月，"癸未，以山南东道节度使李夷简检校户部尚书、成都尹，充剑南西川节度使"。二月，"甲子，以剑南西川节度使、银青光禄大夫、检校吏部尚书、兼门下侍郎、同平章事、上柱国、临淮郡开国公、食邑二千户武元衡复入中书知政事，兼崇玄馆大学士、太清宫使"。盖罢权德舆相，即复武元衡相位。

李吉甫有《癸巳岁吉甫圜丘摄事，合于中书后阁宿斋，常负忝愧，移止于集贤院，会门下相公以七言垂寄，亦有所酬，短章绝韵，不足抒意，因叙所怀，奉寄相公兼呈集贤院诸学士》（《全唐诗》卷三一八）。武元衡酬唱之作为《奉酬中书相公至日圜丘行事，合于中书宿斋，移止于集贤院，叙情见寄之什》（《全唐诗》卷三一七）。按吉甫诗题中"门下相公以七言垂寄"，即武元衡《休暇日中书相公致斋禁省因以寄赠》（《全唐诗》卷三一七），云："尝闻圣主得贤臣，三接能令四海春。月满禁垣斋沐夜，清吟属和更何人。"（又《全唐诗》卷三一八又载崔备《奉酬中书相公至日圜丘行事，合于中书宿直，移止于集贤院，叙情见寄之什》，当亦同时所作。据《全唐诗》小传，崔备曾为西川节度使判官，则在武元衡幕下任职，其诗有《和武相公中秋锦楼玩月》、《奉陪武相公西亭夜宴陆郎中》，当即在成都作。元衡入朝，崔备当亦召入。）

吉甫又有《九日小园独谣（岑仲勉《读全唐诗札记》谓独谣当为独宴之误）赠门下武相公》（《全唐诗》卷三一八），武元衡有《闻相公三兄小园置宴以元衡寓直因寄上兼呈中书三兄》（《全唐诗》卷三一七）。岑仲勉《唐人行第录》谓元衡诗题中之"中书三兄"即指李绛,但云应为"门下三兄"。

又,郑絪有《奉和武相公省中宿斋酬李相公见寄》(《全唐诗》卷三一八)。按据《旧纪》,郑絪于元和九年五月由岭南节度使入为工部尚书,则此诗当在广州作,故诗末云:"同怀不同赏,幽意竟何如。"

冬,传闻回纥扰边,朝廷大恐,李吉甫采取积极防御对策。

《旧传》:"是月(琼按当为十月),回纥部落南过碛,取西城柳谷路讨吐蕃,西城防御使周怀义表至,朝廷大恐,以为回纥声言讨吐蕃,意是入寇。吉甫奏曰:'回纥入寇,且当渐绝和事,不应便来犯边。但须设备,不足为虑。'因请自夏州至天德,复置废馆一十一所,以通缓急。又请发夏州骑士五百人,营于经略故城,应援驿使,兼护党项。"《新传》所载略同。《旧纪》元和八年十月"壬辰,振武奏回纥千骑至鹏鹈泉"。又十一月丙寅,"自夏州至丰州,初置八驿"。当即指此事。

按此事又详见《元和郡县志》卷四新宥州条所载。云:"元和八年冬,回鹘南过碛,取西城柳谷路讨吐蕃,西城防御使周怀义表至,朝廷大恐,以为回鹘声言讨吐蕃,意是为寇。唯中书侍郎、平章事李吉甫以为回鹘入寇,且当断绝和事,不应便来犯边。今之多士,居平则横生异议,深沮边计,及闻边警,又承虚声,以汹朝廷,冀因几危,摇动时事。但当设备,不足为虑。因请自夏州至天德军,复置废馆一十一所,以通急驿;又请夏州骑士五百人,营于经略故城,应援驿使,兼护党项部落。上悉从之。"吉甫此处所批评之"今之多士",切中其要害。

刘禹锡本年有上武元衡书,提及李吉甫曾同情其遭遇。

　　刘禹锡《上门下武相公启》(《刘禹锡集笺证》卷十八),中云武元衡由西川入相:"念外台报政之功,追宣室前席之事,重下丹诏,再升黄枢。"又云"九年居蛮貊之地",可见是本年作,时刘仍在朗州司马贬所。《启》中又谓:"伏以赵国公顷承一顾之重,高邑公夙荷见知之深,虽提挈不忘,而显白无自。盖以永贞之际,皆在外方,虽得传闻,莫详本末。特哀党锢,亟形话言。"赵国公指李吉甫,高邑公指李绛(《旧·李绛传》,元和八年封高邑县男。)此时元衡、吉甫、绛同居相位,刘禹锡这封书启是向三人求援的,由此也可看出吉甫对刘禹锡的被贬是抱同情态度的。

王建曾上诗于李吉甫,称颂其功绩。

　　《王建诗集》卷七《上李吉甫相公》:"圣朝齐贺说逢殷,霄汉无云日月真。金鼎调和天膳美,瑶池沐浴赐衣新。两河开地山川正,四海休兵造化仁。曾向山东为散吏,当今窦宪是贤臣。"按此诗难于确定其年月,姑系于此。

李德裕在任校书郎期间,与王起有诗唱和。

　　《文集校笺》别集卷三《七言九韵雨中自秘书省访王三侍御,知早入朝,便入集贤。侍御任集贤校书,及升柏台,又与秘阁相对。同院张学士,亦余特厚,故以诗赠之》,下署"秘书省校书郎李德裕"。据岑仲勉《唐人行第录》所考,此"王三"当作"王十一",即王起。德裕诗云:"共怜独鹤青霞姿,瀛洲故山归已迟。仁者焉能效鸳鹗,飞舞自合追长离。梧桐迥齐鸤鹊观,烟雨屡拂蛟龙旗。鸿雁冲飙去不尽,寒声晚下天泉池。顾我蓬莱静无事，玉版宝书藏众瑞。青编尽以汲冢来，科斗皆从鲁室至。金门待诏何逍遥，名儒早问张子侨。王褒轶材晚始入，宫女已能传洞箫。应令柏台长对户，别来相望独寥寥。"

按据《旧书·王起传》，起卒于大中元年（八四七），年八十八，其生年当为肃宗上元元年（七六〇），本年五十四岁，故德裕诗中云"王褒轶材晚始入"。王起和诗见《全唐诗》卷四六四，题作《和李校书雨中自秘省见访，知早入朝，便入集贤不遇诗》，自序云："起顷任集贤校书，及升柏台，又与秘阁相对，今直书殿有张学士，尝忝同幕，而与秘书稍远，故瞻望之词多。"诗中有云："忆昨谬官在乌府，喜君对门讨鱼鲁。直庐相望夜每阑，高阁遥临月时吐。"又云："忽枉情人吐芳讯，临风不羡潘锦舒。忆见青天霞未卷，吟玩瑶华不知晚。自怜岂是风引舟，如何渐与蓬山远。"诗中"乌府"喻侍御史官署，"蓬山"与德裕诗中之"蓬莱"，系指秘书省。《通典》卷二六《职官》八"秘书监"，云："秘书校书郎，汉之兰台及后汉东观，皆藏书之室，亦著述之所，多当时文学之士，使雠校于其中，故有校书之职。……当时重其职，故学者称东观为老氏藏室、道家蓬莱山焉。"宋洪迈《容斋四笔》卷十五《官称别名》："唐人好以它名标榜官称……秘书监为大蓬，少监为少蓬。"如萧华《谢试秘书少监陈情表》（《文苑英华》卷六〇二）即有"旋沐厚恩，复登蓬阁"之语。盛唐诗人王昌龄亦曾任秘书省校书郎之职，其诗中也称"子为黄绶羁，余忝蓬山顾"（《郑县宿陶太公馆中赠冯六元二》，《全唐诗》卷一四〇）。

又《太平广记》卷一八七引《两京记》云："唐初,秘书省唯主写书贮掌勘校而已,自是门可张罗,迥无统摄官属,望虽清雅,而实非要剧,权贵子弟及好利夸侈者率不好此职。流俗以……秘书郎及著作左郎为监察御史病坊,言从职不任繁剧者,当改入此省。然其职在图史,非复喧卑,故好学君子厌于趋竞者,亦求为此职焉。"《两京记》所载及李、王二人的和诗,当有助于对德裕任校书郎时事迹之研究。

李德裕因父居相位,避嫌辞校书郎之职,出外为方镇幕府从事。

《旧·李德裕传》:"元和初,以父再秉国钧,避嫌不仕台省,累辟诸府从事。"此云"元和初",不确。德裕当于本年或本年以后即辞去校书郎之职。但德裕辞校书郎后任何职,《旧传》仅云"累辟诸府从事",语焉不详,未能得其确切行踪。

本年,舒元舆、杨汉公登进士科,中书舍人韦贯之知贡举(徐松《登科记考》卷十八)。

〔**编年诗**〕

《七言九韵雨中自秘书省访王三侍御知早入朝便入集贤侍御任集贤校书及升柏台又与秘阁相对同院张学士亦余特厚故以诗赠之》(《文集校笺》别集卷三)

本年作,见前谱中正文。此为德裕现存最早诗作。

元和九年甲午(八一四) 二十八岁

正月,李吉甫上表辞相位,不许。

《旧纪》元和九年正月乙卯，"李吉甫累表辞相位，不许"。

按《全唐文》卷五一二载李吉甫《让平章事表》、《让平章事第二表》，当即《旧纪》所谓"累表辞相位"。前表云："臣久处繁机，切思退免，伏奉诏旨，未允深衷。"后表云："臣昨八日再表自陈，九日于延英奏对，公事既毕，辄言私情。陛下语臣以兢惧之由，谕臣以进退之义。今奉批答，令断表章。"

二月癸卯，李绛罢相，守礼部尚书。

《旧纪》元和九年二月，"癸卯，制朝议大夫、守中书侍郎、同平章事、上柱国、高邑男李绛守礼部尚书，累表辞相位故也"。

此当是李绛与李吉甫政见不合，二人于本年初皆累表求罢，而宪宗卒留吉甫而罢绛，可见其对吉甫倚重之深。

九月，李吉甫对淮西吴元济作征讨之积极准备。

《旧纪》本年九月记："淮西节度使吴少阳卒，其子元济匿丧，自总兵柄，乃焚劫舞阳等四县。朝廷遣使吊祭，拒而不纳。"

《旧·李吉甫传》："淮西节度使吴少阳卒，其子元济请袭父位。吉甫以为淮西内地，不同河朔，且四境无党援，国家常宿数十万兵以为守御，宜因时而取之。颇叶上旨，始为经度淮西之谋。"《新传》叙述稍详，云："后田弘正以魏归，吉甫知魏人谓田进诚才，而唐州乃蔡喉衿，请拔进诚为刺史，以临贼境，且慰魏心。乌重胤守河阳，吉甫以汝州捍蔽东部，联唐、许，当蔡西面，兵寡不足惮寇，而河阳乃魏博之津，弘正归国，则为内镇，不宜戍重兵示不信，请徙屯汝州。帝皆从之。后弘正拜检校尚书右仆射,赐其军钱二千万,弘正曰:'吾未喜于移河阳军也。'及元济擅立,吉甫以内地无唇齿援,因时可取,不当用河朔故事,与帝意合。又请自往招吴元济,苟逆志不悛,得指授群帅俘贼以献天子。不许,固请至流涕,帝慰勉之。"

《通鉴》载此事也较翔实,卷二三九元和九年闰八月载:"及吉甫入相,田弘正以魏博归附。吉甫以为汝州捍蔽东都,河阳宿兵,本以制魏博,今弘正归顺,则河阳为内镇,不应屯重兵以示猜阻。辛酉,以河阳节度使乌重胤为汝州刺史,充河阳、怀、汝节度使,徙理汝州。己巳,弘正检校右仆射,赐其军钱二十万缗,弘正曰:'吾未若移河阳军之为喜也。'"九月载:"吴少阳判官苏兆、杨元卿、大将侯惟清皆劝少阳入朝;元济恶之,杀兆,囚惟清。元卿先奏事在长安,具以淮西虚实及取元济之策告李吉甫,请讨之。时元济犹匿丧,元卿劝吉甫,凡蔡使入奏者,所在止之。少阳死近四十日,不为辍朝,但易环蔡诸镇将帅,益兵为备。"《新书》卷二一四《吴元济传》亦言:"时(杨)元卿奏事在长安,见宰相李吉甫,具言淮西事,且请蔡使在道者,随所在系之。"

由上述材料可知,吉甫于本年十月卒前,对淮西采取一系列积极进取之政策:(一)用魏人田进诚为唐州刺史,既笼络魏博,又加强唐州防御,对蔡州加以牵制。(二)以乌重胤为汝州刺史,撤销河阳重兵,既使田弘正得以宽慰,使其感到朝廷对他的信任,又借乌重胤的军力加强洛阳东南面的防守力量。(三)利用杨元卿等淮西旧臣,了解淮西军事虚实,并断绝蔡使,加强对吴元济的威慑。(四)准备亲自赴蔡州说吴元济归朝,如不听,则说动诸将俘缚吴元济。这一计策带有冒险性,并不足取,但也可见出李吉甫欲削平淮西的决心。总之,此时李吉甫是宰臣中措置淮西事的主持者,待其卒后,武元衡始代其任,继续施行吉甫所定的方略。

十月丙午,李吉甫卒,年五十七。赠司空。

《旧纪》元和九年十月,"丙午,金紫光禄大夫、中书侍郎、同平章事、集贤大学士、监修国史、上柱国、赵国公李吉甫卒"。

《旧传》:"元和九年冬,暴病卒,年五十七。宪宗伤悼久之,遣中使临吊,常赠之外,内出绢五百匹以恤其家,再赠司空。"《新传》:"吉甫图淮西地,未及上,帝敕其子献之。及葬,祭以少牢,赠司空。"

按新旧《唐书》本传对吉甫第一次入相皆加首肯,对其第二次入相则有贬词,但所举罢裴垍官、与李绛论政不合、罢李藩相,皆与事实不合,不足据信。而虽有贬词,对李吉甫的为人及政见,仍加以肯定。如《旧传》云:"吉甫初为相,颇洽时情,及淮南再征,中外延望风采。秉政之后,视听时有所蔽,人心疑惮之。时负公望者虑为吉甫所忌,多避畏。……然性畏慎,虽其不悦者,亦无所伤。服物食味,必极珍美,而不殖财产,京师一宅之外,无他第墅,公论以此重之。"李吉甫对古代文学颇有素养,《玉海》卷五十四《艺文》曾记:"〔志〕李吉甫《古今文集略》二十卷,又《类表》五十卷,亦名《表启集》。〔书目〕李吉甫集梁陈迄唐开元歌诗三百二十首为《丽则集》

五卷,又集唐人表章笺启露布等为《类表》五十卷。"

又唐李肇《国史补》卷下"宰相自张曲江之后,称房太尉、李梁公为重德。……宪宗朝则有杜邠公之器量,郑少保之清俭,郑武阳之精粹,李安邑之智计……亦各行其志也"。

按《新书·艺文志》载《李吉甫集》二十卷,今仅存诗四首(《全唐诗》卷三一八),文一卷(《全唐文》卷五一二),所佚甚多。《直斋书录解题》卷十九诗集类上载《武元衡集》一卷,云:"初用莆田李氏本传录,后以石林叶氏本校,益以六首,及李吉甫唱酬六首。"此云李吉甫与武元衡唱酬诗有六首,而今存者止三首。佚文可知者,如陈思《宝刻丛编》卷八京兆府万年县著录《唐赠太傅歧国公杜佑碑》,云:"唐李吉甫撰,张弘靖书,袁滋篆额。"此文未见。(吉甫尝在杜佑幕下任职,宋欧阳棐《集古录目》卷九载《杜佑宾佐记》,下云:"司徒、平章事杜佑撰,不著书人名氏。所记前后宾佐,其首曰今相国中书侍郎赵国公者,李吉甫也。其余凡八十余人。碑以元和七年立。"此事新旧《唐书》本传未载。)又清毛凤枝《关中金石文字存逸考》卷五咸宁县著录《龙花寺韦和尚墓志铭》,并云:"案此石未详所在,而字迹遒劲,实唐楷之佳者。又有一石题中书侍郎、翰林学士李吉甫撰并书。"此亦未见于《全唐文》。又《册府元龟》卷六〇六《学校部·注释二》载:"李吉甫为相,尝讨论《易》象异义,附于僧一行集注之下。"则吉甫另有关于《周易》的著作。

武元衡为文祭之。

武元衡《祭李吉甫文》(《全唐文》卷五三一),中称:"属元圣御极之初,昊天降休之日,公内参密命,外正戎机,竭心膂以振皇纲,励精诚以辅元化。故得三光离朗,九有澄清,南定句吴,西歼邛僰,默运宏略,宏宣大猷。"又叙二人同居相位时之交谊:"再征黄霸,继入丹墀,启沃同心,岁寒共期。运属休明,道济无为,星霜八变,交态不移。或乘春赏花,或对酒吟诗,音容不间,宴语忘疲。"

本年冬,武元衡又有诗悼念李吉甫。

武元衡《甲午岁相国李公有北园寄赠之作,吟玩历时,屡促酬答,机务不暇,未及报章,今古遽分,电波增感,留墓剑而心许,感邻笛而意伤,寓哀冥寞,以广遗韵云》(《全唐诗》卷三一七)。按诗题中"相国李公有北园寄赠之作",指李吉甫《夏夜北园即事寄门下武相公》诗(《全唐诗》卷三一八),为本年夏作。吉甫于夏日作《北园》诗以寄元衡,元衡当时未暇酬和,十月吉甫卒,因续和此诗,并寓哀悼之意,诗题中"今古遽分,电波增感,留墓剑而心许,感邻笛而意伤"数句,可以见出武、李二人的交谊。元衡诗云:"机事劳西掖,幽怀寄北园。鹤巢深更静,蝉噪断犹喧。仙酝百花馥,艳歌双袖翻。碧云诗变雅,皇泽叶流根。未报雕龙赠,俄伤泪剑痕。佳城关白日,哀挽向青门。礼命公台重,烟霜陇树繁。天高不可问,空使辅星昏。"

本年七月,张弘靖由河中晋绛慈隰等州节度使入相。十月,以山南东道节度使严绶为申光蔡招讨使,督诸道兵招讨吴元济。十二月戊辰,韦贯之以尚书右丞守本官、同中书门下平章事。

元和十年乙未(八一五)　二十九岁

李德裕丁父忧,守制。

　　　　按李吉甫上年十月卒,李德裕当丁忧守制,未任官职。
吉甫居相位,德裕因避嫌未在朝中供职,史称其"累辟诸府从
事",但具体行迹不详。

正月己亥,下诏削夺吴元济在身官爵,又命宣武节度使韩弘等十
六道进军讨之。二月,严绶军为淮西军所败,退守唐州。三月,淄
青节度使李师道遣人焚毁河阴转运院粮食,阴助吴元济。五月,
陈州刺史李光颜屡破淮西军。御史中丞裴度往淮西行营宣慰,
还,所言军机,与宪宗意合,以度为刑部郎中。韩愈时为考功郎
中、知制诰,上言陈用兵之策,主张积极进取。六月癸卯,盗杀武
元衡(时宪宗以兵事委元衡),并伤裴度。乙丑,以裴度为相,专事
征讨吴元济。(自此本年为相者为张弘靖、韦贯之、裴度。)七月,
诏斥镇州节度使王承宗,言其派遣刺客杀害武元衡,绝其朝贡。
九月,以宣武军节度使韩弘充淮西行营兵马都统。十月,析山南
东道为两节度,高霞寓为唐州刺史、唐随邓节度使,专主兵事;李
逊为襄州刺史、襄复等节度使,调军食,以加强对淮西用兵的军
力。十一月,以严绶无功,罢山南东道节度使,为太子宾客。是年
终,诸道兵讨淮西,互有胜负。

　　　　以上见《旧纪》、《通鉴》等。

本年初,柳宗元、刘禹锡等应召入京,三月,又出为远州刺史。元

积也于正月由江陵入京，三月，出为通州司马。六月，白居易（时为太子左赞善大夫）上疏请急搜捕杀害武元衡的凶手，以雪国耻，为宰相所恶，贬江州刺史，中书舍人王涯复上言"所犯状迹，不宜治郡"，改授江州司马（参诸家所作白氏年谱）。

本年，封敖登进士科，礼部侍郎崔群知贡举（徐松《登科记考》卷十八）。

元和十一年丙申（八一六）　三十岁

正月，张弘靖罢相，出为河东节度使。

《旧纪》元和十一年正月，"己巳，以中书侍郎、平章事张弘靖检校吏部尚书、兼太原尹、北都留守、河东节度使"。按据《通鉴》卷二三九所载，张弘靖于上年十二月即求罢相位，"王承宗纵兵四掠，幽、沧、定三镇皆苦之，争上表请讨承宗。上欲许之，中书侍郎、同平章事张弘靖以为两役并兴，恐国力所不支，请并力平淮西，乃征恒冀。上不为之止，弘靖乃求罢"。《旧书》卷一二九、《新书》卷一二七《张弘靖传》所载略同。

《全唐文》卷五七宪宗名下有《授张弘靖太原节度使制》。

正月癸未，削夺王承宗在身官爵，令河东等道诸镇加兵进讨。

正月庚辰，翰林学士、中书舍人钱徽，驾部郎中、知制诰萧俛都因请罢兵解职，守本官。二月癸卯，以中书舍人、权知礼部贡举李逢吉为门下侍郎、同平章事。八月，韦贯之因主张缓讨王承宗，数与

裴度争论,韦罢相位;九月,再贬为湖南观察使。

十二月,以翰林学士、知制诰王涯为中书侍郎、同平章事。同月,任命李愬为邓州刺史、充唐随邓等州节度使。

　　见《旧纪》、《通鉴》等。

元和十二年丁酉(八一七)　三十一岁

李德裕约于本年应张弘靖之辟,为河东节度使掌书记。

　　《旧传》:"(元和)十一年,张弘靖罢相,镇太原,辟为掌书记。由大理评事得殿中侍御史。"《新传》:"河东张弘靖辟为掌书记。"按李吉甫于元和九年十月卒,德裕丁父忧,当于十一年冬终制。其应张弘靖之辟为河东军掌书记,当在十一年冬之后。按德裕《掌书记厅壁记》云:"丙申岁,丞相高平公始自枢衡以膺谋帅,以右拾遗杜君为主记。明主惜其忠规,复拜旧职,寻参内庭视草之列。次用殿中侍御史崔君。德裕获接崔君之后"(别集卷七)丙申即元和十一年,张弘靖为河东节度使后,先后用杜(元颖)、崔(公信)为掌书记,后杜入朝,崔为观察判官,书记一职乃由德裕接任,其时当在十二年。德裕《祭唐叔文》(别集卷七)作于元和十年六月,乃代张弘靖作,则是年六月以前已在河东幕中。

　　欧阳修《集古录跋尾》卷八(《欧阳文忠公文集》卷一四一)《唐武侯碑阳记》跋云:"唐诸方镇以辟士相高,故当时布衣韦带之士,或行著乡间,或名闻场屋者,莫不为方镇所取,至登朝廷、位将相，为时伟人者，亦皆出诸侯之幕。"又洪迈《容斋随笔》卷一《唐藩镇幕府》："唐世士人初登科或未仕者，多以从诸藩府辟置为重。"

唐人小说载李德裕初至太原不久，曾有相者推算其禄命，荒诞不足信。

唐李濬《摭异记》："太尉卫国公为并州从事，到职未旬月，忽有王山人者诣门请谒，公命与坐，乃曰：'某善按冥也。'公初未之奇，因请正寝，备几案、纸笔、香水而已。因令垂帘静伺之，生与公偕坐于西庑下。顷之，王生曰：'可验矣。'纸上书八字甚大，且有楷注，曰'位极人臣，寿六十四'。王生遽请归，竟不知所去。及会昌朝三策一品，薨于海南，果符王生所按之年。"按此荒诞迷信，不足为据。且德裕卒时年六十三，此云六十四，即得之传闻之讹，于此也可证其谬误。

三月，太常定李吉甫谥为"敬宪"，度支郎中张仲方非之，且以为近数年用兵，即由吉甫开其端。宪宗怒，贬张仲方为遂州司马，仍定吉甫谥为"忠懿"。

《旧·李吉甫传》："有司谥曰敬宪，及会议，度支郎中张仲方驳之，以为太优。宪宗怒，贬仲方，赐吉甫谥曰忠懿。"《新·李吉甫传》同。《旧纪》载此事于元和十二年三月戊辰，云："太常定李吉甫谥曰敬宪，度支郎中张仲方非之。上怒，贬为遂州司马。赐吉甫谥曰忠。"

按议谥意见不一，应是常事，为何张仲方的意见触怒宪宗，竟至远贬为遂州司马？新旧《唐书·李吉甫传》及《旧纪》均未载明。此事《唐会要》有详细记载，原来张仲方借议谥一事,根本否定近数年来对淮西之用兵。此时淮西战事方酣,朝臣中议罢兵者甚众,裴度等主战派并不占多数,赖宪宗态度坚决,征讨之事得以贯彻进行。张仲方之议全面反对用兵,当然使宪宗盛怒,非加远贬不足以儆戒其余。《唐会要》卷八十《朝臣复谥》条载张仲方驳议,中有云:"兵者凶器,不可从我始,及乎伐罪,则料敌以成功。至使内有害辅臣之盗,外有怀毒虿之孽。师徒暴野,戎马生郊,皇上旰食宵衣,公卿大夫且惭且耻。农人不得在亩,纺妇不得在桑。耗赋敛之常资,散帑廪之中积;征边徼之备,竭运挽之劳。僵尸流血,骴骼成岳,酷毒之痛,号呼无辜。剿绝群生,逮今四载,祸乱之兆,实始其谋,遗君父之忧,而岂得谓之先觉者乎?"《唐会要》载:"宪宗方用兵,恶仲方深言其事,怒甚,贬为遂州司马,敕谥曰恭懿。"按张仲方所言,确是颠倒是非,不顾事实。他把民生凋敝,战祸连结不解,归因于对淮西的讨伐战争,此无异于为擅命的方镇张目,在当时反对用兵的朝臣中是最为突出的一个。一般反对用兵者在征讨淮西一点上无异议,但认为不应同时对王承宗、李师道用兵,如萧俛等即持此种意见。张仲方则根本反对对藩镇用兵,且认为淮西之战起始于元和九年李吉甫当国时之所谋议,则完全颠倒因果,宜其受到贬斥。又《新书·张九龄传》附张仲方事,谓"既驳吉甫谥,世不直其言,卒不至显"。可见张仲方的意见,当时人就不以为是。

又,张仲方此次驳议李吉甫谥,还挟有个人的私怨。《新·张九龄传》附张仲方事,载:"进累仓部员外郎。会吕温等以劾奏宰相李吉甫不实,坐斥去,仲方以温党,补金州刺史。……入为度支郎中。吉甫卒,太常谥恭懿,博士尉迟汾请谥敬宪,仲方挟前怨未已,因上议曰……"窦群、羊士谔、吕温等劾吉甫,其曲本在窦、羊等人,已见前谱。张仲方也曾牵涉而受到贬黜,这次又挟私怨丑诋吉甫之为人,可见其品格之卑下。又《全唐文纪事》卷六三《衅隙》引《册府元龟》:"严公衡为右司郎中,韦弘景为吏部郎中,元和十三年,出公衡为和州刺史,弘景为绵州刺史。初,张仲方以驳李吉甫谥得罪,或谓仲方之议,皆弘景教之,公衡又助成焉,故有是命。"韦弘景有传见两《唐书》,《新书》卷一一六本传谓"张仲方黜李吉甫谥得罪,宪宗意弘景擿助,出为绵州刺史。"可见张仲方对李吉甫之攻讦,尚有为之出谋者。

又李肇《国史补》卷中:"(李吉甫)及卒,太常议谥,度支郎中张仲方驳曰:'吉甫议信不著,又兴兵戎,以害生物,不可美谥。'其子上诉,乃贬仲方。"李肇为当时人,其言当可信,可见当时李德修、德裕兄弟为此曾上诉于朝。但未详德修此时仕何官职。

《唐六典》卷二"尚书吏部·考功"条谓:"其谥议之法,古之通典,皆审其事以为不刊(旧校云:《旧唐·志》不刊作旌别)。诸职事官三品以上、散官二品以上身亡者,其佐吏录行状申考功,考功责历任勘校下太常寺拟谥讫,覆申考功,于都堂集省内官议定,然后奏闻赠官。"此又可参见《通鉴》卷二四四文宗大和七年三月胡注引宋白语。

七月,裴度赴淮西行营督诸道兵。度辟韩愈为彰义军行军司马,

李宗闵为判官书记。

见《旧纪》、《通鉴》等所载。又据《旧书》卷一七六《李宗
闵传》，李宗闵于元和初制科事后在外镇幕府任职，李吉甫
卒，入朝为监察御史，累迁礼部员外郎，"元和十二年，宰相裴
度出征吴元济，奏宗闵为彰义军观察判官。贼平，迁驾部郎
中"。

**令狐楚与李逢吉善，二人皆不赞成对淮西用兵，宪宗用裴度言，八
月，出令狐楚翰林学士院，罢为中书舍人；九月，罢李逢吉相位。**

《通鉴》卷二四○元和十二年八月："李逢吉不欲讨蔡，翰
林学士令狐楚与逢吉善，度恐其合中外之势以沮军事，乃请
改制书数字，且言其草制失辞；壬戌，罢楚为中书舍人。"九月
载："逢吉又与裴度异议，上方倚度以平蔡，丁未，罢逢吉为东
川节度使。"

《旧书》卷一六七《李逢吉传》亦载："逢吉天与奸回，妒
贤伤善。时用兵讨淮、蔡，宪宗以兵机委裴度，逢吉虑其成
功，密沮之，由是相恶。及度亲征，学士令狐楚为度制辞，言
不合旨，楚与逢吉相善，帝皆黜之，罢楚学士，罢逢吉政事，出
为剑南东川节度使、检校兵部尚书。"《新书》卷一七四《李逢
吉传》略同。

〔辨正〕关于李逢吉元和时摈抑李德裕事辨。

《旧·李德裕传》："元和初，用兵伐叛，始于杜黄裳诛蜀。
吉甫经画，欲定两河，方欲出师而卒，继之元衡、裴度。而韦
贯之、李逢吉沮议，深以用兵为非，而韦、李相次罢相，故逢吉
常怒吉甫、裴度。而德裕于元和时，久之不调，而逢吉、僧孺、

宗闵以私怨恒排摈之。"《新·李德裕传》所载亦略同,谓"逢吉以议不合罢去,故追衔吉甫而怨度,摈德裕不得进"。

按韦贯之于元和九年十二月拜相,李逢吉于十一年二月拜相,此时吉甫已卒,李德裕丁忧未仕。而吉甫为相时,德裕因避嫌出就外镇,也谈不上受到李逢吉、韦贯之的排挤。十一年冬德裕应张弘靖辟在河东幕,则韦贯之已于十一年八月罢相,李逢吉也于十二年九月罢出。所谓李德裕元和时受李逢吉排摈,久不得调,恐与事实有舛。

七月,崔群为相。十月,李愬入蔡州,俘吴元济,淮西平。十二月,裴度复入相。

见《旧纪》、《通鉴》等。

〔编年文〕

《祭唐叔文》(《文集校笺》别集卷七)

文云:"维元和十二年,岁次丁酉,六月己未朔,二十一日己卯,河东节度使、检校吏部尚书、平章事张弘靖,敢昭告于晋唐叔之灵。"按此文末有德裕会昌四年三月十五日附记,云:"余元和中掌记戎幕,时因晋祠止雨,太保高平公命余为此文。"

元和十三年戊戌(八一八) 三十二岁

李德裕仍在河东军幕。本年代张弘靖撰进书画表:《代高平公进书画状》、《进玄宗马射图状》。

唐张彦远《历代名画记》卷一《叙画之兴废》记张弘靖富有书画,中云:"元和十三年,高平公镇太原,不能承奉中贵,为监军使内官魏弘简所忌,无以指其瑕,且骤言于宪宗曰:'张氏富有书画。'遂降宸翰,索其所珍,惶骇不敢缄藏,科简登时进献,乃以钟、张、卫、索真迹各一卷⋯⋯洎国朝名手画合三十卷表上,曰:'⋯⋯'又别进玄宗马射真图,表曰:'⋯⋯'"按《文集校笺》别集卷五有《代高平公进书画状》、《进玄宗马射图状》二文,与《历代名画记》所载基本相同。

六月,河东节度使幕府属官有与张弘靖唱和诗。

《文集校笺》别集卷三载张弘靖《山亭书怀》诗,弘靖署为"太原节度使、检校吏部尚书、平章事"。此诗后为《奉和山亭书怀》,首为李德裕,署为"节度掌书记、监察御史"。李诗之后,依次为崔恭(节度副使、检校右散骑常侍)、韩察(节度判官、侍御史)、高铢(节度推官、监察御史)、陆瀍(给事中)、胡证(右金吾卫大将军)、张贾(从侄、尚书右丞)。张贾诗后注云:"元和十三年六月十二日题。"

按《唐诗纪事》卷五九载张弘靖《山亭书怀》诗及诸人和作,文字稍有不同。《纪事》所载和作,较《别集》所载尚多一人,为崔公信,称"观察判官兼殿中侍御史"。又谓:"公信,登元和元年进士第,弘靖帅太原,辟为掌记。后以德裕代之,以公信为观察判官。"又据《新书》卷七二下《宰相世系表》二下,博陵第三房崔氏有崔恭,终汾州刺史。《全唐文》卷四八〇载崔恭文一篇:《唐右补阙梁肃文集序》。故《唐诗纪事》(卷五九)称"恭能文,尝叙梁肃文集"。张贾则与刘禹锡、韩愈均有交往（刘禹锡有《赴连州途经洛阳诸公置酒相送张员外贾以诗见赠率尔酬之》、《赴连山途次德宗山陵寄张员外》等诗）。陆澧之兄陆澧与大历时诗人如皇甫曙等有交往。可见当日弘靖幕府之人才。

〔辨正〕**旧说本年温庭筠约七岁，曾于太原谒见李德裕。误。**

　　温庭筠《感旧陈情五十韵献淮南李仆射》（顾嗣立重订《温飞卿诗集笺注》卷六），中云："嵇绍垂髫日，山涛筮仕年。琴樽陈座上，纨绮拜床前。"顾肇仓《温庭筠感旧陈情五十韵献淮南李仆射诗旧注辨误》一文谓诗题中之"淮南李仆射"即李德裕，又云："是数年中，德裕在太原，时年三十余。而飞卿籍隶太原，又为名公之后。温、李二族，定属通家。髫龄拜谒，或系记在太原时之事。二人年龄相悬且三十岁，则嵇绍、山涛之喻，自甚切合。"（《国文月刊》）。夏承焘《温飞卿系年》（《唐宋词人年谱》）同此说，并定温庭筠生于元和七年，本年约七岁。按温诗之淮南李仆射为李绅，非德裕，详见陈尚君《温庭筠早年事迹考辨》（载所著《唐代文学丛考》，中国社会科学出版社 1997 年 10 月版）。

唐人小说载李德裕在太原时即已嫉进士举，所载不可信。

　　唐无名氏《玉泉子》载："李德裕以已非由科第，恒嫉进士举者，及居相位，贵要束手。德裕尝为藩府从事日，同院李评事以词科进，适与德裕官同。时有举子投文轴误与德裕，举子既误，复请之曰：'某文轴当与及第李评事，非与公也。'由是德裕志在排斥。"（此又见《唐语林》卷七"补遗"，文字稍有异同，《语林》当即本《玉泉子》。）

按李德裕在太原时，其带中朝官之宪衔为大理评事，故此处云同院李评事适与德裕官同。但德裕并不从根本上反对进士科，详后谱所辨，此当为晚唐牛党文人所编造。

七月，讨淄青李师道。八月，王涯罢知政事，为兵部侍郎。前山南节度使权德舆卒。九月，皇甫镈为相。

见《旧纪》等。

本年，李石、柳仲郢、刘轲登进士科，中书舍人庾承宣知贡举（徐松《登科记考》卷十八）。

〔编年文〕

《代高平公进书画状》（别集卷五）

《进玄宗马射图状》（别集卷五）

按据《新书》卷一二七《张弘靖传》，弘靖于元和时曾封高平县侯。又，此二文亦载《历代名画记》卷一《叙画之兴废》，文字小有异同，可取以比勘。《名画记》并载宪宗批答，云："卿庆传台铉，业嗣弓裘，雄词冠于一时，奥学穷乎千古。图书兼蓄，精博两全。别进《玄宗马射真图》，恭获披捧，瞻拜感咽，圣灵如临。其钟、张等书，顾、陆等画，古今共宝，有国所珍。朕以视朝之余，得以寓目，因知丹青之妙，有合造化之功，欲观象以省躬，岂好奇而玩物。况烦章奏，嘉叹良深。"

〔编年诗〕

《赠圆明上人》（别集卷三）

《赠奉律上人》（别集卷三）

《戏赠慎微寺主道安上座三僧正》（别集卷三）

按此三诗之后注云："元和十三年二月十九日题。石寺废,移崇福寺木塔院,陷石于东壁。"三诗皆为七绝,当为同时所作。

《奉和山亭书怀》(别集卷三)

《全唐诗》卷四七五所载题作《奉和太原张尚书山亭书怀》。

《奉和韦侍御陪相公游开义五言六韵》(别集卷三)

按此诗排列于《奉和山亭书怀》之后,题下署为"节度掌书记、监察御史里行、赐绯鱼袋李德裕"。诗中云"石渠清夏气,高树激鲜飙",或即为同年夏日作。

元和十四年己亥(八一九) 三十三岁

五月,随张弘靖入朝,除监察御史。

《旧传》:"十四年,府罢,从弘靖入朝,真拜监察御史。"《新传》未载年岁,仅言"府罢,召拜监察御史"。按据《旧纪》,元和十四年五月,"丙戌,以河东节度使、检校吏部尚书、同平章事张弘靖为吏部尚书"。德裕当于本年五月随张弘靖入朝。又据《旧纪》,张弘靖旋于同年八月出为汴州刺史、宣武军节度使,而李德裕则仍在朝中供职,未随弘靖赴宣武。

刘禹锡《和浙西李大夫示述梦四十韵并浙东元相公和斐然继声》诗,曾追叙德裕自太原归朝事云:"车骑方休汝,归来欲效陶(自注:大夫罢太原从事,归京师)。南台资謇谔,内署选风骚。"(《刘禹锡集笺证》卷七)

〔辨正〕关于李德裕在太原交结宦官之记载。

　　　　《册府元龟》卷九四五《总录部·巧宦》:"李德裕,宪宗时为太原府司录参军时,谓监军李国澄曰:'何不以近贵取事,而自滞于外阃乎?'国澄曰:'岂所不欲,其如贫何!'乃许借钱十万贯,促国澄赴阙。国澄初未为信,及至阙,咸如其诺,寻除中尉。遂为中人所称。"

　　　　按此谓李德裕在太原交结监军李国澄,借钱十万贯,使李国澄得以在长安谋求美职,不久即除中尉,而德裕"遂为中人所称"。此事不足信。德裕如汲汲于仕途,则在其父为宰相时即可干进。

　　　　且无论吉甫与德裕,父子二人皆无为中人所称之记载。德裕在河东军,为掌书记,非仅司录参军,可见杜撰者之昧于情事。此亦为晚唐仇李德裕者所编造。

正月,宪宗令往凤翔法门寺迎佛骨,刑部侍郎韩愈上疏极谏,愈被贬为潮州刺史。二月,淄青都知兵马使刘悟斩李师道,淄青平。(《通鉴》谓:"自广德以来,垂六十年,藩镇跋扈河南、北三十余州,自除官吏,不供贡赋,至是尽遵朝廷约束。")四月,裴度为皇甫镈所排挤,罢知政事,出为河东军节度使。七月,皇甫镈引令狐楚为相。十二月,崔群亦为皇甫镈所排,罢相,出为湖南观察使。

　　　　见《旧纪》、《通鉴》等。

本年,马植、李让夷登进士科,中书舍人庾承宣知贡举(徐松《登科记考》卷十八)。

〔编年文〕

　　　　《掌书记厅壁记》(别集卷七)

记云:"丙申岁,丞相高平公始自枢衡,以膺谋帅,以右拾遗杜君为主记……次用殿中侍御史崔君,德裕获接崔君之后。"文末又署曰"元和十四年四月十一日"。此时当尚未离太原。

元和十五年庚子(八二〇) 三十四岁

正月庚子,宪宗为宦官所杀害,穆宗立。

闰正月,李德裕与李绅、庾敬休同时任命为翰林学士。

《旧书》卷十六《穆宗纪》元和十五年闰正月甲寅,"以监察御史李德裕、右拾遗李绅、礼部员外郎庾敬休并守本官,充翰林学士"。

丁居晦《重修承旨学士壁记》:"李绅,元和十五年闰正月十三日自右拾遗内供奉充。二月一日赐绯,二十日迁右补阙。"又李绅《趋翰苑遭诬构四十六韵》(《全唐诗》卷四八〇),中云:"九五当乾德,三千应瑞符。篡尧昌圣历,宗禹盛丕图(自注:穆宗正月登位)。画象垂新令,消兵易旧谟。选贤方去智,招谏忽升愚(自注:穆宗听政五日,蒙恩除右拾遗,与淮南李公召入翰林也)。"按正月甲寅朔,正月三日穆宗即位,德裕入翰林在穆宗即位以后,《旧纪》云甲寅,误,当在三日以后。

又,庾敬休有传,见《旧书》卷一八七下,《新书》卷一六一。《旧传》称其"姿容温雅,襟抱夷旷,不饮酒茹荤,不迩声色。著《喻善录》七卷”。卒于大和九年三月,时为尚书左丞。德裕为西川节度使时,敬休曾与商议茶税钱事(详后谱)。

德裕充翰林学士,得穆宗信用,二月,又加屯田员外郎。

《旧传》:“明年正月,穆宗即位,召入翰林充学士。帝在东宫,素闻吉甫之名,既见德裕,尤重之。禁中书诏,人于笔多诏德裕草之。是月,召对思政殿,赐金紫之服。逾月,改屯田员外郎。”《新传》:“穆宗即位,擢翰林学士。帝为太子时,已闻吉甫名,由是顾德裕厚,凡号令大典册,皆更其手。数召见,赉奖优华。”

丁居晦《重修承旨学士壁记》:“李德裕,元和十五年闰正月十三日自监察御史充,二月一日赐紫,二十日加屯田员外郎。”

贾𢽾《赞皇公李德裕政碑》(《全唐文》卷七三一):“累至监察御史。元和十五年,以本官召充翰林学士。时穆宗皇帝初嗣位,对见之日,即赐金紫,迁屯田员外郎。”

据《新书·百官志》,监察御史正八品下,屯田员外郎从六品上,由监察御史改屯田员外郎,故可曰迁。

翰林学士,中唐以后,其职始重,时号“内相”。《唐会要》卷五七《翰林院》条谓:“至德已后,军国务殷,其入直者,并以文词,共掌诏敕,自此翰林院始有学士之名。”据丁居晦《重修承旨学士壁记》,本年翰林学士除李德裕、李绅、庾敬休外,尚有:段文昌、沈传师、杜元颖、李肇、韦处厚、路隋、柳公权。

正月，丁未，贬皇甫镈为崖州司户。七月，令狐楚罢相，为宣歙池观察使；八月己未，再贬为衡州刺史。

《旧书》卷一七二《令狐楚传》："楚再贬衡州刺史。时元稹初得幸，为学士，素恶楚与镈胶固希宠，稹草楚衡州制，略曰：'楚早以文艺，得践班资，宪宗念才，擢居禁近。异端斯害，独见不明，密赞讨伐之谋，潜附奸邪之党。因缘得地，进取多门，遂忝台阶，实妨贤路。'楚深恨稹。"按《唐大诏令集》卷五七"贬降"上载《令狐楚衡州刺史制》，题下即署为元稹撰。"密赞讨伐之谋"即指楚为翰林学士时与李逢吉相结，阻挠对淮西用兵，卒为裴度所奏，罢其学士之职。

五月，元稹为祠部郎中、知制诰。

《通鉴》卷二四一元和十五年："初，膳部员外郎元稹为江陵士曹，与监守军崔潭峻善。上在东宫，闻宫人诵稹歌诗而善之；及即位，潭峻归朝，献稹歌诗百余篇。上问稹安在，对曰：'今为散郎。'夏五月庚戌，以稹为祠部郎中、知制诰。朝论鄙之。"

按元稹之得穆宗信用，《通鉴》等史籍皆以为得宦官崔潭峻等之助，此尚有可疑，本书暂不置辨，姑录《通鉴》文以资参考。

九月，李宗闵为中书舍人。

《旧纪》元和十五年九月，"乙巳，以驾部郎中、知制诰李宗闵为中书舍人"。又《新书》卷一七四《李宗闵传》："蔡平，迁驾部郎中、知制诰。穆宗即位，进中书舍人。"

十二月，牛僧孺为御史中丞。

《旧纪》元和十五年十二月，"己丑，以库部郎中、知制诰牛僧孺为御史中丞"。又《旧书》卷一七二《牛僧孺传》："穆宗即位，以库部郎中知制诰。其年十一月，改御史中丞。以州府刑狱淹滞，人多冤抑，僧孺条疏奏请，按劾相继，中外肃然。"

李钰《故丞相太子少师赠太尉牛公神道碑铭并序》(《全唐文》卷七二〇)："穆宗即位，宰相称其能，迁库部郎中，掌书命，召对与语，上德之，面赐五品服，未几，迁中丞。"按此时宰相为萧俛、段文昌、崔植。

十二月，白居易为主客郎中、知制诰。

《旧纪》元和十五年二月，"丙申，以司门员外郎白居易为主客郎中、知制诰"。

本年，郑亚、卢弘止、李中敏登进士科，太常少卿李建知贡举（徐松《登科记考》卷十八）。

〔编年诗〕

《吐绶鸟词》(佚)

刘禹锡有《吐绶鸟词》。《刘禹锡集笺证》外集卷七，自序云："滑州牧尚书李公以《吐绶鸟词》见示，兼命继声。盖尚书前为御史时所作，有翰林二学士同赋之。今所谓追和也。鸟之所异，具于首篇。"刘之此诗作于大和四年（详后）。李德裕于大和四年为滑州刺史，故云滑州牧李公。刘序云李之原诗作于御史时，且有翰林二学士同赋，则当在本年正、二月间，此时德裕正以监察御史充翰林学士，二月则改屯田员外郎，不当再称御史。按李德裕《怀崧楼记》(别集卷七)有云：

"元和庚子岁,予获在内庭,同僚九人。"九人即李绅、杜元颖、元稹、韦处厚、路隋、沈传师、庾敬休、李肇。此"翰林二学士"或即为李绅、元稹。刘序云"鸟之所异,具于首篇","首篇"即德裕之原作也。今李诗已佚,幸赖刘诗及序知其大概。今录刘诗,以备考索:"越山有鸟翔寥廓,嗉中天缓光若若。越人偶见而奇之,因名吐绶江南知。四明天姥神仙地,朱鸟星精钟异气。赤玉雕成彪炳毛,红绡翦出玲珑翅。湖烟始开山日高,迎风吐绶盘花條。临波似染琅邪草,映叶疑开阿母桃。花红草绿人间事,未若灵禽自然贵,鹤吐明珠暂报恩,鹊衔金印空为瑞。春和秋霁野花开,玩景寻芳处处来。翠幕雕笼非所慕,珠丸柘弹莫相猜。栖月啼烟凌缥缈,高林先见金霞晓。三山仙路寄遥情,刷羽扬翅欲上征。不学碧鸡依井络,愿随青鸟向层城。太液池中有黄鹄,怜君长向高枝宿。如何一借羊角风,来听箫韶九成曲。"

《长安秋夜》(别集卷三)

诗云:"内宫传诏问戎机,载笔金銮夜始归。万户千门皆寂寂,月中清露点朝衣。"当为本年前后在长安作。

穆宗长庆元年辛丑(八二一) 三十五岁

德裕本年仍为翰林学士。正月,上疏言驸马不得至要官私第。

《旧纪》长庆元年正月,"己酉,以前检校大理少卿、驸马都尉刘士泾为太仆卿。给事中韦弘景、薛存庆封还诏书,上谕之曰：'士泾父昌有边功，久为少列十余年，又以尚云安公主，朕欲加恩，制官敕下。'制命始行。翰林学士、司勋员外郎李德裕上疏曰：'臣见国朝故事，驸马国之亲密，不合与朝廷要官往来，开元中禁止尤切。近日驸马多至宰相及要官宅，此辈无他才可以延接，唯是漏泄禁密，交通中外。伏望宣示驸马等，今后有事任至中书见宰臣，此外不得至宰臣及台省官私第。'从之"。《旧传》并谓："穆宗不持政道，多所恩贷，戚里诸亲，邪谋请谒，传导中人之旨，与权臣往来。德裕嫉之，长庆元年正月，上疏论之曰……"按此又见《唐会要》卷五七《翰林院》条。

二月，元稹为翰林学士，与李德裕、李绅相善，时称"三俊"。

丁居晦《重修承旨学士壁记》："元稹，长庆元年二月十六日自祠部郎中、知制诰充，仍赐紫；十七日拜中书舍人；十月迁工部侍郎出院。"又可参见元稹《承旨学士院记》。由此可知李德裕与元稹同在翰林院只可能在本年二月至十月。

《旧·李德裕传》："时德裕与李绅、元稹俱在翰林，以学识才名相类，情颇款密。"又《旧书》卷一七三《李绅传》："岁余，穆宗召为翰林学士，与李德裕、元稹同在禁署，时称'三俊'，情意相善。"

按李德裕有《述梦诗四十韵》（别集卷三），系在浙西观察使时作，追忆翰林时情景，诗前自序所谓"忽梦赋诗怀禁掖旧游"。诗中云："赋命诚非薄，良时幸已遭。君当尧舜日，官接凤凰曹。目睇烟霄阔，心惊羽翼高。椅梧连鹤禁，璇坄接龙韬（自注：内署北连春宫，西接羽林军）。我后怜词客（自

注:先朝曾宣谕:卿等是我门客),吾僚并隽髦。著书同陆贾,待诏比王褒。重价连悬璧,英词淬宝刀。……静室便幽独,虚楼散郁陶(自注:学士各有一室,西垣有小楼,时宴语于此)。花光晨艳艳,松筠晚骚骚。画壁看飞鹤,仙图见巨鳌(自注:内署垣壁,比画松鹤。先是西壁画海中曲龙山,宪宗曾欲临幸,中使惧而涂焉)。倚檐阴药树,落格蔓蒲桃(自注:此八句悉是内署中物,惟尝游者,依然可想也)。荷静蓬池鲙,冰寒郢水醪(自注:每学士初上赐食,皆是蓬莱池鱼鲙,夏至后赐及颁烧香酒。以酒味稍浓,每和水而饮,禁中有郢酒坊也)。荔枝来自远,芦橘赐仍叨(自注:先朝初临御,南方曾献荔枝,亦蒙颁赐,自后以道远罢献也)。"按,这首诗不但描述了德裕与元稹等在翰林供职的情景,而且记载了唐代翰林学士院的所在地,内部布置以及生活情况,对研究唐代的翰林学士制度颇有史料价值。

又元稹有《奉和浙西大夫李德裕述梦四十韵,大夫本题言赠于梦中诗赋以寄一二僚友,故今所和者亦止述翰苑旧游而已,次本韵》(《全唐诗》卷四二三),其中也述及稹与德裕同在翰林供职及在长安同游情况,摘录如下:"戈矛排笔阵,貔虎让文韬。彩缋鸾凰颈,权奇骥骒髦。……金刚锥透玉,镔铁剑吹毛(自注:自戈矛而下,皆述大夫刀笔赡盛,文藻秀丽,翰苑谟猷,纶诰褒贬,功多名将,人许三公,世总台纲,充学士等矣)。""阿阁偏随凤(自注:大夫与稹偏多同直),方壶共跨鳌。……代予言不易,承圣旨偏劳(自注:稹与大夫,相代为翰林承旨)。……渥泽深难报,危心过自操。犯颜诚恳恳恳,腾口惧切切。佩宠虽絅绥,安贫尚葛袍。宾亲多谢绝,延荐必英豪(自注:自阿阁而下,皆言积同在翰林日,居处深秘,与频繁奉职、勤劳、畏慎、周密等事也)。分阻杯盘会,闲随寺观邀(自注:学士无过从聚会之例,大夫与积,时时期于寺观闲行而已矣)。祇园一林杏(自注:慈恩),仙洞万株桃(自注:玄都)。"

元稹《寄浙西李大夫四首》(《全唐诗》卷四一七),其二、三两首也记同在翰林时事,云:"蕊珠深处少人知,网索西临太液池。浴殿晓闻天语后,步廊骑马笑相随(自注:网索在太液上,学士候对,歇于此)。""禁林同直话交情,无夜无曾不到明。最忆西楼人静夜,玉晨钟磬两三声(自注:玉晨观在紫宸殿后面也)。"

又李绅有《忆夜直金銮殿殿承旨》(《全唐诗》卷四八〇),也写翰林供职情事,可资参考。

按《旧·李德裕传》云:"禁中书诏,大手笔多诏德裕草之。"又《新传》:"帝为太子时,已闻吉甫名,由是顾德裕厚,凡号令大典册,皆更其手。"当时制诏可能以德裕与元稹为名重一时,而元稹更注意于改革旧体,创为新体。白居易《唐故武昌军节度处置等使河南元公(稹)墓志铭》(《白居易集》卷七十)谓:"制诰,王言也,近代相沿,多失于巧俗。自公下笔,俗一变至于雅,三变至于典谟,时谓得人。"

二月,沈传师迁中书舍人,出翰林院,判史馆事。德裕在翰林时亦与沈传师善,自此之后,二人时有诗唱和,交谊甚深。

丁居晦《重修承旨学士壁记》:"沈传师,元和十二年二月十三日自左补阙、史馆修撰充。十三年正月十三日迁司门员外郎;二月十八日赐绯。十五年正月二十三日加司勋郎中;闰正月一日赐紫,二十一日加兵部郎中,知制诰。长庆元年二月二十四日迁中书舍人,二月十九日出守本官,判史馆事。"

按此云沈传师于长庆元年二月出院,经查核,欧阳修《集古录跋尾》(见《欧阳修全集》卷一四一,中华书局点校本,2001年),卷八著录《唐韩愈罗池庙碑》,引有《穆宗实录》,云:"长庆二年二月,传师自尚书兵部郎中、翰林学士罢为中书舍人、史馆修撰;其九月,愈自兵部侍郎迁吏部。"韩愈确于长庆二年九月由兵部侍郎迁为吏部侍郎,则沈传师亦当于长庆二年二月出院。不过,此处所引之《穆宗实录》谓沈传师由兵部郎中罢为中书舍人,则误,因沈传师在翰林院期间已由兵部郎中(从五品上)迁为中书舍人(正五品上),何以又谓出院时以兵部郎罢为中书舍人?故仍据丁《记》,列于长庆元年,特加辨证,以供参考。

《新书》卷一三二《沈传师传》:"召入翰林为学士,改中书舍人。翰林缺承旨,次当传师,穆宗欲面命,辞曰:'学士院长参天子密议,次为宰相,臣自知必不能,愿治人一方,为陛下长养之。'因称疾出。帝遣中使敦召。李德裕素与善,开晓谆切,终不出。遂以本官兼史职。"此事杜牧《唐故尚书吏部侍郎赠吏部尚书沈公行状》(《樊川文集》卷十四)已述及,且较详,云:"时穆宗皇帝亲任学士,时事机秘,多考决在内,必取其长,循为宰相。……岁久,当为其长者凡再,公皆逡巡不就。……故相国李公德裕与公同列友善,亦欲公之起,辞说甚切,公终不出。"

德裕后在润州作《招隐山观玉蕊树戏书即事奉寄江西沈大夫阁老》(别集卷三),曾忆与沈传师同在翰林院时情事,有云:"玉蕊天中树,金闺昔共窥。落英开舞雪,密叶乍低帷。"自注谓:"内署沈大夫所居门前有此树,每花落,空中回旋久之,方集庭际。大夫草诏之月,皆邀予同玩。"沈传师亦有和作(见《全唐诗》卷四六六)。

三月,李德裕为考功郎中,依前知制诰、翰林学士。

丁居晦《重修承旨学士壁记》记德裕"长庆元年三月二十三日改考功郎中、知制诰"。又《旧纪》长庆元年三月,"己未,以屯田员外郎李德裕为考功郎中,左补阙李绅为司勋员外郎,并依前知制诰、翰林学士"。

按元稹《承旨学士院记》谓:"李德裕,长庆元年正月二十九日以考功郎中知制诰、翰林学士,赐绯鱼袋;二月四日迁中书舍人充,余如故;十九日改御史中丞,出院。"按此处所记多误:(一)德裕上年即为翰林学士,非始自本年。(二)加考功郎中为本年三月,非正月。(三)迁中书舍人及御史中丞皆为长庆二年,非元年。

陈振孙《直斋书录解题》卷六职官类著录元稹《承旨学士院记》一卷,云:"专载承旨姓名,自贞元二十一年郑䌐,至元和十五年杜元颖并稹,为十二人。末又有李德裕、李绅、韦处厚三人,盖后人所益也。"则无怪记时多误也。

〔辨正〕关于本年三、四月间之科试案。

本年三月科试,李宗闵等因涉请托,罢官外出。《旧唐书·李宗闵传》与《通鉴》以为这次事件也与李德裕有关,李德裕与李宗闵从此时起,各分朋党,互相倾轧,垂四十年。实则所载皆不确,今为之辨正如下。

《通鉴》卷二四一长庆元年三月载:"翰林学士李德裕,吉甫之子也,以中书舍人李宗闵尝对策讥切其父,恨之。宗闵又与翰林学士元稹争进取有隙。右补阙杨汝士与礼部侍郎钱徽掌贡举,西川节度使段文昌、翰林学士李绅各以书属所善进士于徽;及榜出,文昌、绅所属皆不预,及第者,郑朗,覃之弟;裴撰,度之子;苏巢,宗闵之婿;杨殷士,汝士之弟也。文昌言于上曰:'今岁礼部殊不公,所取进士皆子弟无艺,以关节得之。'上以问诸学士,德裕、稹、绅皆曰:'诚如文昌言。'上乃命中书舍人王起等覆试。夏四月丁丑,诏黜朗等十人,贬徽江州刺史,宗闵剑州刺史,汝士开江令。或劝徽奏文昌、绅属书,上必悟,徽曰:'苟无愧心,得丧一致,奈何奏人私书,岂士君子所为邪!'取而焚之,时人多之。……自是德裕、宗闵各分朋党,更相倾轧,垂四十年。"

按《通鉴》所载,以为钱徽等所贬,李德裕在其中起重要作用,而且认为德裕之所以如此,是由于元和三年李宗闵对策讥切其父吉甫之故。这完全是司马光想当然之词。前已辨明,元和三年李宗闵、牛僧孺、皇甫湜制科案,与李吉甫无关,因此也不存在长庆元年李德裕借机报复之事。据现存史料,长庆元年之科试案,李德裕实并未介入,除《通鉴》及《旧书·李宗闵传》外,均不载李德裕与此次事件有关。对钱徽、李宗闵攻击最力者,实为元稹。《通鉴》所谓自此党争垂四十年,岑仲勉曾指出其时间上所存在的矛盾,谓:"推《旧传》(琼按即《旧·李宗闵传》)之意,系由元和三年(八〇八)制策案起,数至大中初元(八四七),恰符四十之数。《新书》一七四《宗闵传》只过录《旧书》,故措辞亦含胡。司马光修《通鉴》,明知元和时代僧孺等无与吉甫对抗立党之可能,于是变易其文,在长庆元年下书称:'自是德裕、宗闵各分朋党,更相倾轧,垂四十年。'一面似已替《旧传》弥缝,另一方面却又自开漏洞。因为自长庆元年(八二一)起,须计至咸通初元(八六〇),才够四十之数,即使承认德裕得势时有党,然自彼外贬后十余年间,事实上并无人继而代之(观德裕在崖州与姚谏议书所云'平生旧知,无复吊问'可以反映),从何施其倾轧?故《通鉴》改写,反不如因仍旧贯,表面尚说得去矣。"

今按新旧《唐书·李宗闵传》载此事皆涉及李德裕,《旧传》:"长庆元年,子婿苏巢于钱徽下进士及第,其年,巢覆落。宗闵涉请托,贬剑州刺史。时李吉甫子德裕为翰林学士,钱徽榜出,德裕与同职李绅、元稹连衡言于上前,云徽受请托,所试不公,故致重覆。比相嫌恶,因是列为朋党,皆挟邪取权,两相倾轧。自是纷纭排陷,垂四十年。"《新·李宗闵传》略同。

按关于本年科试案,诸史所载,以《旧书》卷一六八《钱徽传》为最详,云:"长庆元年,为礼部侍郎。时宰相段文昌出镇蜀川,文昌好学,尤喜图书古画。故刑部侍郎杨凭兄弟以文学知名,家多书画,钟、王、张、郑之迹在《书断》、《画品》者,兼而有之。凭子浑之求进,尽以家藏书画献文昌,求致进士第。文昌将发,面托钱徽,继以私书保荐。翰林学士李绅亦托举子周汉宾于徽。及榜出,浑之、汉宾皆不中选。李宗闵与元稹素相厚善,初稹以直道谴逐久之,及得还朝,大改前志,由径以徽进达,宗闵亦急于进取,二人遂有嫌隙。杨汝士与徽有旧,是岁,宗闵子婿苏巢及汝士季弟殷士俱及第。故文昌、李绅大怒。文昌赴镇,辞日,内殿面奏,言徽所放进士郑朗等十四人,皆子弟艺薄,不当在选中。穆宗以其事访于学士元稹、李绅,二人对与文昌同。遂命中书舍人王起、主客郎中知制诰白居易,于子亭重试,内出题目《孤竹管赋》《鸟散余花落诗》,而十人不中选。诏曰:'国家设文学之科,本求才实,苟容侥幸,则异至公。访闻近日浮薄之徒,扇为朋党,谓之关节,干挠主司。每岁策名,无不先定,永言败俗,深用兴怀。郑朗等昨令重试,意在精核艺能,不于异书之中,固求深僻题目,贵令所试成就,以观学艺浅深。孤竹管是祭天之乐,出于《周礼》正经,阅其呈试之文,都不知其本事,辞律鄙浅,芜累亦多。比令宣示钱徽,庶其深自怀愧,诚宜尽弃,以警将来。但以四海无虞,人心方泰,用弘宁抚,式示殊恩,特掩尔瑕,庶明予志。孔温业、赵存约、窦洵直所试粗通,与及第;裴撰特赐及第,郑朗等十人并落下。……' 寻贬徽为江州刺史,中书舍人李宗闵剑州刺史,右补阙杨汝士开江令。初议贬徽,宗闵、汝士令徽以文昌、李绅私书进呈,上必开悟,徽曰:'不然。苟无愧心,得丧一致,修身慎行,安可以私书相证耶?' 令子弟焚之,人士称徽长者。既而穆宗知其朋比之端,乃下诏曰：'……我国家贞观、开元，同符三代，风俗归厚，礼让皆行。兵兴已来，人散久矣，始欲导之以德，不欲驱之以刑。然而信有未孚，理有未至，曾无耻格，益用雕刓。小则综核之权，见侵于下辈；大则枢机之重，旁挠于薄徒。尚念因而化之，亦冀去其尤者。而宰臣惧其浸染，未克澄清。备引祖宗之书，愿垂劝诫之诏，遂伸告谕，颇用殷勤。各当自省厥躬，与我同底于道。'元稹之辞也。制出，朋比之徒，如挞于市，咸睚眦于绅、稹。"按，此元稹之制词，又见《全唐文》卷六五〇所载，题作《诫励风俗德音》，又见《唐大诏令集》卷一一〇载，题《诫励风俗诏》，注"长庆元年四月"。

又《旧书》卷一六四《王起传》亦载此事，云："长庆元年，迁礼部侍郎。其年，钱徽掌贡士，为朝臣请托，人以为滥。诏起与同职白居易覆试，覆落者多，徽贬官，起遂代徽为礼部侍郎，掌贡二年，得士尤精。先是，贡举猥滥，势门子弟，交相酬酢，寒门俊造，十弃六七。及元稹、李绅在翰林，深怒其事，故有覆试之科。"《册府元龟》卷六四〇《贡举部·条制二》所载长庆三年王起知贡举一节，与此略同。

由上述材料，可以得出两点：（一）对钱徽这次知贡举所取士攻击最力者为元稹、李绅，尤其是元稹，对穆宗陈言此次考试不公的有他，后来起草诏词深斥朋党比周为害的是他，因此，"制出，朋比之徒，如挞于市，咸睚眦于绅、稹"。他如杨汝士传、段文昌传等都未提及李德裕，两《唐书·李德裕传》根本不载长庆元年科场案事，此无他，即因此事本来就与德裕无关。就在这时，无论是牛僧孺，或是李宗闵，与李德裕还未有政治上和私人意气上的争执。《通鉴》所谓李德裕与李宗闵从此各立朋党，互相倾轧，并无事实根据。当然，当时在翰林院中，德裕与元稹、李绅较为亲密，李宗闵等党徒因怨恨元稹，因而也一并嫉恨李德裕，这是可能的，再加以后来牛、李之党争起，晚唐史籍中叙述这次科试案时就将李德裕拉扯进去。（二）这次科试案的是非曲直，元稹是站在正确的一边。唐朝科举取士，因为是采取不糊名制，事先请托的事是习见不鲜的，如杜牧后于大和二年登进士科，即是吴武陵于考试前向主考官推荐的。问题在于考官是否公正，所取之士是否能乎众望。钱徽这次所取之士，据多种史料记载，确有两大弊病，一是贵门势要之子弟多，二是才艺猥下。《旧唐书·王起传》所谓"势门子弟，交相酬酢，寒门俊造，十弃六七"，因此"元稹、李绅在翰林，深怒其事"。当时白居易是站在中立立场的，采取不偏不倚的态度，他在《论重考试进士事宜状》（《白居易集》卷六十）中也说这次及第进士中，"子弟得者侥幸，平人落者受屈"，因此进行覆试，"乃至公至平，凡是平人，孰不庆幸"。由此可见，这次科试案，实是非豪门势要的士人对贵门势要在科举试中的一次斗争。《旧唐书·钱徽传》及《通鉴》等把它说成是元稹与李宗闵私人之间争权夺利之争，是不对的。

德裕兄德修任膳部员外郎。

《白居易集》卷四九中书制诰《李德修除膳部员外郎制》："敕：尚书左士（顾校：《文苑英华》士作曹，马本、《全唐文》无左士二字）郎，自奏议弥纶外，凡邦之牲豆之品，醴膳之数,实纠理之。命文昌长佐春官卿(顾校:卿字疑误),以朝散大夫、守秘书丞、上柱国李德修,籍训于台庭,业官于书府,揆才考第,得补为郎。司膳缺员,尔宜专掌。可尚书膳部员外郎,馀如故。"

按《新书·李吉甫传》:"子德修,亦有志操,宝历中为膳部员外郎。"白居易于元和十五年十二月知制诰,长庆二年七月由中书舍人出任杭州刺史。这篇制词只能作于此一时期中。又宝历元年李德修已出为舒州刺史(详后宝历元年谱),《新传》谓宝历中为膳部员外郎,当误。德修之任膳部员外郎,当在长庆元年、二年间。

五月,太和公主出嫁回纥。

《旧纪》长庆元年五月癸亥,"皇妹太和公主出降回纥登罗骨没施合毗伽可汗。甲子,命金吾大将军胡证充送公主入回纥使,兼册可汗;又以太府卿李锐为入回纥婚礼使"。太和公主为宪宗女。此事又可参见《旧书》卷一九五《回纥传》、《新书》卷二一七下《回鹘传》下。

牛僧孺时为御史中丞,因论宿州刺史李直臣赃罪,能执法不阿,为穆宗所器重。本年六月,特赐金紫。

杜牧《唐故太子少师奇章郡开国公赠太尉牛公墓志铭并序》(《樊川文集》卷七):"半岁,迁御史中丞。宿州刺史李直臣以赃数万败,穆宗得偏辞于中,称直臣冤,且言有才,宰相言格不用。公以具狱奏,上曰:'直臣有才可惜。'公曰:'彼不才者,无饱食以足妻子,安足虑。本设法令,所以缚束有才者,禄山、朱泚,是才过人而乱天下。'上因可奏,曰善,赐章服金紫。"又李珏所作牛僧孺神道碑铭亦载此事,曰:"有武将李直臣为宿州刺史,豪夺聚敛,以货数百万厚结权贵。公按之,为有力者排,几不胜,竟以词坚理直,上意回,直臣乃得罪。由是上以清直知,又面赐金紫。"《旧纪》长庆元年六月,"甲申,赐御史中丞牛僧孺金紫"。可见牛僧孺按问李直臣赃罪在本年上半年,或即在五、六月间,故于六月甲申赐金紫。按牛僧孺在前半生尚有政绩可纪,与李宗闵不同,李宗闵则无论在朝中,在外任,无论一生之前后,皆无善政可纪,纯为乘利干进、结党争权的小人。又,牛僧孺此时与李德裕也无交涉,更无所谓党争的问题。

本年十一月戊午,试制科举人,制词为李德裕所起草。

　　参徐松《登科记考》卷十九据《唐大诏令集》。

本年,卢简求等登进士科,崔瑕、崔龟从、沈亚之登贤良方正能直言极谏科,礼部侍郎钱徽知贡举(徐松《登科记考》卷十九)。

〔编年文〕

　　《驸马不许至要官私第状》(别集卷五)

　　作于本年正月,见《旧传》,又见前谱中所述。

　　《杜元颖平章事制》(《唐大诏令集》卷四七)

　　按此文收载于《唐大诏令集》卷四七,题下署为李德裕作,文末署"长庆元年二月"。又见《全唐文》卷六四穆宗名下,题作《授杜元颖平章事制》。文集未收,可补入。《旧纪》长庆元年二月壬申,"以朝散大夫、尚书户部侍郎、知制诰、翰林学士、上柱国、建安县开国男杜元颖守本官、同中书门下平章事"。杜元颖亦为德裕在翰林院中好友,尔后多有交往,杜

卒后德裕有诗悼念,会昌执政时又曾上疏请追复元颖官,详
后谱。

长庆二年壬寅(八二二)　三十六岁

德裕于正月二十九日加翰林学士承旨,二月四日迁中书舍人,二月十九日改御史中丞,出院。

　　丁居晦《重修承旨学士壁记》:"李德裕……(长庆)二年
正月二十九日加承旨,二月四日迁中书舍人,十九日改御史
中丞出院。"

　　《旧纪》长庆二年二月,"丁卯,以考功郎中、知制诰李德
裕为中书舍人,依前翰林学士"。同月辛巳,"翰林学士、中书
舍人李德裕为御史中丞"。

　　按《旧传》云:"时德裕与李绅、元稹俱在翰林,以学识才
名相类,情颇款密,而逢吉之党深恶之。其月,罢学士,出为
御史中丞。"《通鉴·考异》曾引此,并论之曰:"此际元稹入
相,逢吉在淮南,岂能排摈德裕! 盖出于德裕党人之语耳。"
按《旧传》此处仅谓德裕与元稹、李绅同在翰林,情颇款密,以
此为李逢吉之党所恶。至二月罢学士、出院、任御史中丞,则
叙另一事,《旧传》似并无出院由李逢吉党排挤之意。司马光
对李德裕先有成见,故作如此理解,并谓此乃出于德裕党人
之手,则纯系揣测之词。李德裕出为御史中丞与李逢吉无
关,至本年九月外出为润州刺史则与李逢吉直接有关,详

后谱。

三月,荐故东都留守李憕子源为谏议大夫。

文集补遗有《荐处士李源表》。按源为东都留守李憕子,
憕死于安禄山之难,见《旧书》卷一八七下《忠义传》下,《新
书》卷一九一《忠义传》上。源因"父死贼手,常悲愤,不仕不
娶,绝酒荤"。李德裕为御史中丞,为表彰义烈,使"圣代有求
贤之盛,朝廷美得材之难"(荐表中语),上疏荐李源为谏议
大夫。

此事《旧·李源传》系于长庆三年,谓"长庆三年,御史中
丞李德裕表荐之曰……"《新传》则云"长庆初,年八十矣,御
史中丞李德裕表荐源"。今按《唐会要》亦载此事,卷五五
《谏议大夫》条:"长庆二年三月,以处士李源为谏议大夫,诏
曰……御史中丞李德裕抗表荐,故有是命。"按德裕于本年二
月至九月为御史中丞,九月以后及长庆三年均在浙西观察使
任,《旧·李源传》误,以《唐会要》所系时间为是。又《旧纪》
及《册府元龟》卷四六八省部荐举条载征诏李源在长庆二
年七月,或德裕此文作于七月。

按李源事又可参见《太平广记》卷一五四《李源》条,引
自《独异志》。

德裕任御史中丞时,曾荐引崔琯为御史知杂。

《新书》卷一八二《崔珙传》附兄琯传:"举进士、贤良方
正,皆高第。累辟诸使府。入朝,稍历吏部员外郎。李德裕
任御史中丞,引知杂事,进给事中。"(《旧书》卷一七七本传
未载)

《白居易集》卷四九中书制诰《崔珵可职方郎中侍御史知杂制》："敕：近岁以来，副相多缺，朝纲国纪，专委中宪。而侍御史一人，得总台事，以左右之。今御史中丞德裕，以中散大夫、行尚书吏部员外郎、上柱国崔珵，守文无害，莅事惟精，在郎署中，推有才理，奏补是职，请观其能。因而可之，仍加宠秩。"

时人对德裕任中书舍人、御史中丞时政绩之评论。

贾餗《赞皇公李德裕德政碑》（《全唐文》卷七三一）："又迁中书舍人，专承密命，论思参赞，沃心近膝，言隐而道行者盖多矣。会邦宪任缺，帝难其人，乃拜御史中丞。直己端诚，道无吐茹，百职以治，朝纲以肃。"

九月，德裕由御史中丞出为润州刺史、浙西观察使。德裕之出，出于李逢吉的排挤。

《旧传》："时元稹自禁中出，拜工部侍郎、平章事。三月，裴度自太原复辅政。是月，李逢吉亦自襄阳入朝，乃密赂纤人，构成于方狱。六月，元稹、裴度俱罢相，稹出为同州刺史，逢吉代裴度为门下侍郎、平章事。既得权位，锐意报怨。时德裕与牛僧孺俱有相望，逢吉欲引僧孺，惧绅与德裕禁中沮之，九月，出德裕为浙西观察使，寻引僧孺同平章事。由是交怨愈深。"《新·李德裕传》亦言李逢吉于元和时与李吉甫、裴度意见不合，不欲对藩镇用兵，"逢吉以议不合罢去，故追衔吉甫而怨度，摈德裕不得进。至是，间帝暗庸，訹度使与元稹相怨，夺其宰相而己代之。欲引僧孺益树党，乃出德裕为浙西观察使。俄而僧孺入相，由是牛、李之憾结矣"。

按李逢吉于元和时因阻挠对淮西用兵,不合宪宗意,罢相出为襄州刺史、山南东道节度使。穆宗立,李逢吉入朝为兵部尚书,又谋欲复相位,利用裴度与元稹个人之间的不和,制造矛盾,使二人俱罢相位。本年六月,李逢吉就由兵部尚书为门下侍郎、同平章事,拜相。既入相,又欲援引牛僧孺同居相位,恐李绅、李德裕阻其谋,又制造李绅与韩愈的矛盾,即所谓放台参事件,同时又排挤李德裕,使之出朝,外放为浙西观察使。因此可以说,在早期,即在穆宗时,牛僧孺、李宗闵还不表现为直接与李德裕对立,而是依附于李逢吉,李逢吉这时打击的主要对象是裴度,因打击裴度而排挤李绅与李德裕。今录有关材料如下,以供研讨。

　　《旧书》卷一六七《李逢吉传》:"逢吉于帝(穆宗)有侍读之恩,遣人密结幸臣,求还京师。长庆二年三月,召为兵部尚书。时裴度亦自太原入朝。以度招怀河朔功,复留度,与工部侍郎元稹相次拜平章事。度在太原时,尝上表论稹奸邪。及同居相位,逢吉以为势必相倾,乃遣人告和王傅于方结客,欲为元稹刺裴度。及捕于方,鞫之无状,稹、度俱罢相位,逢吉代度为门下侍郎、平章事。自是浸以恩泽结朝臣之不逞者,造作谤言,百端中伤裴度。赖学士李绅、韦处厚等显于上前,言度为逢吉排斥,而度于国有功,不宜摈弃,故得以仆射在朝。"

　　《新书》卷一七三《裴度传》:"是时,徐州王智兴逐崔群,诸军盘互河北,进退未一。议者交口请相度,乃以本官兼中书侍郎、平章事。权佞侧目,谓李逢吉险贼善谋,可以构度,共讽帝自襄阳召逢吉还,拜兵部尚书。度居位再阅月,果为逢吉所间,罢为左仆射。"

《旧书》卷一七三《李绅传》:"时德裕与牛僧孺,俱有朝望,德裕恩顾稍深。逢吉欲用僧孺,惧绅与德裕沮于禁中。二年九月,出德裕为浙西观察使,乃用僧孺为平章事,以绅为御史中丞,冀离内职,易挤摭而逐之。"

润州初经王国清兵乱,府库财竭,德裕妥善处置,经二年,仓廪充实。

浙西观察使治所在润州(今江苏镇江市),有县四:丹徒、丹杨、金坛、延陵(《新唐书·地理志》)。

《旧纪》长庆二年九月癸卯,"御史中丞李德裕为润州刺史、兼御史大夫、浙江西道都团练观察处置等使,以代窦易直;以易直为吏部侍郎"。按《旧纪》在此之前,同年九月戊子朔,有记曰:"浙西大将王国清谋叛,观察使窦易直讨平之,同恶二百余人并诛之。"

《旧纪》简略,看不出事件的真相和经过,实际上,王国清之乱,与窦易直处置不当有直接关系。《旧书》卷一六七《窦易直传》云:"长庆二年七月,汴州将李齐逐其帅李愿,易直闻之,欲出官物以赏军,或谓易直曰:'赏给无名,却恐生患。'乃已。军士已闻之。时江、淮旱,水浅,转运司钱帛委积不能漕,州将王国清指以为赏,激讽州兵谋乱。先事有告者,乃收国清下狱。其党数千,大呼入狱中,篡取国清而出之,因欲大剽。易直登楼谓将吏曰:'能诛为乱者,每获一人,赏十万。'众喜,倒戈击乱党,并擒之。国清等三百余人,皆斩之。"

润州兵乱,是中唐以来骄兵悍将跋扈的积习,但身为一州观察使的窦易直,慑于北方的兵变,为了保住自己的禄位,始而想用钱帛稳住州兵,后又吝惜不与,及至乱起,又以府库钱物仓卒散发。王国清之乱虽然平定,但府库为之空虚,兵将横暴难制的情况并未改变。李德裕代其任,接受的是这样一种局面。

《旧·李德裕传》载:"润州承王国清兵乱之后,前使窦易直倾府藏赏给,军旅浸骄,财用殚竭。德裕俭于自奉,留州所得,尽以赡军,虽施与不丰,将卒无怨。二年之后,赋舆复集。"《新传》亦载:"初,润州承王国清乱,窦易直倾府库赉军,费用空殚,而下益骄。德裕自检约,以留州财赡军,虽俭而均,故士无怨。再期,则赋物储牣。"

辟李蟾为观察判官;德裕再次镇浙西时,蟾又为都团练副使。

《唐故朝议郎守尚书比部郎中上柱国赐绯鱼袋陇西李府君墓志铭并序》(署为朝散大夫守中书舍人上柱国崔柟撰):"公讳蟾,字冠山,景皇帝八代孙,淮安王之后。……修文举进士,颇以行艺流誉于士友之间。……补京兆府咸阳县尉。属故相国窦公廉问南徐,奏署监察里行,充都团练判官,俄转殿中,复为观察判官。推诚奉知,临事不苟。时裨将构乱,变生苍卒,时从容宾席,运筹中权,烈火惊飙,指顾而定。既窦公入拜,属今相国赞皇公承诏代之,不日举其功善,奏加命服,请仍旧职。……丧纪外除,今相国赞皇公尚观风浙右,复以都团练副使上请之,诏除检校礼部郎中兼侍御史。"(据周绍良先生所录旧拓本)按据《新书·宰相表》,窦易直后于长

庆四年五月由户部侍郎、判度支拜同中书门下平章事,故志
文中称之为"相国窦公"。

又辟郑亚为其幕府从事。

《旧书》卷一七八《郑畋传》叙其父郑亚事,谓:"李德裕
在翰林,亚以文干谒,深知之。出镇浙西,辟为从事。"又《新
书》卷一八五《郑畋传》载亚事亦谓:"李德裕为翰林学士,高
其才,及守浙西,辟署幕府。"

本年在润州,纳妾徐氏盼(字正定)。徐年十六。

李德裕《滑州瑶台观女真徐氏墓志铭》:"徐氏,润州丹徒
县人,名盼,名正定。"又云:"长庆壬寅岁,余自御史丞(琮按
丞上疑脱中字)出镇金陵,徐氏年十六,以才惠归我。"

闰十月,路随、韦处厚等奉诏修《宪宗实录》。

《旧纪》长庆二年闰十月,"己亥,敕翰林侍讲学士谏议大
夫路随、中书舍人韦处厚,兼充史馆,修撰《宪宗实录》,仍更
日入史馆"。此又可参见《唐会要》卷六十三。

**本年,白敏中、周墀登进士科,礼部侍郎王起知贡举(徐松《登科记
考》卷十九)。**

〔编年文〕

《荐处士李源表》(文集补遗)

作于本年三月或七月,详见前谱。

《丞相邹平公新置资福院记》(别集卷七)

欧阳棐《集古录目》卷九载《资福院记》,并云:"李德裕
撰,长庆二年立。"(注云出自《舆地碑目》)又见王象之《舆地
碑记目》卷四成都府碑记,亦谓"长庆二年立石"。

按此文为应段文昌所请而作,段文昌于长庆元年二月以检校刑部尚书、同平章事为西川节度使;文昌之祖籍为齐州临淄,唐初邹平县曾隶之,故德裕文中称"丞相邹平公"。(至于文昌正式进爵为邹平公,则在文宗时,见《新书》卷八九《段平昌传》)

又《旧书》卷一六七《段文昌传》称:"文昌于荆、蜀皆有先祖故第,至是(为西川节度使时)赎为浮图祠。"故李德裕文中云:"下车逾月,访于旧馆。邵伯之树未剪,武侯之庐犹在。于公邑里,遂见高车;龙骧门闶,竟容长戟。公瞻构洒泣,循陔永思。以为征坏壁者,夫子之居尚毁;固朽宅者,如来之乘斯远。孰若归于净土,环以香林。乃购之于官,以为精舍。又以桑门之上首者七人居之,所以证迷途而资夙植也。殿堂层立,轩房四柱,镕金作绘,仿佛诸天。"按文昌本佞佛,此文又以应文昌之请而作,故其中多有叙释家语,但并非代表德裕对佛教的态度。

又此文篇末署为"长庆二年十月二十二日,朝议大夫、御史中丞、上柱国、赞皇县开国男、食邑三百户、赐紫金鱼袋李德裕撰"。而据《旧纪》,德裕于长庆二年九月癸卯已任命为润州刺史,兼御史大夫、浙西观察使。九月戊子朔,癸卯为九月十六日。未知文内"十月"之"十"有误否,待考。

〔编年诗〕

《题怪石诗》(赵明诚《金石录》卷九)

《金石录》一七五七《唐题怪石诗》下注:"世传李德裕撰,长庆二年二月。"按此诗已不传。

长庆三年癸卯（八二三） 三十七岁

本年仍在浙西观察使任。注意于改革旧俗，破除迷信。十二月，奏去管内淫祠一千一十五所。

《旧纪》长庆三年十二月，"浙西观察使李德裕奏去管内淫祠一千一十五所"。

《旧传》："德裕壮年得位，锐于布政，凡旧俗之害民者，悉革其弊。江、岭之间信巫祝，惑鬼怪，有父母兄弟厉疾者，举室弃之而去。德裕欲变其风，择乡人之有识者，喻之以言，绳之以法，数年之间，敝风顿革。属郡祠庙，按方志前代名臣贤后则祠之，四郡之内，除淫祠一千一十所。又罢私邑山房一千四百六十，以清寇盗。人乐其政，优诏嘉之。"《新传》亦载："南方信機巫，虽父母疠疾，子弃不敢养。德裕择长老可语者，谕以孝慈大伦，患难相收不可弃之义，使归相晓敕，违约者显置以法。数年，恶俗大变。又按属州非经祠者，毁千余所，撤私邑山房千四百舍，寇无所庾蔽。天子下诏褒扬。"

按新旧《唐书》本传所载改革敝俗数事，皆未载明具体年月，今据《旧纪》所载长庆三年十二月去管内淫祠事，统系于此。

徐凝《浙西李尚书奏毁淫昏庙》（《全唐诗》卷四七四）："传闻废淫祀，万里静山陵。欲慰灵均恨，先烧靳尚祠。"

同月，又奏禁百姓厚葬。

《唐会要》卷三八《葬》："长庆三年十二月,浙西观察使李德裕奏,缘百姓厚葬……"此即文集补遗之《论丧葬逾制疏》。文中论述润州一带厚葬之敝,"或结社相资,或息利自办,生产储蓄,为之皆空,习以为常,不敢自废,人户贫破,抑此之由"。并建议:"今百姓等丧葬祭奠,并请不许以金银锦绣为饰,其陈设乐音者,及葬物稍涉僭越者,并勒毁除。"按润州新经兵乱,仓廪空竭,民间亦需休养生息,恢复元气,德裕于此际提出去淫祠、禁厚葬,破除迷信,戒奢立俭,是合于时宜的。

三月,牛僧孺因李逢吉之荐引,由户部侍郎拜相。

《旧纪》长庆三年三月丁巳,"以牛僧孺同中书门下平章事"。

《通鉴》卷二四三长庆三年记此事较详,并论及牛、李之争事,云:"(正月)户部侍郎牛僧孺,素为上所厚。初,韩弘之子右骁卫将军公武为其父谋,以财结中外。及公武卒,弘继薨,稚孙绍宗嗣,主藏奴与吏讼于御史府。上怜之,尽取弘财簿自阅视,凡中外主权,多纳弘货,独朱句细字曰:'某年月日,送户部牛侍郎钱千万,不纳。'上大喜,以示左右曰:'果然,吾不缪知人!'三月,壬戌,以僧孺为中书侍郎、同平章事。时僧孺与李德裕皆有入相之望;德裕出为浙西观察使,八年不迁,以为李逢吉排己,引僧孺为相。由是牛、李之怨愈深。"《通鉴考异》亦谓:"盖德裕以此疑怨逢吉,未必皆出逢吉之意也。"

按李逢吉于长庆二年六月谮裴度与元稹使罢相,自以兵部尚书守门下侍郎、同中书门下平章事,同时居相位者仅杜元颖,大权则归李逢吉操持。如《通鉴》卷二四三长庆三年即载:"李逢吉为相,内结知枢密王守澄,势倾朝野。"逢吉结党营私,朝政腐败,以致白居易于长庆二年七月求除外任(为杭州刺史)。《旧书》卷一六六《白居易传》谓:"时天子荒纵不法,执政非其人,制御乖方,河朔复乱。居易累上疏论其事,天子不能用,乃求外任。七月,除杭州刺史。"《新·白居易传》所载略同。由此可见李逢吉入朝后的情况。这时,李德裕与牛僧孺俱有入相的希望,李逢吉却于二年九月出德裕为浙西观察使,当时李德裕与元稹、李绅声气相应,共有时望,但都受到李逢吉的排挤与打击。而与此同时,李逢吉却向牛僧孺表示好感,《通鉴》谓牛僧孺之所以入相,是因为穆宗查阅韩弘送货财与中外权贵的账簿,看到牛僧孺拒不接受韩弘的财货,深加赞赏,因而选拔为相。按此事都本之于杜牧所作之牛僧孺墓志铭(《樊川文集》卷七《唐故太子少师奇章郡开国公赠太尉牛公墓志铭并序》)及李珏所作牛僧孺神道碑(《全唐文》卷七二○《故丞相太子少师赠太尉牛公神道碑铭并序》)。在当时情况下,正因为李逢吉想援引牛僧孺,牛僧孺才得以拜相,杜牧、李珏所作墓志、神道碑,一字也未提及李逢吉与牛僧孺的关系,正好说明是有意回避。当然,牛僧孺与李德裕的矛盾是逐步发展的,这种发展有一过程,长庆二、三年间还未有重大政见上的分歧,而牛僧孺于此之前尚有一些善政,因此《通鉴》说因长庆三年牛僧孺入相,牛、李交怨愈深,不确,又说李德裕"以为李逢吉排己,引僧孺入相",

也毫无事实根据,这完全是司马光出于对李德裕的成见。

八月,裴度为李逢吉之党所攻讦,出为山南西道节度使。

> 《通鉴》长庆三年八月,"癸卯,以左仆射裴度为司空、山
> 南西道节度使,不兼平章事。李逢吉恶度,右补阙张又新等
> 附逢吉,竞流谤毁伤度,竟出之"。

九月,元稹由同州刺史改为越州刺史、浙东观察使。赴任途中,曾
与李德裕有诗唱酬。经润州时,曾会晤德裕。

> 元稹有《酬李浙西先因从事见寄之作》(《全唐诗》卷四
> 一〇):"近日金銮直,亲于汉珥貂。内人传帝命,丞相让吾
> 僚。浙郡悬旌远,长安谕日遥。因君蕊珠赠,还一梦烟霄。"

> 卞孝萱《元稹年谱》谓此李浙西即李德裕,并云此为元稹
> 作于赴浙东途中经润州会晤李德裕之前。德裕当先有寄元
> 稹诗,今李之原倡已佚。

李德裕在浙西时,辟润州句容人刘三复为其掌书记。德裕凡三任
浙西,三复皆从之。三复子刘邺,于懿宗时曾申德裕之冤。

> 《旧书》卷一七七《刘邺传》:"刘邺字汉藩,润州句容人
> 也。父三复,聪敏绝人,幼善属文。少孤贫,母有废疾,三复
> 丐食供养,不离左右,久之不遂乡赋。长庆中,李德裕拜浙西
> 观察使,三复以德裕禁密大臣,以所业文诣郡干谒。德裕阅
> 其文,倒屣迎之,乃辟为从事,管记室。"又云:"德裕三为浙
> 西,凡十年,三复皆从之","又从德裕历滑台、西蜀、扬州。"又
> 《新书》卷一八三《刘邺传》:"父三复,以善文章知名,少孤,
> 母病废,三复丐粟以养。李德裕为浙西观察使,奇其文,表为
> 掌书记。"

孙光宪《北梦琐言》所载更详,其书卷一谓:"唐大和(琼按此纪时有误,李德裕始任浙西在长庆)中,李德裕镇浙西。有刘三复者,少贫,苦学有才思,时中人赍御书至,以赐德裕,德裕试其所为,谓曰:'子可为我草表,能立就,或归以创之。'三复曰:'文理贵中,不贵其速。'德裕以为当言。三复又请曰:'渔歌樵唱,皆传公述作,愿以文集见示。'德裕出数轴与之。三复乃体而为表,德裕嘉之,因遣诣阙求试,果登第,历任台阁。……其子邺,敕赐及第,登廊庙,上表雪德裕,以朱崖神榇归葬洛中(琼按此事后有辨说),报先恩也,士大夫美之。"(又钱易《南部新书》丙卷亦略记其事:"李德裕镇浙西,刘三复在幕。一旦令草谢御书表,谓之曰:'立构也,归创之。'三复曰:'文理贵中,不贵其速。'赞皇以为当。"此当本之于《北梦琐言》。)

按刘三复入李德裕幕,据现有材料,未能知其确年,姑系于此,大约即本年前后。

又据《唐语林》卷三《赏誉》,刘三复曾任金坛尉,云:"刘侍郎三复,初为金坛尉。李卫公镇浙西,三复代草表曰:'山名北固,长怀恋阙之心;地接东溟,却羡朝宗之路。'卫公嘉叹,遂辟为宾佐。"

刘三复时与江南一些诗人有交往,如许浑即有诗寄酬三复,浑《下第归朱方寄刘三复》(《全唐诗》卷五三一):"素衣京洛尘,归棹过南津。故里迹犹在,旧交心更亲。月高萧寺夜,风暖庾楼春。诗酒应无暇,朝朝问旅人。"按许浑于大和六年(八三二)登进士第,此诗当作于大和六年之前,时刘三复仍在润州,许浑亦居润州,故诗中云:"故里迹犹在,旧交心更亲。"

浑诗又有《春日思旧游寄南徐从事刘三复》(《全唐诗》卷五三六),诗为七律,首二句云:"风暖曲江花半开,忽思京口共衔杯。"此诗当在长安作。又有《和浙西从事刘三复送僧南归》(《全唐诗》卷五三五)。

十月,杜元颖罢知政事,除剑南西川节度使。

《旧纪》长庆三年十月,"宰相杜元颖罢知政事,除成都尹、剑南西川节度使"。

按杜元颖与李德裕、元稹、李绅曾同在翰林,此次之出,恐亦为李逢吉所排。

〔编年文〕

《玄真子渔歌记》(别集卷七)

文末署曰"长庆三年甲寅岁夏四月辛未日,润州刺史兼御史大夫李德裕记"。按长庆三年岁在癸卯,此处"甲寅"当误;又本年夏四月,乙酉朔,无辛未,当亦有误。文当作于本年四月。

《论丧葬逾制疏》(文集补遗)

据《唐会要》卷三八《葬》,系于长庆三年十二月。详见前文。

长庆四年甲辰(八二四) 三十八岁

李德裕仍在浙西观察使任。

正月壬申,穆宗因服方药,暴卒,年三十。子湛即位,是为敬宗,是
年十六。

参见《旧书·穆宗纪》、《敬宗纪》及《通鉴》卷二四三长
庆四年。

**二月,李逢吉勾结宦官王守澄,谮李绅于敬宗,贬绅为端州司马。
时李逢吉之党颇盛,有八关、十六子之称。**

《旧·敬宗纪》长庆四年二月,"癸未,贬户部侍郎李绅为
端州司马。丙戌,贬翰林学士、驾部郎中、知制诰庞严为信州
刺史,翰林学士、司封员外郎、知制诰蒋防为汀州刺史,皆绅
之引用者。以右拾遗吴思为殿中侍御史,充入蕃告哀使。李
绅之贬,李逢吉受贺,群官至中书,而思独不往,逢吉怒而斥
为远使"。按《旧书》卷一七三《李绅传》及《通鉴》卷二四三
长庆四年二月,皆载李逢吉深忌李绅,用其党张又新等计,进
用刘栖楚为谏官,"日夜谋议,思所以害绅者"。及敬宗即位,
李逢吉又与宦官王守澄相结纳,并使王守澄向敬宗进谗言,
说穆宗时李绅不欲立敬宗为太子,于是贬绅为端州司马。

李绅之贬,韦处厚曾上疏解救,并论李逢吉之党遍满朝
行。《旧·李绅传》谓:"绅之贬也,正人腹诽,无敢有言,唯翰
林学士韦处厚上疏,极言逢吉奸邪,诬摭绅罪。"又《旧书》卷
一五九《韦处厚传》:"敬宗嗣位,李逢吉用事,素恶李绅,乃构
成其罪,祸将不测。处厚与绅皆以孤进,同年进士,心颇伤
之,乃上疏曰:'……绅先朝奖用,擢在翰林,无过可书,无罪
可戮。今群党得志,谗嫉大兴。……今逢吉门下故吏,遍满
朝行,侵毁加诬,何词不有?……'"

《旧书》卷一六七《李逢吉传》亦载李逢吉结党营私之状，谓："朝士代逢吉鸣吠者，张又新、李续之、张权舆、刘栖楚、李虞、程昔范、姜洽、李仲言，时号'八关十六子'。又新等八人居要剧，而胥附者又八人，有求于逢吉者，必先经此八人纳赂，无不如意者。"

李绅《趋翰苑遭诬构四十六韵》（《全唐诗》卷四八〇）及诗内自注也曾记为李逢吉党所诬陷事，自注有云："逢吉、守澄、栖楚、柏耆、又新等，连为搏噬之徒。""敬宗即位之初，遭逢吉等诬构，宸襟未察，衔冤遂深。""余遭逢吉构成遂，敬宗听政之前一日，宣命于月华门外窜逐。"绅又有《涉沅潇》诗（《全唐诗》卷四八〇），为贬端州途中经湖南作，云："屈原尔为怀王没，水府通天化灵物。何不驱雷击电除奸邪，可怜空作沉泉骨。"则直指斥李逢吉为奸邪。

四月，宰臣李逢吉封凉国公，牛僧孺封奇章县子；十二月，牛僧孺又进封奇章郡公。

见《旧·敬宗纪》。按杜牧所作牛僧孺墓志铭、李珏所作神道碑皆不载敬宗初牛与李逢吉同在相位及封爵事，盖有所回护。当时在相位者实仅李逢吉与牛僧孺，牛本为李所荐引，李之所为，牛当然不敢谏止。正因为牛能追随逢吉，才能巩固其相位，并晋封其爵位。

七月，德裕上疏言罢进奉事；九月，又上疏言事。

《旧·敬宗纪》长庆四年七月，"丙子，浙西观察使李德裕奏：'诏令当道造盝子二十具，计用银一万三千两，金一百三十两。昨已进两具，用银一千三百两，当道在库贮备银无二三百两,皆百计收市,方成此两具。臣当道唯有留使钱五万贯,每事节俭支费,犹欠十三万贯不足。臣若因循不奏,则负陛下任使之恩;若分外诛求,又累陛下慈俭之德。伏乞宣令宰臣商议,何以遣臣得上不违宣索,下不阙军须,不困疲人,不敛物怨。'时有诏罢进奉,故德裕有是奏"。按此即别集卷五之《奏银妆具状》。《旧纪》同年九月戊午又载:"诏浙西织造可幅盘绦缭绫一千匹。观察使李德裕上表论谏,不奉诏,乃罢之。"按此即别集卷五之《奏缭绫状》。

《旧·李德裕传》:"昭愍皇帝童年缵历,颇事奢靡,即位之年七月,诏浙西造银盌子妆具二十事进内。德裕奏曰……时准赦不许进献,逾月之后,征贡之使,道路相继,故德裕因诉而讽之。事奏,不报。"又云:"又诏进可幅盘绦缭绫一千匹,德裕又论曰……优诏报之。其缭绫罢进。"

《唐六典》卷三尚书户部载江南道润州贡"方棋、水波绫"。

按德裕此次上疏论罢进奏事,颇为后人所称引,兹举数例如下:

宋孙甫《唐史论断》卷下:"如李德裕在浙西,昭愍凡有宣索,再三论奏,罢其贡献,此以生民为意,不奉君之侈欲也。"

宋毕仲游《西台集》卷十五《丞相仪国韩公行状》:"俄迁枢密直学士、定州路安抚使、知定州。州贡文绫、文绉有常数,诏增贡文绫百匹、绉百匹。公上言:'唐李德裕为浙西观察使,诏贡缭绫千匹,德裕奏言:若将匪颁臣下,则千匹岂足于用;若止上躬自服,何至多用千匹。奏至,遂停之。臣幸遇圣朝,则德裕前日之言,亦臣今日所当言者,惟陛下察许。'诏从罢之。"

宋洪迈《容斋五笔》卷二《谏缭绫戏龙罗》:"李德裕为浙西观察使,穆宗(琼按此应作敬宗,洪氏误记)诏索盘绦缭绫千匹,德裕奏言:'立鹅、天马、盘绦、掬豹,文采怪丽,惟乘舆当御。今广用千匹,臣所未谕。'优诏为停。崇宁间,中使持御札至成都,令转运司织戏龙罗二千,绣旗五百。副使何常奏:'旗者,军国之用,敢不奉诏。戏龙罗唯供御服,日衣一匹,岁不过三百有奇,今乃数倍,无益也。'诏奖其言,为减四之三。……何常所论,甚与德裕相类云。"

十二月,德裕上言请禁泗州度僧尼。

《旧·敬宗纪》长庆四年十二月,"乙未,徐泗王智兴请置僧尼戒坛,浙西观察使李德裕奏状论其奸幸。时自宪宗朝有敕禁私度戒坛,智兴冒禁陈请,盖缘久不兴置,由是天下沙门奔走如不及。智兴邀其厚利,由是致富,时议丑之"。《旧·李德裕传》亦记:"元和已来,累敕天下州府,不得私度僧尼。徐州节度使王智兴聚货无厌,以敬宗诞月,请于泗州置僧坛,度人资福,以邀厚利。江淮之民,皆群党渡淮。德裕奏论曰:'……江淮自元和二年后,不敢私度。自闻泗州有坛,户有三丁必令一丁落发,意在规避王徭,影庇资产。自正月已来,落发者无算。臣今于蒜山渡点其过者,一日一百余人。……若不特行禁止,比到诞节,计江淮已南,失却六十万丁壮。此事非细,系于朝廷法度。'状奏,即日诏徐州罢之。"

此事又见《通鉴》卷二四三长庆四年十二月乙未条,又胡注引《唐会要》，谓敬宗于元和四年六月九日生，今王智兴于十二月请置戒坛，预请之也。

按德裕所上奏议，即别集卷五《王智兴度僧尼状》。

《唐语林》载李德裕在润州礼敬上元瓦官寺僧守亮事。

《唐语林》卷二《文学》载："上元瓦官寺僧守亮，通《周易》，性若狂易。李卫公镇浙西，以南朝旧寺多名僧，求知《易》者，因帖下诸寺，令择送至府。瓦官寺众白守亮曰：'大夫取解《易》僧，汝常时好说《易》，可往否？'守亮请行。众戒曰：'大夫英俊严重，非造次可至，汝当慎之。'守亮既至，卫公初见，未之敬。及与言论，分条析理，出没幽赜，公凡欲质疑，亮已演其意。公大惊，不觉前席。命于甘露寺设馆舍，自于府中设讲席，命从事已下皆横经听之，逾年方毕。既而请再讲。讲将半，亟请归甘露。既至命浴，浴毕，整巾屦，遣白公云：'大期今至，不及回辞。'言讫而终。公闻惊异，明日率宾客至寺致祭。适有南海使送西国异香，公于龛前焚之，其烟如弦，穿屋而上，观者悲敬。公自草祭文，谓举世之官爵俸禄，皆加于亮，亮尽受之，可以无愧。"

按此处称德裕为大夫，德裕此次出镇浙西，即带御史大夫衔。则所记当是第一次为浙西观察使时。事之有无，无可佐证，姑系于此。但从记载也可看出，李德裕反对王智兴私设坛剃度僧尼，是反对佛寺抢占国家的劳动力，使封建朝廷减少赋税收入，但对寺僧中精通儒家经典者，仍加礼敬。瓦官寺众僧称德裕"英俊严重"，也可见出当时人的评价。

元稹于本年春有诗寄李德裕，时稹仍在浙东观察使任上。

《全唐诗》卷四一七载元稹《寄浙西李大夫四首》。按此诗之前为《酬复言长庆四年元日郡斋感怀见寄》，此诗之后为《题长庆四年历日尾》，则寄德裕诗当亦为长庆四年作。时元稹在浙东，德裕在浙西，故诗中有"白头西望"之句。第二、第三首为回忆同在翰林时事，已见前录。今录其一、四两首，以见元、李二人的交谊。"柳眼梅心渐欲春，白头西望忆何人。金陵太守曾相伴，共蹋银台一路尘。""由来鹏化便图南，浙右虽雄我未甘。早渡西江好归去，莫抛舟楫滞春潭。"

按元稹诗中"金陵太守"即指李德裕，唐时润州习称金陵，尤以诗文中为然，盖因当时江宁、句容等县俱隶润州管辖。如张祜《题金陵渡》诗："金陵津渡小山楼，一宿行人自可愁。潮落夜江斜月里，两三星火是瓜洲。"这里指润州京口为金陵。又杜审权自润州刺史除尚书左仆射制词："顷罢机务，镇于金陵。"骆宾王送阎五还润州诗序云："言返惟桑，修途指金陵之地。"

令狐楚于三月由太子宾客分司东都改为河南尹，九月又为汴州刺史、宣武军节度使。

《旧·敬宗纪》长庆四年三月甲子，"分司东都、太子宾客令狐楚为河南尹"；又九月，"庚戌，以河南尹令狐楚检校礼部尚书、汴州刺史、宣武军节度使、宋汴亳观察等使"。

按令狐楚元和时即与李逢吉相结纳，后因裴度之奏，罢楚内职；长庆初又因交结皇甫镈，为众所怒，又贬衡州刺史；后稍迁为太子宾客、分司东都。《旧书》卷一七二《令狐楚传》谓："时李逢吉作相，极力援楚，以李绅在禁密沮之，未能擅柄。敬宗即位,逢吉逐李绅,寻用楚为河南尹,兼御史大夫。其年九月,检校礼部尚书、汴州刺史、宣武军节度、汴宋亳观察等使。"(《新书》卷一六六本传所载略同)可见李逢吉于长庆及宝历初作相时,一面排挤、打击裴度、李绅、李德裕等,一面援引、提拔牛僧孺、令狐楚、李宗闵等,朝臣之间的党争实已开始,只不过此时牛僧孺、李宗闵还依附于李逢吉,而李逢吉的打击对象主要在于裴度。

六月,张弘靖卒。

《旧·敬宗纪》长庆四年六月,"癸卯,太保张弘靖卒"。

十月,李宗闵权知兵部侍郎。

《旧·敬宗纪》长庆四年十月壬寅,"以权知礼部侍郎李宗闵权知兵部侍郎"。

十二月,韩愈卒。

《旧·敬宗纪》长庆四年十二月,"吏部侍郎韩愈卒"。

本年,韦楚志、李甘登进士科,中书舍人李宗闵知贡举(徐松《登科记考》卷十九)。

〔编年文〕

《奏银妆具状》(别集卷五)

本年七月。

《奏缭绫状》(别集卷五)

本年九月。

《王智兴度僧尼状》(别集卷五)

本年十二月。

敬宗宝历元年乙巳（八二五） 三十九岁

李德裕仍在浙西观察使任。

牛僧孺曾累表求出；正月乙卯，罢知政事，出为武昌军节度使。

《通鉴》卷二四三宝历元年正月，"中书侍郎、同平章事牛僧孺以上荒淫，嬖幸用事，又畏罪不敢言，但累表求出。乙卯，升鄂岳为武昌军，以僧孺同平章事，充武昌节度使"。又《旧书》卷一七二《牛僧孺传》："宝历中，朝廷政事出于邪幸，大臣朋比，僧孺不奈群小，拜章求罢者数四，帝曰：'俟予郊礼毕放卿。'及穆宗祔庙郊报后，又拜章陈退，乃于鄂州置武昌军额，以僧孺检校礼部尚书、同中书门下平章事、鄂州刺史、武昌军节度、鄂岳蕲黄观察等使。"《新书》卷一七四本传略同。

按牛僧孺本由李逢吉荐引入相，在相位二年，未见有所建树。此时逢吉之党满朝行，裴度等有所作为的正直大臣多被排挤，牛僧孺于此也未有一言。敬宗以一十余岁的少年登皇位，只知嬉游，不理朝政，政事多操于李逢吉之党和宦官王守澄等人之手，所谓"邪幸"，应指此，而僧孺则正是依靠这一类人才得跻上高位。他之累表求出外镇，并不是由于他与李逢吉、王守澄等在政见上有所分歧，而是为个人仕途的安危着眼，认为以暂时避开为好。若以为他嫉视宦官，则文宗时李宗闵靠中人之助为相，复援引僧孺入朝，二人结纳，共掌朝政，为何又不以"嬖幸用事"而求退？

杜牧《赠太尉牛公墓志铭》（《樊川文集》卷七）："敬宗即位，与武士畋宴无时，征天下道士言长生事，公呕谏曰：'陛下不读玄元皇帝《五千言》以清静养生，彼道士皆庸人，徒夸欺虚荒，岂足师法。'未一岁，请退，不许，连四月日间，以疾辞，乃以鄂岳六州建节，号武昌军，命公为礼部尚书、平章事，为节度使。"杜牧此处所载牛僧孺谏敬宗事，未见于新旧《唐书》本传及《通鉴》，恐有夸饰；即使有谏，语意也极不坚决，与李德裕于今年二月所上《丹扆箴》相差远甚。

正月辛卯，李翱以忤李逢吉，出为庐州刺史。

《旧·敬宗纪》宝历元年正月，"辛卯，以前礼部郎中李翱为庐州刺史，以求知制诰，面数宰相李逢吉过故也"。

二月，李德裕上《丹扆六箴》以规谏敬宗，敬宗虽命韦处厚优诏答之，但终因李逢吉当权，德裕仍为所排抑，不得内徙。

《通鉴》卷二四三宝历元年二月载："上游幸无常，昵比群小，视朝月不再三，大臣罕得进见。二月壬午，浙西观察使李德裕献《丹扆六箴》，一曰《宵衣》，以讽视朝希晚；二曰《正服》，以讽服御乖异；三曰《罢献》，以讽征求玩好；四曰《纳诲》，以讽侮弃谠言；五曰《辨邪》，以讽信任群小；六曰《防微》，以讽轻出游幸。其《纳诲箴》略曰：'汉骛流湎，举白浮钟；魏叡侈汰，陵霄作宫。忠虽不忤，善亦不从。以规为瑱，是谓塞聪。'《防微箴》曰：'乱臣猖獗，非可遽数。玄服莫辨，触瑟始仆。柏谷微行，豺豕塞路。睹貌献餐，斯可戒惧。'上优诏答之。"

《旧传》载:"敬宗荒僻日甚,游幸无恒,疏远贤能,昵比群小。坐朝月不二三度,大臣罕得进言。海内忧危,虑移宗社。德裕身居廉镇,倾心王室。遣使献《丹扆箴》六首,曰:'臣闻心乎爱矣,遐不谓矣。此古之贤人所以笃于事君者也。夫迹疏而言亲者危,地远而意忠者忤。然臣窃念拔自先圣,偏荷宠光,若不爱君以忠,则是上负灵鉴。……况臣尝学旧史,颇知箴讽,虽在疏远,犹思献替。'"又载:"帝手诏答曰:'卿文雅大臣,方隅重寄。表率诸部,肃清全吴。化洽行春,风澄坐啸。眷言善政,想叹在怀。卿之宗门,累著声绩,冠内廷者两代,袭侯伯者六朝。果能激爱君之诚,喻诗人之旨,在远而不忘忠告,讽上而常深虑微。博我以端躬,约予以循礼。三复规谏,累夕称嗟。置之座隅,用比韦弦之益;铭诸心腑,何啻药石之功?……'德裕意在切谏,不欲斥言,托箴以尽意。《宵衣》,讽坐朝稀晚也;《正服》,讽服御乖异也;《罢献》,讽征求玩好也;《纳诲》,讽侮弃谠言也;《辨邪》,讽信任群小也;《防微》,讽轻出游幸也,帝虽不能尽用其言,命学士韦处厚殷勤答诏,颇嘉纳其心焉。德裕久留江介,心恋阙廷,因事寄情,望回圣奖。而逢吉当轴,枳棘其涂,竟不得内徙。"

按德裕《丹扆六箴》,虽说是"不欲斥言",但所举敬宗缺政,确中时弊,而且以前代汉成帝、魏明帝等作譬,不可不谓明直。当时中外大臣还未有作如此切谏的,这实际上也是对李逢吉当政的斥责,必然遭到李逢吉的忌恨,因此《新传》说"然为逢吉排笮,讫不内徙"。

按《宋会要·选举》九三五《赐出身》,记宋真宗景德元年(一○○四)二月六日庚申,赐进士柳察同出身,为楚州团练推官。并记察少好学,尝诣阙献文,召试赐出身,至是又拟白居易作策问七十五篇,目为赞圣策林,又续李德裕《丹扆箴》五篇,以献,复召试而命之。由此可见德裕此作在宋时之影响。

德裕于洛阳伊川建山庄(即后之平泉山庄),本年寄诗与元稹,求青田胎化鹤。

德裕有《近于伊川卜山居,将命者画图而至,欣然有感,聊赋此诗,兼寄上浙东元相公大夫使求青田胎化鹤》(别集卷九),题下注:"乙巳岁作。"诗中有云:"寄世知(琮按《全唐诗》卷四七五谓一作如,义较长)婴缴,辞荣类触藩。欲追绵上隐,况近子平村。邑有桐乡爱,山余黍谷暄。既非逃相地,乃是故侯园。野竹多微径,岩泉岂一源。映池方树密,傍涧古藤繁。邛杖堪扶老,黄牛已服辕。只应将唳鹤,幽谷共翩翩。"

由此诗可知平泉山庄筹建于长庆末、宝历初,地在伊川附近。

德裕于今明年内与元稹、刘禹锡、白居易均有诗唱和。刘禹锡后将与德裕唱和诗编集,题为《吴蜀集》。

刘禹锡《吴蜀集引》(《刘禹锡集笺证》外集卷九):"长庆四年,予为历阳守,今丞相赵郡李公时镇南徐州。每赋诗,飞函相示,且命同作。尔后出处乖远,亦如邻封。凡酬唱始于江南,而终于剑外,故以《吴蜀》为目云。"按刘禹锡于长庆四年夏由夔州刺史转和州刺史,八月抵和州,宝历二年冬罢和州,返洛阳(参卞孝萱《刘禹锡年谱》)。白居易于宝历元年三月初除苏州刺史,五月初到任;宝历二年秋罢任,冬与刘禹锡相遇于扬子津,自楚州结伴赴洛阳。元稹则至大和三年九月除尚书左丞离浙东观察使任。李德裕与元、刘、白诸人唱和当在宝历元年至二年间。

李德裕《述梦诗四十韵》(别集卷三),自序云:"今属岁杪无事,羁怀多感,因缀其所遗,为述梦诗,以寄一二僚友。"元稹有《奉和浙西大夫李德裕(琼按德裕别集所附元之和作,诗题无"李德裕"三字,似是)述梦四十韵,大夫本题言赠于梦中诗赋以寄一二僚友,故今所和者亦止述翰苑旧游而已,次本韵》(《全唐诗》卷四二三),刘禹锡有《浙西李大夫示述梦四十韵并浙东元相公酬和,斐然继声》(《刘禹锡集笺证》外集卷七)。岑仲勉云:"按德裕以长庆二年九月除浙西,大和三年七月去,稹以长庆三年八月除浙东,大和三年九月去,唯据贾𫗧《赞皇公德政碑》大和元年就加礼部尚书,而元、刘和章仍称大夫,又禹锡之和,似在和州刺史任上,其除和州为长庆四年八月,合此推之,本诗当作于宝历间也。"(《补唐代翰林两记》卷下《诗人翰林嘉话诗节示》)德裕诗序云"岁杪无事",此诗当即作于宝历元年底。元、刘和作或即在二年之初。

德裕诗先叙与元稹同在翰林时事,已见前长庆元年,诗中叙及在润州的情况,可以见出德裕之心境:"感旧心犹绝,思归更首搔。无聊燃密炬,谁复劝金舠(自注:余自到此,绝无夜宴。酒器中大者呼为舠,宾僚顾形迹,未曾以此相劝)。

岚气朝生栋,城阴夜入壕。望烟归海峤,送雁渡江皋。宛马嘶寒枥,吴钩在锦弢。未能追狡兔,空觉长黄蒿。水国逾千里,风帆过万艘。阅川终古恨,惟见暮滔滔。"元稹和诗有赞李之才思:"闻有池塘什,还因梦寐遭。攀禾工类蔡,咏豆敏过曹。庄蝶玄言秘,罗禽藻思高。"刘禹锡为酬李、元之作,故诗篇首起即称誉二人之门第与才气:"位是才能取,时因际会遭。……洛下推年少,山东许地高。门承金铉鼎,家有玉璜韬。"中叙翰苑事,篇末又言:"卧龙曾得雨(自注:浙东),孤鹤尚鸣皋(自注:浙西)。剑用雄开匣(自注:二公),弓闲蛰受弢(自注:自谓)。……吴越分双镇,东西接万艘。今朝比潘陆,江海更滔滔。"

德裕又有《霜夜对月听小童吹觱篥歌》,文集不载,全篇已佚,《全唐诗》卷四七五仅载六句:"君不见秋山寂历风飙歇,半夜青崖吐明月。寒光乍出松筱间,万籁萧萧从此发。忽闻歌管吟朔风,精魂想在幽岩中。"按元稹《和述梦诗》(《全唐诗》卷四二三)谓:"近酬新乐录,仍寄续离骚。"句下自注云:"近蒙大夫寄觱篥歌,酬和才毕,此篇续至。"德裕之《述梦诗》作于宝历元年岁末,《觱篥歌》作于《述梦诗》之前,则当作于宝历元年秋冬之间,诗题曰"霜夜",句云"秋山寂历风飙歇",也与秋冬间气节合。今元稹和诗已佚,全篇存世者为刘禹锡、白居易的和作。刘诗题为《和浙西李大夫霜夜对月听小童吹觱篥歌》(《刘禹锡集笺证》外集卷七),题下注"依本韵"。刘诗前半篇写音乐之妙,后半篇云:"谢公高斋吟激楚,恋阙心同在羁旅。一奏荆人白雪歌,如闻洛客扶风坞。

吴门水驿接山阴,文字殷勤寄意深。欲识阳陶能绝处,少年荣贵道伤心。"此处谢公指德裕,吴门水驿指白居易,山阴指元稹,由此亦可见诸人文字交往的盛况。

白居易《小童薛阳陶吹觱篥歌和浙西李大夫作》(《白居易集》卷二一),中云:"剪削干芦插寒竹,九孔漏声五音足。近来吹者谁得名,关璀老死李衮生。衮今又老谁其嗣,薛氏乐童年十二。……润州城高霜月明,吟霜思月欲发声。……嗟尔阳陶方稚齿,下手发声已如此,若教头白吹不休,但恐声名压关李。"

按罗隐有《薛阳陶觱篥歌》(《全唐诗》卷六六五):"平泉上相东征日,曾为阳陶歌觱篥。乌江太守会稽侯,相次三篇皆俊逸。"则罗隐尚见三人诗之全篇,今则只刘诗存,李存佚句六句,元稹之作全篇已佚。又《桂苑丛谈》亦记咸通中李蔚镇淮南,薛阳陶尚在人世,"一日,公召陶同游,问及往日芦管之事,陶因献朱崖、陆邕、元、白所撰歌一曲,公亦喜之,即于兹亭奏之"(《赏心亭》)。张祜又有《听薛阳陶吹芦管》(《张承吉文集》卷五):"紫清人下薛阳陶,末曲新箫调更高。无奈一声天外绝,百年已死断肠刀。"则张祜亦及见薛阳陶者。

李德裕又有《晚下北固山喜松径成阴怅然怀古偶题临江亭》,全篇已佚,今存残句(详后)。刘禹锡与元稹均有和作,元诗亦仅存二句,刘诗存,题为《和浙西李大夫晚下北固山喜松径成阴怅然怀古偶题临江亭并浙东元相公所和》(《刘禹锡集笺证》外集卷七)。

德裕于润州创建甘露寺(宋时寺中尚有李卫公祠、卫公铁塔)。

张彦远《历代名画记》卷三《记两京外州寺观壁画》:"先是宰相李德裕镇浙西,创立甘露寺。"未言年岁。

宋卢宪《嘉定镇江志》卷六《地理·山川·丹徒县》:"李德裕创甘露寺于北固山。"又卷八《僧寺·丹徒县》:"甘露寺,在北固山。唐宝历中李德裕建以资穆宗冥福(注引《润州类集》:熙宁中主僧应夫因治地,获德裕所藏舍利,并手记曰'创甘露宝刹,以资穆皇之冥福')。时甘露降此山,因名。"据此,知德裕创建甘露寺在宝历中,宝历仅二年,今姑系于本年。

许棠有《题甘露寺》诗(《全唐诗》卷六〇四),五言排律,文繁不录。

又宋米芾《宝晋英光集》卷四有《甘露寺》诗,诗前自序云:"甘露寺壁有张僧繇四菩萨、吴道子行脚僧,元符末一旦为火所焚,六朝遗物扫地,李卫公祠手植桧亦焚荡。寺故重重,金碧参差,多景楼面山背江,为天下甲观,五城十二楼不过也。今所存唯卫公铁塔、米老庵三间,作诗悼之云。"诗云:"邑故重重构,春归户户岚。槎浮龙委骨,画失兽遗耽。神护卫公塔,天留米老庵。柏梁终厌胜,会副越人谈。"

唐人笔记载李德裕断甘露寺僧讼狱事。

唐人笔记《桂苑丛谈》有《太尉朱崖辨狱》条:"太尉李德裕出镇浙右,有甘露寺主事僧讼交代得常住什物,被前主事隐用却常住金若干两,引证前数辈皆有递相交割,文籍分明,众词皆指以新得替者隐用之,且云初上之时交领既分明,及交割之日不见其金。鞫具狱,伏罪昭昭,然未穷破用之所由。

或以僧人不拘细行而费之,以是无理可伸,甘之死地。一旦引虑之际,公疑其未尽,微以意揣之,髡人乃具实以闻,曰:'居寺者乐于知事,前后主之者,积年已来,空交分两文书,其实无金。郡众以某孤立,不杂辈流,欲乘此挤排之。'因流涕不胜其冤。公乃悯而恻之曰:'此固非难也。'俯仰之间,曰:'吾得之矣。'乃立召兜子数乘,命关连僧入对事,咸遣坐兜子中,下帘子毕,令门不相对,命取黄泥,各令模前后交付下次金样,以凭证据。僧既不知形段,竟模不成。公怒,令劾前数辈,皆一一伏罪,其所排者遂获清雪。"此又见宋王谠《唐语林》卷一《政事》、宋郑克《折狱龟鉴》卷三《辨诬》,文字稍简。按此未知是否确有其事,也未能定其确年,因前载德裕创建甘露寺事,故连类而系于此处。

德裕兄德修约于本年由膳部员外郎出为舒州刺史,后又历任湖、楚二州刺史。

《新书》卷一四六《李吉甫传》附德修事,云:"子德修,亦有志操,宝历中为膳部员外郎。张仲方入为谏议大夫,德修不欲同朝,出为舒、湖、楚三州刺史。卒。"(《旧·李吉甫传》未载德修事)

《新书》卷一二六《张九龄传》附载张仲方事,谓:"稍进河南少尹、郑州刺史。敬宗立,李程辅政,引为谏议大夫。……大和初,出为福建观察使。"按敬宗立于长庆四年正月,同年五月李程为相,又同年七月已载谏议大夫张仲方云云,则张仲方之为谏议大夫当在长庆四年下半年。李德修之为膳部员外郎时间,《旧纪》未载,《新传》云"宝历中为膳部员外郎",则德修之不欲与张仲方同朝而出为舒州刺史,或当在宝历元年。

五月,李绅由端州司马量移为江州刺史。

参《旧·敬宗纪》、《旧·李绅传》及《通鉴》。又李绅《趋翰苑遭谗构四十六韵》(《全唐诗》卷四八〇),自注云:"余以宝历元年五月,量移江州长史。"诗又云:"诳天犹指鹿,依社尚凭狐。"自注云:"逢吉尚为相。"

九月,昭义节度使刘悟卒,其子从谏谋袭其位,厚赂当权者,李逢吉受其赂,与宦官王守澄勾结,竟允其请。

《旧·敬宗纪》宝历元年九月,"壬午,昭义节度使刘悟卒"。同年十二月辛丑,"以刘悟子将作监主簿从谏起复云麾将军、守金吾卫大将军同正、检校左散骑常侍、兼御史大夫,充昭义节度留后"。

《旧书》卷一六一《刘悟传》:"宝历元年九月病卒,赠太尉。遗表请以其子从谏继缵戎事。敬宗下大臣议。仆射李绛以泽潞内地,与三镇事理不同,不可许。宰相李逢吉、中尉王守澄受其赂,曲为奏请。"

〔编年文〕

《丹扆六箴》(别集卷八)

本年二月进上。

〔编年诗〕

《近于伊川卜山居将命者画图而至欣然有感聊赋此诗兼寄上浙东元相公大夫使求青田胎化鹤》(别集卷九)

此诗题下注:"乙巳岁作。"详见前。《全唐诗》卷四七五所载，文字小有异同。

《霜夜对月听小童薛阳陶吹觱篥歌》(《全唐诗》卷四七五)

全篇已不存,《全唐诗》载六句。本年秋冬间作,详见前。

《述梦诗四十韵》(别集卷三)

本年岁暮作。详见前。又宋范仲淹《述梦诗序》(《范文正公集》卷六)有云:"景祐戊寅岁,某自鄱阳移领丹徒郡,暇日游甘露寺,谒唐相李卫公真堂,其制隘陋,乃迁于南楼,刻公本传于其侧。又得集贤钱绮翁书云:我从父汉东公尝求卫公之文于四方,得集外诗赋杂著共成一编,目云《一品拾遗》,其间有浙西《述梦诗四十韵》。时元微之在浙东,刘梦得在历阳,并属和焉。爱其雄富,藏之楮中,二十年矣,愿刻石以期不泯。"

《晚下北固山喜松径成阴怅然怀古偶题临江亭》

按刘禹锡有《和浙西李大夫晚下北固山喜松径成阴怅然怀古偶题临江亭并浙东元相公所和》(《刘禹锡集笺证》外集卷七),刘诗的后半篇称颂德裕,也间及元稹,云:"八元邦族盛,万石门风厚。天柱揭东溟,文星照北斗。高亭一骋望,举酒共为寿。因赋咏怀诗,远寄同心友。禁中晨夜直,江左东西偶。笔手握兵符,儒腰盘贵绶。颁条风有自,立事言无苟。农野闲让耕,军人不使酒。用材当构厦,知道宁窥牖。谁谓青云高,鹏飞终背负。"刘诗题为和作,但存世的德裕文集及《全唐诗》都没有以《晚下北固山喜松径成阴怅然怀古偶题临江亭》为题的诗什。

今查宋王楙《野客丛书》卷十七有《北固怀古诗》条，有云："李德裕北固怀古诗曰：'自有此山川，于今几太守？近世二千石，毕公宣化厚。丞相量纳川，平阳气冲斗。三贤若时雨，所至跻仁寿。'注：'毕构政事为开元第一，丞相陆象先，平阳齐浣，三贤皆为此郡。'仆考之传，独象先不闻为润州，此恐史之佚耳。毕构，中宗景龙初为润州，政有惠爱，景龙末召为御史大夫。谓政事为景龙间第一可也。"《全唐诗》卷四七五辑李德裕诗，即载有此诗，诗题与诗句都与《野客丛书》所记相同，也就是说，《野客丛书》所载李德裕此诗，即为《全唐诗》所本。而经查考，《野客丛书》所载，即是德裕之《晚下北固山喜松径成阴怅然怀古偶题临江亭》诗中之八句，《全唐诗》所载诗题为《北固怀古》也本之于《野客丛书》，而且王楙当初恐并非以"北固怀古"为诗题，他只不过将李诗之原题撮要写入笔记，后人不察，即误以此四字为原来之诗题。

按刘禹锡之和作，题下有注云："依本韵。"则无论刘诗或李诗，所押之韵依次应为：柳、久、阜、守、首、口、吼、后、朽、有、厚、斗、寿、友、偶、绶、苟、酒、牖、负。而《野客丛书》、《全唐诗》之李德裕《北固怀古》诗八句，其韵依次为：守、厚、斗、寿。次序完全相合，只不过"自有此山川，于今几太守"下，据刘诗所押之韵，尚有首、口、吼、后、朽、有等六韵十二句，然后再接"近世二千石"等六句。除据刘禹锡和作所押之韵来证明《全唐诗》所载为《晚下北固山……》全篇中的八句，还可从宋《嘉定镇江志》得到证明，其书卷十四《唐润州刺守》门于陆象先名下云："曾敗《类集》（琮按：《类集》全名为《丹阳类集》,宋曾畋编。据《郡斋读书志》卷二十总集类,谓宋神宗元丰中曾畋曾官丹阳县,因采诸家之集,始自东汉,终于南唐,凡得歌诗赋赞五百余篇)引李德裕《晚下北固山喜松径成阴怅然怀古偶题临江亭》诗云:'近世二千石,毕公宣化厚。丞相量纳川,平阳气冲斗。三贤若时雨,所至跻仁寿。'注云:丞相谓陆兖公,毕公谓毕公隆择,平阳谓齐詹事浣,三贤皆历此郡。"此处即以"近世二千石"六句为《晚下北固山……》诗,诗句文字相同,小注则稍有异同,但看来更接近于原著。又《嘉定镇江志》编纂者卢宪于上引一段文字之后,尚有考云:"今考新旧《唐书·陆象先传》,并不言守润,然李卫公诗意慨慕,皆属为守者,故末章言志:'凛凛君子风,余将千载友。'则象先刺润,前《志》云史略之,信然。"卢宪当是见到李德裕《晚下北固山……》诗之全篇,因此他在考语中又引述了其中的两句:"凛凛君子风,余将千载友。"这两句则为《全唐诗》所漏辑,也为德裕文集所未载。而这两句所押"友"字韵,也是在刘禹锡和作所押韵之内的。又《嘉定镇江志》卷十二《堂·丹徒县》载:"妓堂,在城东南。唐李德裕题北固山诗云:'班剑出妓堂。'注:'郡城东南有谢公妓堂遗迹。'"这里的"班剑出妓堂",当也是《晚下北固山……》诗中的一句,可惜仅存单句,而且也不能考知其下句所押之韵。

据上所述,可以考知:德裕有《晚下北固山喜松径成阴怅然怀古偶题临江亭》诗,但全篇已不存,佚句可以考见的凡十一句;《全唐诗》所载《北固怀古》即是其中的八句,题作"北固怀古"者不确,应改为原诗题。至于此诗所作的年代,也可据《嘉定镇江志》考定,其书卷十四《唐润州刺史》门李德裕条云:"宝历元年,上《丹扆六箴》。……是年,德裕有游北固山诗。元稹和之,云:'自公镇南徐,三换营门柳。'"其下注云"以李卫公年谱参定"。《嘉定镇江志》编纂者为南宋人卢宪,书中载李德裕事,有数处引《李卫公年谱》,此谱未知何人所作,当出于宋人之手,这时德裕与元稹诗存者较后世为多,故能资以援引。此所谓游北固山诗,即《晚下北固山……》篇,可知即作于宝历元年。

又,从《嘉定镇江志》此处所载,还可补辑元稹的佚诗。按刘禹锡诗题中本有"并浙东元相公所和"数字,但现存《元氏长庆集》、《全唐诗》及辑补元诗者,均未载及元稹的这篇和作,当是已经散佚。但《嘉定镇江志》却载有"自公镇南徐,三换营门柳"二句,所押"柳"字韵,即刘诗之首韵,由此也可考见这是元稹和作的头二句。"南徐"即指润州(镇江),南朝于京口置徐州。李德裕于长庆二年九月出镇润州,至宝历元年春,可以说是"三换营门柳",与《嘉定镇江志》所载德裕诗作于宝历元年者正合。

宝历二年丙午(八二六)　四十岁

德裕仍在浙西观察使任。

敬宗信奉神仙之说,遣使遍访"异人",并迎润州人周息元入宫。

李德裕上疏,极言周息元妄诞,不可信从。

《旧·敬宗纪》宝历二年五月，"癸未，山人杜景先于光顺门进状，称有道术，令中使押杜景先往淮南及江南、湖南、岭南诸州求访异人"。又八月载："令供奉道士二十人随浙西处士周息元入内宫之山亭院，上问以道术，言识张果、叶静能。浙西观察使李德裕上疏言周息元诞妄，无异于人。"

《通鉴》卷二四三宝历二年载："道士赵归真说上以神仙，僧惟贞、齐贤、正简说上以祷祠求福，皆出入宫禁，上信用其言。山人杜景先请遍历江、岭，求访异人。有润州人周息元，自言寿数百岁，上遣中使迎之。八月乙巳，息元至京师，上馆之禁中山亭。"

《旧传》所载较详，云："敬宗为两街道士赵归真说以神仙之术，宜访求异人以师其道；僧惟贞、齐贤、正简说以祠祷修福，以致长年。四人皆出入禁中，日进邪说。山人杜景先进状，请于江南求访异人。至浙西，言有隐士周息元寿数百岁，帝即令高品薛季棱往润州迎之，仍诏德裕给公乘遣之。德裕因中使还，献疏曰：'……臣所虑赴召者，必迂怪之士，苟合之徒，使物淖冰，以为小术，炫耀邪僻，蔽欺聪明。如文成、五利，一无可验。臣所以三年之内，四奉诏书，未敢以一人塞诏，实有所惧。……以臣微见，倘陛下睿虑精求，必致真隐，唯问保和之术，不求饵药之功，纵使必成黄金，止可充于玩好。则九庙灵鉴，必当慰悦，寰海兆庶，谁不欢心？……'息元至京，帝馆之于山亭，问以道术。自言识张果、叶静能，诏写真待诏李士昉问其形状，图之以进。息元山野常人，本无道学，言事诞妄，不近人情。及昭愍遇盗而殂，文宗放还江左。德裕深识守正,皆此类也。"《新传》所载略同,但进一步补充周息元本为杜景先之友("狂人杜景先上言,其友周息元寿数百岁,帝遣宦者至浙西迎之,诏在所驰驲敦遣")。可知周之入朝,出于杜景先的推荐,而为李德裕所反对,《旧传》载德裕上疏,有"三年之内,四奉诏书,未敢以一人塞诏"等语,可知自从敬宗即位以后,曾数次下诏浙西,征佛道异人,德裕则未有一人上荐。

关于李德裕撰《三圣记》(《茅山三象记》),及德裕对道教的态度。

宋欧阳棐《集古录目》卷九载《崇玄圣祖院记》,并云:"常州刺史贾餗撰,前陈州参军徐挺古八分书。敬宗即位,诏天下求有道之士,李德裕为浙西观察使,以道士周息元荐于朝,为建此院,敕赐号崇玄圣祖院。碑以宝历二年立,在茅山。"同卷又载《茅山三象记》,并云"八分书,与《崇玄圣祖院记》一体书。李德裕既建圣祖院,并立玄元皇帝、孔子、尹喜三象,授引传记事迹,作此记,以宝历二年刻"。(按王象之《舆地碑记目》卷一建康府碑记也记《茅山三象记》、《崇玄圣祖院记》,皆云宝历二年刻、立。)

按据《集古录目》所载,则周息元为德裕所荐,圣祖院之建也出于德裕之意,似李德裕乃主动迎合敬宗访道求仙的行动。

今按《全唐文》卷七三一载贾餗《大唐宝历崇玄圣祖院碑铭并序》,文中并未说周息元为德裕所荐拔,相反,文中却谓是应敬宗之命,云:"(敬宗)自临驭大宝,则申诏百辟,旁延万邦,推诚备礼,征访至道,寤寐孜孜,如恐不及。夫明天子勤求于上,必贤方伯感致于下,君臣一德,而道德可兴。乃其年秋七月,公以天子之命,斋戒虔恳,果得周先生曰息元,实元精之全德,大道之宗师也。"实际情况当是敬宗听信杜景先之说,下诏命浙西征周息元入朝,李德裕当然不能公然抗命,于是一面备礼聘请,并与之商议建立崇圣院,一面在中使回朝时,上疏言周息元之不可信。贾𫗱的碑铭作于宝历二年敬宗访求道家方士的高潮之时,当然只能述赞颂之词,并且说周息元是地方大员所推荐,这是出于回护之词,不能据此来推翻《旧书》及《通鉴》的记载。

《茅山三象记》即德裕之《三圣记》(别集卷七),有云:"有唐宝历二年岁次丙午,八月丙申朔,十五日庚戌,玉清玄都大洞三道弟子、正议大夫、使持节润州诸军事、守润州刺史、兼御史大夫、充浙西道都团练观察处置等使、上柱国、赞皇县开国男、食邑三百户、赐紫金鱼袋李德裕,上为九庙圣主,次为七代先灵,下为一切含识,于茅山崇玄观南,敬造老君殿院,及造老君、孔子、尹真人象三躯,皆按史籍遗文,庶垂不朽。"按德裕自称道号,其妻、妾在润州时也皆有道号,这都可以见出唐时道家思想及道教对士大夫层的影响,但正如贾𫗱所作碑铭中所说,德裕施政,仍重儒学,或儒道并重:"矧公以济代全才,合乎休明,树风南藩,绩最天下。前岁兴建儒学,而天降膏露,显于庙庭,俗变风移,遂至于道。今之辉崇真馆,阐奉玄化,上感睿旨,下孚元元,仁声顺气,流溢四境。推是为政,大而伸之,则致君兴国之用可见矣。又况封部之内,融汰之下,遍识元元之教,俱为嵬𡷘之人,顾难乎哉!𫗱

谬列属城，获详事实，又尝以春秋属词为学。故承命奋笔，直
而不文。"

　　据《旧书》卷一六九《贾𫠋传》，𫠋于长庆时曾为库部郎
中、知制诰，"四年，为张又新所构，出为常州刺史。大和初，
入为太常少卿"。则宝历时，贾𫠋在常州刺史任，常州属浙
西，故文中称"𫠋谬列属城"。又白居易宝历元年五月赴苏州
刺史任，有《赴苏州至常州答贾舍人》诗（《白居易集》卷二
四），此贾舍人即贾𫠋。白集同卷又有《自到郡斋仅经旬日，
方专公务，未及宴游，偷闲走笔，题二十四韵，兼寄常州贾舍
人、湖州崔郎中，仍呈吴中诸客》诗。

德裕妻刘氏约于本年前后在茅山燕洞宫传授上清法箓。

　　李德裕《唐茅山燕洞宫大洞炼师彭城刘氏墓志铭并序》：
"中年于茅山燕洞宫传上清法箓。悦《诗》《书》之义理，造次
不渝；宝老氏之慈俭，珍华不御。"此云中年，按本年德裕四十
岁，刘氏三十九岁，传授上清法箓，当在本年前后。

　　《嘉定镇江志》卷六《地理·山川·金坛县》："茅山一名
句曲山。"又引《寰宇记》云："山在县西六十五里，延陵县西
南三十里，句容县南五十里。山形曲折似句字三曲，故名
句曲。"

　　又曾巩《元丰类稿》卷五十《金石录跋尾》有《茅君碑》，
可资参考。

**亳州言出圣水，饮之者疾愈。德裕上疏言其妄，请加禁止。时令
狐楚为汴宋亳观察使，亦上疏言亳州圣水可以愈疾，裴度时为宰
相，曾加判责。**

《旧·李德裕传》："宝历二年,亳州言出圣水,饮之者愈疾。德裕奏曰:'臣访闻此水,本因妖僧诳惑,狡计丐钱。数月已来,江南之人,奔走塞路。每三二十家,都顾一人取水。拟取之时,疾者断食荤血,既饮之后,又二七日蔬飧,危疾之人,俟之愈病。其水斗价三贯,而取者益之他水,沿路转以市人,老疾饮之,多至危笃。昨点两浙、福建百姓渡江者,日三五十人,臣于蒜山渡已加捉搦。若不绝其根本,终无益黎氓。昔吴时有圣水,宋、齐有圣火,事皆妖妄,古人所非。乞下本道观察使令狐楚,速令填塞,以绝妖源。'从之。"《新·李德裕传》所载略同。德裕所上奏疏,载于别集卷五,题为《亳州圣水状》。

按此时令狐楚为汴州刺史、宣武军节度、汴宋亳观察等使,在李德裕上奏禁亳州圣水前,楚却上言亳州圣水可以愈疾,《新书》卷一七三《裴度传》谓:"汴宋观察使令狐楚言亳州圣水出,饮者疾辄愈。度判曰:'妖由人兴,水不自作。'命所在禁塞。"按裴度于宝历二年二月由山南西道节度使入相,则此事当在本年二月以后。

《唐语林》卷一《政事》上更具体记载德裕如何破除圣水治病的迷信:"宝历中,亳州云出圣水,服之愈宿疾,亦无一差者。自洛已来及江西数十郡,人争施金贷之衣服以饮焉,获利千万,人转相惑。李德裕在浙西,命于大市集人,置釜,取其水,设司取猪肉五斤煮。云:'若圣水也,肉当如故。'逡巡熟烂。自此人心稍定,妖者寻而败露。"

德裕妾徐氏生子烨,字季常。

《唐故郴县尉赵郡李君(烨)墓志铭》(署从弟乡贡进士濬撰,北京图书馆藏拓本,此据周绍良先生所抄本过录),谓李卒于大中十四年(八六〇),年三十五,推之当生于本年。据志,烨字季常,又云"君,卫公第五子也"。按德裕《滑州瑶台观女真徐氏墓志铭》,谓烨为徐氏所生,云:"一子多闻,早夭,次子烨,将及捧雉,未能服缟。"则烨为徐氏所生第二子。

二月,裴度以山南西道节度入相;十一月,李逢吉罢知政事,出为山南东道节度使。

《旧·敬宗纪》宝历二年二月:"丁未,以山南西道节度观察处置等使、光禄大夫、守司空、同中书门下平章事、兴元尹、上柱国、晋国公裴度守司空、同平章事,复知政事。"同年十一月:"甲申,以右仆射、同平章事李逢吉检校司空、同平章事,兼襄州刺史,充山南东道节度使。"

《通鉴》卷二四三宝历元年末载:"言事者多称裴度贤,不宜弃之藩镇,上数遣使至兴元劳问度,密示以还期;度因求入朝,逢吉之党大惧。"又宝历二年正月载:"壬辰,裴度自兴元入朝;李逢吉之党百计毁之。先是民间谣云:'绯衣小儿坦其腹,天上有口被驱逐。'又,长安城中有横亘六冈,如乾象,度宅偶居第五冈。张权舆上言:'度名应图谶,宅占冈原,不召而来,其旨可见。'上虽年少,悉察其诬谤,待度益厚。"二月:"丁未,以度为司空,同平章事。"

又《新书》卷一七四《李逢吉传》:"初,逢吉兴(武)昭狱以止度入而不果,天子知度忠,卒相之。逢吉于是浸疏,以检校司空、平章事为山南东道节度使。"按李逢吉此次罢知政事，出镇襄州，从此以后，即不再入朝执政。朝中党争，穆宗、敬宗时，主要表现为裴度与李逢吉之党的斗争，从文宗大和起，则主要表现为李德裕与牛僧孺、李宗闵的斗争。李德裕为裴度所器识，牛僧孺、李宗闵为李逢吉所援引，因此李德裕与牛僧孺、李宗闵之争也就是裴度与李逢吉之争的继续。

十二月八日（辛丑），敬宗被害，宦官拥立江王李涵为帝，是为文宗。

参《旧·敬宗纪》、《文宗纪》及《通鉴》。文宗立后，即于本年十二月，流道士赵归真等于岭南。

《旧·文宗纪》宝历二年十二月，"甲辰，僧惟真、齐贤、正简，道士赵归真，并配流岭南"。同月丁未又载："道士纪处玄、杨冲虚、伎术人李元戢、王信等，并配流岭南。"同月庚申诏书中亦云："妖妄僧惟贞、道士赵归真等，或假于卜筮，或托以医方，疑众挟邪，已从流窜。"

同月庚戌，韦处厚拜相。

《通鉴》卷二四三宝历二年十二月，"庚戌，以翰林学士韦处厚为中书侍郎、同平章事"。

本年，刘蕡登进士科，礼部侍郎杨嗣复知贡举（徐松《登科记考》卷二十）。

〔编年文〕

《谏敬宗搜访道士疏》（别集卷五）

宝历二年八月，又见新、旧《唐书》本传。

《三圣记》（别集卷七）

宝历二年八月。详见前谱。

《亳州圣水状》(别集卷五)

宝历二年二月(裴度入相)以后。详见前谱。

《圣祖院石磬铭》(别集卷八)

当为本年作。圣祖院见贾𬤊《圣祖院碑铭》。

《鹿迹山铭》(别集卷八)

此文不易确定何年所作,因别集排于《圣祖院石磬铭》之后,姑系于此。

文宗大和元年丁未(八二七)　四十一岁

德裕仍在浙西观察使任。

九月,与元稹并加检校礼部尚书。

《旧·文宗纪》大和元年九月,"丁丑,浙西观察使李德裕、浙东观察使元稹,就加检校礼部尚书"。又贾𬤊《赞皇公李德裕德政碑》(《全唐文》卷七三一):"大和元年,就加礼部尚书。"

段成式大和初在李德裕浙西幕府,记德裕博学事。

《酉阳杂俎》续集卷四《贬误》:"予大和初,从事浙西赞皇公幕中。尝因与曲宴,中夜,公语及国朝词人优劣,云世人言灵芝无根,醴泉无源,张曲江著词也。盖取虞翻《与弟求婚书》,徒以芝草为灵芝耳。予后偶得《虞翻集》,果如公言。"

据《旧·文宗纪》,段文昌于大和元年六月癸巳,代王播为淮南节度使,至大和四年三月移镇荆南。段成式当于本年在李德裕浙西幕府,于大和二年或随父在淮南任所。

时韦处厚、裴度在相位,处厚言裴度忠勋望重,应加信用。韦、裴执政,大和初之政有足可称者。

《通鉴》卷二四三大和元年载:"上虽虚怀听纳而不能坚决,与宰相议事已定,寻复中变。夏四月丙辰,韦处厚于延英极论之,因请避位;上再三慰劳之。"此事《旧书》卷一五九《韦处厚传》载之较详,谓曰:"文宗勤于听政,然浮于决断,宰相奏事得请,往往中变。处厚常独论奏曰:'……且裴度元勋宿德,历辅四朝,孜孜竭诚,人望所属,陛下固宜亲重。……'处厚谢之而去,出延英门复令召还,谓曰:'凡卿所欲言,并宜启论。'处厚因对彰善瘅恶,归之法制,凡数百言;又裴度勋高望重,为人尽心切直,宜久任,可壮国威。帝皆听纳。"

按文宗即位之初,任裴度、韦处厚为相,注意于革除前朝的弊政,据《通鉴》(卷二四三)所载,如:"诏宫女非有职掌者皆出之,出三千余人。五坊鹰犬,准元和故事,量留校猎外,悉放之。有司供宫禁年支物,并准贞元故事。省教坊、翰林、总监冗食千二百余员,停诸司新加衣粮。御马坊场及近岁别贮钱谷所占陂田,悉归之有司。先宣索组绣、雕镂之物,悉罢之。"《旧·韦处厚传》也载:"处厚在相位,务在济时,不为身计。中外补授,咸得其宜。"

四月,贬李续为涪州刺史,张又新为汀州刺史。李、张为李逢吉之党。

《旧·文宗纪》大和元年四月,"己巳,贬山南东道节度副使李续为涪州刺史,山南东道行军司马张又新为汀州刺史,李逢吉党也"。

按李逢吉为山南东道节度使,本以李、张为其参佐,《旧·李逢吉传》:"逢吉检校司空、平章事、襄州刺史、山南东道节度使,仍请张又新、李续之为参佐。"("李续之",《旧纪》、《新·李逢吉传》皆作"李续")《新·李逢吉传》:"初,门下史田伓倚逢吉亲信,顾财利,进婢,嬖之。伓坐事匿逢吉家,名捕弗获。及出镇,表随军,满岁不敢集,使人伪过门下省,调房州司马。为有司所发,即襄州捕之,诡谰不遣。御史劾奏,诏夺一季俸,因是贬续为涪州刺史,又新汀州刺史。"将李、张从襄州贬出,是裴度、韦处厚为相时对李逢吉之党的一个打击。

八月,削夺李同捷官爵,命横海节度使乌重胤、武宁节度使王智兴等率兵讨之。

按据《旧纪》、《通鉴》等所载,本年五月,唐朝廷对河北、山东等部分节镇曾有所调整,如以天平节度使乌重胤为横海节度使,以前横海节度使李同捷为兖海节度使。七月,李同捷托为将士所留,不受命。八月,乃下诏削夺李同捷官爵,"命乌重胤、王智兴、康志睦、史宪诚、李载义与义成节度使李听、义武节度使张璠各帅本军讨之"(《通鉴》卷二四三)。《通鉴》又载:"史宪诚与李全略为婚姻,及同捷叛,密以粮助之。裴度不知其所为,谓宪诚无贰心。宪诚遣亲吏至中书请事,韦处厚谓曰:'晋公于上前以百口保尔使主;处厚则不然,但仰俟所为,自有朝典耳!'宪诚惧,不敢复与同捷通。"胡三省于此处有注,推明裴度与韦处厚不同之策略,颇为明切,可供参考:"读史者以为裴度于是时毫及之矣,韦处厚较聪明;不惟不知度,亦不知处厚矣。一推心以待之,一明法以示之,此正宽严相济,所以制御强藩。"由《通鉴》及胡注,可知韦处厚与裴度为相时,大和初对公然抗命的强藩,尚能采取积极进讨的对策,与长庆后期及宝历时一味苟且忍让者有所不同。

本年,崔铉登进士科,礼部侍郎崔郾知贡举(徐松《登科记考》卷二十)。

〔编年文〕

《唐故左神策军护军中尉兼左街功德使知内侍省事刘公神道碑铭》(别集卷六)

此为刘弘规神道碑铭。刘卒于宝历二年十一月二十八日,葬于大和元年十一月十四日。此文当作于本年冬。

大和二年戊申(八二八) 四十二岁

李德裕仍在浙西观察使任。本年加银青光禄大夫。

贾𫗧《赞皇公李德裕德政碑》(《全唐文》卷七三一):"(大和)二年,加银青光禄大夫。诏书方勉,举汉宣故事,以宠休绩。在金陵凡六载,其仁风惠化,磅礴于封部,洋溢于歌讴,天下闻之久矣。"此处不免有溢美之词,但由此仍可看出,德裕在浙西,为当世所称道。

二月,白居易由秘书监改为刑部侍郎。与裴度有往还。

《旧·文宗纪》大和二年二月,乙巳,"秘书监白居易为刑部侍郎"。

白居易有与裴度往还诗,如《酬裴相公题兴化小池见招长句》(《白居易集》卷二五)、《宿裴相公兴化池亭》(同上卷二六)。

三月,文宗亲试制策举人,刘蕡对策,极言宦官专横之祸。

《旧·文宗纪》大和二年三月,"辛巳,上御宣政殿亲试制策举人。以左散骑常侍冯宿、太常少卿贾𫗧、库部郎中庞严为考制策官"。又《旧书》卷一九〇下《文苑下·刘蕡传》载蕡字去华,昌平人,"耿介嫉恶,言及世务,慨然有澄清之志。自元和末,阉寺权盛,握兵宫闱。横制天下,天子废立,由其可否,干挠庶政。当时目为南北司,爱恶相攻,有同水火。蕡草泽中居常愤惋。文宗即位,恭俭求理,大和二年策试贤良……时对策者百余人,所对止循常务,唯蕡切论黄门太横,将危宗社"。按刘蕡对策,详载《旧传》,文繁不录,《通鉴》摘录其部分内容,如:"陛下宜先忧者,宫闱将变,社稷将危,天下将倾,海内将乱。""陛下将杜篡弑之渐,则居正位而近正人,远刀锯之贱,亲骨鲠之直,辅相得以专其任,庶职得以守其官,奈何以亵近五六人总天下大政!祸稔萧墙,奸生帷幄,臣恐曹节、侯览复生于今日。""忠贤无腹心之寄,阉寺持废立之权,陷先君不得正其终,致陛下不得正其始。""威柄陵夷,藩臣跋扈。或有不达人臣之节,首乱者以安君为名;不究《春秋》之微,称兵者以逐恶为义。则政刑不由乎天子,征伐必自于诸侯。"时考试官畏宦官当途,不敢取蕡,谏官、御史欲论奏,又为执政所抑。

《旧·刘蕡传》:"是岁,左散骑常侍冯宿、太常少卿贾𫗧、库部郎中庞严为考策官,三人者,时之文士也,睹蕡条对,叹服嗟悒,以为汉之晁、董,无以过之。言论激切,士林感动。时登科者二十二人,而中官当途,考官不敢留蕡在籍中,物论喧然不平之。守道正人,传读其文,至有相对垂泣者。谏官御史,扼腕愤发,而执政之臣,从而弭之,以避黄门之怨。"按《旧传》云谏官等欲论其事,"而执政之臣,从而弭之";《通鉴》则谓"谏官、御史欲论奏,执政抑之"。时宰相如韦处厚、王播、窦易直、裴度四人,颇疑所谓"弭之"、"抑之"者,恐出于王播。王播在敬宗时本结纳宦官王守澄,《旧书》卷一六四《王播传》云:"敬宗即位,就加银青光禄大夫、检校司空,罢盐铁转运使。时中尉王守澄用事,播自落利权,广求珍异,令腹心吏内结守澄,以为之助。守澄乘间启奏,言播有才,上于延英言之。"至大和元年五月,"自淮南入觐,进大小银碗三千四百枚、绫绢二十万匹"。即于是年六月拜相。如王播之所作为,正是刘蕡对策中所指斥的"贪臣聚敛之政"。刘蕡对策中又说:"国之权柄,专在左右,贪臣聚敛以固宠,奸吏因缘而弄法。"可能也兼指王播而言。

又,刘蕡于宝历二年登进士科,时知贡举者为杨嗣复,后人因此有将刘蕡列入牛党的。实际上杨嗣复虽是刘蕡的座师,但不能说二人的政治态度即一致。《玉泉子》即载:"刘蕡,相国杨公嗣复之门生也,对策以直言忤时,中官尤所嫉怒。中尉仇士良谓杨公曰:'奈何以国家科第放此风汉及第邪!'杨公既惧,即答曰:'嗣复昔与蕡及第,时犹未风耳。'"

此当是大和二年刘蕡对策后之事,仇士良的骄横,杨嗣复的猥苶,于二人问答语中可以见出。牛党对宦官确是既结纳又畏惧,将刘蕡说成牛党,不合于刘蕡的政治主张。

四月,王茂元由邕管经略使改为容管经略使。

《旧·文宗纪》大和二年四月"壬午,以邕管经略使王茂元为容管经略使"。

按王茂元为鄜坊节度使王栖曜子,其事迹附见于《旧书》卷一五二、《新书》卷一七〇《王栖曜传》,新旧《书》都未记其任邕管、容管事。

十月,李逢吉由山南东道节度使改为宣武节度使,代令狐楚;令狐楚入朝为户部尚书。

见《旧·文宗纪》。《旧传》也载"大和二年,改汴州刺史、宣武军节度使",《新传》同。李逢吉这次从襄州移汴州,其节镇的地位有所提高,可能与宦官有关。文宗在即位之初虽也想有所改革,并任用韦处厚、裴度等人,但他始终在宦官控制之中,即位之初的善政并未坚持多久,大和元年任用王播就是宦官起作用的结果,李逢吉的移镇宣武,也是一例。本年十二月韦处厚卒,裴度孤立无援,更无可作为。

十二月,宰相韦处厚卒。

《旧·文宗纪》大和二年十二月,"壬申,中书侍郎、同平章事韦处厚暴卒"。《旧书》卷一五九《韦处厚传》称:"处厚当国柄二周岁,启沃之谋,颇叶时誉,咸共惜之。"

路随拜相。

《旧·文宗纪》大和二年十二月,"戊寅,诏以兵部侍郎、知制诰、充翰林学士路随为中书侍郎、同平章事"。按路随与韦处厚曾同在翰林,二人政见相近,故"大和二年,处厚薨,随代为相"(《旧书》卷一五九《路随传》)。

本年,杜牧登进士科,李郃、南卓、李甘、杜牧、马植、郑亚、苗愔登贤良方正能直言极谏科,礼部侍郎崔郾知贡举(徐松《登科记考》卷二十)。

〔编年诗〕

《寄茅山孙链师》(别集卷三)

《又二绝》(同上)

按此诗中之孙炼师,为孙智清。《茅山志》卷十一有传,云:"十六代宗师明玄先生姓孙讳智清,不知何许人。……辞家入山,师洞真先生。……李卫公尊师之,尝有诗赠。"此三诗作年难于确定,或即作于德裕任浙西时。

《题奇石(题下原注:石在浙西公署)》(同上)

《送张中丞入台从事》(同上)

《怀京国》(同上)

《追和太师颜公同清远道士虎丘寺》(同上)

按以上诸诗,当皆第一次镇浙西时所作,具体年月则不可确考。

大和三年己酉(八二九) 四十三岁

李德裕于本年八月前仍在浙西观察使任。

春，与沈传师有《玉蕊花唱和诗》。传师时为江西观察使。李、沈为长庆时在翰林同僚。

宋欧阳棐《集古录目》卷九著录《玉蕊花唱和诗》，谓："润州刺史李德裕、洪州刺史沈传师赠答玉蕊花诗二首，皆传师书。"

李德裕诗题为《招隐山观玉蕊树戏书即事奉寄江西沈大夫阁老》（别集卷三。题下自注：此树吴人不识，因予赏玩，乃得此名），题下自署："润州刺史李德裕。"后附沈传师和作，题为《奉酬浙西尚书九丈招隐山观玉蕊树戏书见怀之作》，题下署为"江南西道团练观察使沈传师"。

按据《旧·文宗纪》，大和二年十月癸酉，"以右丞沈传师为江西观察使"，至大和四年九月丁丑，以大理卿裴谊为江西观察使代沈，则沈传师为江西观察使在大和二年十月至四年九月间。《旧书》卷一四九《沈传师传》未载出镇江西的年月，仅言"入为尚书右丞，出为洪州刺史、江南西道观察使"，《新书》卷一三二本传同。据传，传师曾带御史中丞衔出为潭州刺史、湖南观察使，入为尚书右丞，再出任江西。杜牧《唐故尚书吏部侍郎赠吏部尚书沈公行状》（《樊川文集》卷十四）谓"由是出为湖南观察使、兼御史大夫"，则出镇湖南时已带御史大夫之宪衔，非御史中丞。杜牧曾在沈传师的江西观察使幕府，所记当属可信，李德裕诗题中亦称沈为"大夫"。德裕于大和元年九月就加检校礼部尚书，故沈之诗题称之为"尚书"。德裕于本年八月应召入朝，诗中所写为春日景事，沈传师于上年十月始至江西，则二人唱和之什当作于本年春。

李诗为:"玉蕊天中树,金闺昔共窥。落英开舞雪,密叶乍低帷。旧赏烟霄远,前欢岁月移。今来想颜色,还似忆琼枝。"沈诗为:"曾对金銮直,同依玉树阴。雪英飞舞近,烟叶动摇深。素萼年年密,衰容日日浸。劳君想华发,仅欲不胜簪。"

王象之《舆地碑记目》卷一镇江府碑记有《李德裕玉蕊花诗》,云:"《类要》云:在丹徒县东南七里招隐寺,寺内有李德裕玉蕊花诗刊石在焉。"卢宪《嘉定镇江志》卷六《地理·山川·丹徒县》则谓"招隐山,在城西南七里"。

又《蔡宽夫诗话》云:"李卫公《玉蕊花》诗云:'玉蕊天中树,金銮昔共窥。'注以为禁林有此木,吴人不识,自文饶赏玩始得名。此为润州招隐山作也。碑今裂为四段,在通判厅中,而招隐无复此花矣。"(郭绍虞《宋诗话辑佚》据《苕溪渔隐丛话》前集卷四七)

李德裕在浙西时,曾"下令禁桑门瓶佛以眩人者"。

刘禹锡有《牛头山第一祖融大师新塔记》(《刘禹锡集笺证》卷四),据《记》,大师号法融,姓韦氏,延陵人。少为儒,后入句曲为僧。贞观中,僧人双峰过江至牛头,授其学,"揭立江左,名闻九围,学徒百千,如水归海"。法融于高宗显庆二年卒,"道在后觉,神依故山,戒香不绝,龛坐未饰"。《记》又云:"大和三年,润州牧、浙江西道观察使、检校礼部尚书赵郡李公在镇三阅,百为大备,尚理信古,儒玄交修,始下令禁桑门皈佛以眩人者,而于真实相深达焉。常谓大师象设宜从本教,言自我启,因自我成。乃召主吏籍我月入,得缗钱二十万,俾秣陵令如符经营之。三月甲子,新塔成,事严而工人尽艺,诚达而山神来护。……尚书欲传信于后,远命愚志之。"禹锡此记当在本年春夏间作。由此可见德裕对佛教的态度,一方面下令禁止佛寺任意剃度民人为僧,另一方面对于有道行的僧人则仍给予尊崇,甚至从自己的月俸中分出一部分为僧人法融修塔,并请远在长安的刘禹锡为撰塔记。

八月,李德裕由浙西观察使召入为兵部侍郎,裴度欲荐以为相,而李宗闵因得宦官之助,由吏部侍郎拜相。九月,乃出德裕为义成节度使。

《旧·文宗纪》大和三年八月,"乙巳,以礼部尚书、翰林侍讲学士丁公著检校户部尚书,兼润州刺史,充浙江西道观察使;以前浙西观察使、检校礼部尚书李德裕为兵部侍郎"。又八月"甲戌,以吏部侍郎李宗闵同中书门下平章事"。九月,"壬辰,以兵部侍郎李德裕检校户(吏?)部尚书,兼滑州刺史、义成军节度使"。

《通鉴》卷二四四大和三年八月,"征浙西观察使李德裕为兵部侍郎,裴度荐以为相。会吏部侍郎李宗闵有宦官之助,甲戌,以宗闵同平章事"。九月,"壬辰,以李德裕为义成节度使。李宗闵恶其逼己,故出之"。

《旧·李德裕传》:"大和三年八月,召为兵部侍郎,裴度荐以为相。而吏部侍郎李宗闵有中人之助,是月拜平章事,惧德裕大用,九月,检校礼(吏?)部尚书,出为郑滑节度使。

德裕为逢吉所摈,在浙西八年,虽远阙庭,每上章言事。文宗素知忠荩,采朝论征之。到未旬时,又为宗闵所逐,中怀於悒,无以自申。"《新·李德裕传》亦云:"大和三年,召拜兵部侍郎。裴度荐材堪宰相,而李宗闵以中人助,先秉政,且得君,出德裕为郑滑节度使。"

按据《旧书》卷一七六《李宗闵传》,李宗闵于长庆三年冬权知礼部侍郎,长庆四年知贡举事毕,权知兵部侍郎。宝历元年,正拜兵部侍郎,以父忧免。大和二年,起为吏部侍郎。仕途所历,皆无政绩可纪。《旧传》又云:"(大和)三年八月,以本官同平章事。时裴度荐李德裕,将大用。德裕自浙西入朝,为中人助宗闵者所沮,复出镇。"《旧传》又载李宗闵此次得以入相的缘由:"宗闵为吏部侍郎时,因驸马都尉沈𫸩结托女学士宋若宪及知枢密杨承和,二人数称于上前,故获征用。"可见李宗闵这次得以拜相,并不是靠他在职务上有何治绩,完全是交纳、依托于宦官的结果。文宗即位头二年,因任裴度、韦处厚为相,政治上稍有起色,但终文宗一朝,宦官势力始终居有控制地位,因此先是任命王璠为相,后又逐步起用李逢吉之党,至大和三年又任李宗闵为相,明年李宗闵又援引牛僧孺入朝,排挤裴度、李德裕等,结党营私,朝政遂更无可言。

裴度此时虽仍为宰相,但已"年高多病",且见宦官等用事,无可作为,故累次"上疏恳辞机务"(据《旧书》卷一七〇《裴度传》)。但裴度仍在力所能及的范围内,推举贤才,希望能对朝政有所裨益,因此大和二年曾荐举刘禹锡(参《旧书》卷一六〇《刘禹锡传》），今年又荐李德裕为相，而终于为宦官及李宗闵等所阻，禹锡、德裕等都未能得大用。

德裕于八月由浙西入朝，八月十六日有华岳题名。

清毛凤枝《关中金石文字存逸考》卷九华阴县，有《兵部侍郎李德裕题名》："银青光禄大夫、行尚书兵部侍郎李德裕，大和三年八月十六日，由浙西观察使、检校礼部尚书兼御史大夫拜，判官、监察御史崔知白，支使、监察御史崔璠，巡官、协律郎王式。"毛凤枝按云："右题名八行，自右而左，李德裕、崔知白、崔璠、王式，共四人。原刻久佚，仪征阮文达公北湖祠塾重模华山碑刻，此题名在碑额之左。《新唐书·百官志》，节度使有支使、巡官各一人。"按王式于大和二年与杜牧同为贤良方正能直言极谏制科举登第，见《通典》卷二四三，又参《唐大诏令集》一〇六《放制举人敕》。

德裕出镇滑州，正是前义成节度使、滑州刺史李听兵败之际，滑州"物力殚竭，资用凶荒"。

按唐朝廷于大和元年八月命诸镇兵讨沧景节度使李同捷，本年五月，沧景平，李同捷被杀。时史宪诚为魏博节度使，虽已会兵讨李同捷，但潜与李同捷相通，阴怀两端。沧景平，六月辛亥，以史宪诚为河中尹、充河中晋绛节度使，以义成节度使李听兼充魏博节度使。"宪诚素怀向背，不能以忠诚感激其众。未及出城，大和三年六月二十六日夜，为军众所害"（《旧书》卷一八一《史宪诚传》）。魏博军中立大将何进滔为留后，新节度使李听未能入城。七月，何进滔出兵击李听，听不为备，大败，溃走，归滑州。朝廷因久苦兵，只得姑

息,八月壬子,乃以何进滔为魏博节度使。(以上并参据《旧·文宗纪》、《通鉴》)

又《旧书》卷一三三《李听传》谓:"魏兵遽袭,听不为备,其军大败,无复部伍,昼夜奔走,仅而获免,丧师过半,辎车兵仗并皆委弃。御史中丞温造、殿中侍御史崔蠡弹之曰:'……况陛下授以神算,假以天威,入魏之期,克日先定。而听拥旄观望,按甲迁延,荧惑人心,逗挠军政,遂使宪诚陷于屠戮,乱众肆其奸凶,失六郡于垂成,固危巢于已覆。……'上不之罪,罢兵柄,为太子少师。"

在此情况下,九月,乃以李德裕为滑州刺史、义成节度使,十月,以李听为太子少师。德裕出镇义成,固然出于李宗闵的排挤,也有在败亡之余修理残局、辑抚民众之意,这种情况与长庆二年于王国清之乱后出镇润州相似,只不过滑州面对河北强藩,李德裕的职责更为繁重。正如贾𬤊《赞皇公李德裕德政碑》所云:"皇帝即位四年,沧寇既平,河朔无事,方偃戢兵刃,与人休息,惟东郡地临讨伐之境,岁积水旱之后,罢劳之师,始旋于奔命,残耗之氓,久困于烦役。物力殚竭,资用凶荒,牧养之寄,于是为急。乃诏兵部侍郎赞皇公李德裕以检校户部尚书兼御史大夫出镇兹土。时公由浙右连帅,以治行第一征复南宫,既至未浃月,乃膺是选,择于是日,对越明命,抗斾遄征,若决江汉,以起焦涸。"(《全唐文》卷七三一)

德裕离京赴滑州时,刘禹锡有诗送行,时禹锡在京任礼部郎中、兼集贤殿学士。

刘禹锡《送李尚书镇滑州》(《刘禹锡集笺证》卷二八),
题下自注:"自浙西观察征拜兵部侍郎,月余有此拜。"诗云:
"南徐报政入文昌,东郡须才别建章。视草名高同蜀客,拥旄
年少胜荀郎。黄河一曲当城下,缇骑千重照路旁。自古相门
还出相,如今人望在岩廊。"末句下注云:"其后果继韦、平之
族。"此当为后日所加。由此诗可见,刘禹锡对李德裕的态
度,与李宗闵等大不相同,禹锡是希望德裕一旦能在朝廷执
政。刘之此诗与贾餗所作《德政碑》,可以见出时人对德裕吏
治的评价。

**十一月,妾徐氏卒于滑州官舍;十二月,葬于洛阳邙山,德裕为撰
墓志。**

李德裕《滑州瑶台观女真徐氏墓志铭》:"大和己酉岁十
一月己亥,终于滑州官舍,享年廿三。"又云:"疾亟入道,改名
天福。"又云:"粤以其年十二月二十日葬于洛阳之邙山,盖近
我也,庶其子识尔之墓,以展孝思。一子多闻,早卒,次子烨,
将及捧雉,未能服缞。顾视不忍,强为之铭。"其铭曰:"郁余
思兮哀淑人,才窈窕兮当青春。去吴会兮别尔亲,越梁宋兮
绻苦辛。抱沉疾兮弥十旬,终此地兮命何屯。嗟尔子兮未
识,洒余涕兮沾巾。托邙山而归后土,为吾驱蝼蚁而拂
埃尘。"

**十一月,南诏入侵西川,十二月,陷成都府。贬剑南西川节度使杜
元颖为循州司马。南诏大掠成都物资、人口而去。**

《新书·南诏传》:"于是西川节度使杜元颖治无状,障候
弛沓相蒙。时大和三年也。嵯巅乃悉众掩邛、戎、巂三州,陷

之。入成都，止西郛十日，慰赉居人，市不扰肆。将还，乃掠子女工技数万引而南，人惧自杀者不胜计。救兵逐嵯巅，身自殿，至大度河，谓华人曰：'此吾南境，尔去国，当哭。'众号恸，赴水死者十三。"

《通鉴》卷二四四记此事较详，摘录于下："（大和三年十一月）丙申，西川节度使杜元颖奏南诏入寇。元颖以旧相，文雅自高，不晓军事，专务蓄积，减削士卒衣粮。西南戍边之卒，衣食不足，皆入蛮境钞盗以自给，蛮人反以衣食资之，由是蜀中虚实动静，蛮皆知之。南诏自嵯巅谋大举入寇，边州屡以告，元颖不之信；嵯巅兵至，边城一无备御。蛮以蜀卒为乡导，袭陷嶲、戎二州。甲辰，元颖遣兵与战于邛州南，蜀兵大败。蛮遂陷邛州。""诏发东川、兴元、荆南兵以救西川；十二月丁未朔，又发鄂岳、襄邓、陈许等继之。""己酉，以东川节度使郭钊为西川节度使，兼权东川节度使事。嵯巅自邛州引兵径抵成都；庚戌，陷其外郭。杜元颖帅众保牙城以拒之，欲遁者数四。壬子，贬元颖为邵州刺史。己未，以右领军大将军董重质为神策、诸道西川行营节度使，又发太原、凤翔兵赴西川。南诏寇东川，入梓州西川。钊兵寡弱不能战，以书责嵯巅。嵯巅复书曰：'杜元颖侵扰我，故兴兵报之耳。'与钊修好而退，蛮留成都西郭十日，其始慰抚蜀人，市肆安堵；将行，乃大掠子女、百工数万人及珍货而去。蜀人恐惧，往往赴江，流尸塞江而下。嵯巅自为军殿，及大度水，嵯巅谓蜀人曰：'此南吾境也，听汝哭别乡国。'众皆恸哭，赴水死者以千计。……丁卯，再贬元颖循州司马。"

按此次南诏侵扰西川,掳掠人口,抢劫财物,情况是严重的,唐人诗文中多有记载。如刘禹锡《成都府新修福成寺记》(《刘禹锡集笺证》卷四):"大和四年(琼按当为大和三年,此系刘禹锡误记),蜀帅非将材,不修边备。南诏君长谍得内空,乘隙全入,斗于城下,或纵火以骇众,此寺乃焚。高门修廊,委为寒烬。"卢求《成都记序》(《全唐文》卷七四四):"后京兆公(琼按即为杜元颖)为节帅,酷易军政,殊不以封域为念,戍卒罔代,边蛮积怨。至大和三年十二月,蒙嵯巅遂以兵剽掠,至城下,杜公填门不敢与争。会监军使矫诏宣谕,蛮人遂退,工巧散失,良民歼殄,其耗半矣。列政补完,尚不克称。"(按此文作于大中九年八月)又孙樵《书田将军边事》(《孙可之文集》卷三)云:"文皇帝三年,南蛮果能大入成都,门其三门,四日而旋。其所剽掠,自成都以南,越巂以北,八百里之间,民畜为空。"

　　唐人诗中也有咏此事者,如雍陶《哀蜀人为南蛮俘虏五章》(《全唐诗》卷五一八),五章的题目为:《初之成都闻哭声》、《过大渡河蛮使许之泣望乡国》、《出清溪关有迟留之意》、《别巂州一时恸哭云日为之变色》、《入蛮界不许有悲泣之声》。又徐凝有七绝《蛮入西川后》(《全唐诗》卷四七四)。可见此事对唐人的印象至深,而首应负责任的则是杜元颖。

　　杜元颖本为文士,长庆初曾与李德裕同在翰林,嗣后升迁,擢至相位,史称其以文雅自高,不留意于政事。杜元颖在西川时,白居易曾有诗与他倡和,称为"诗家律手在成都,权与寻常将相殊。剪截五言兼用钺,陶钧六义别开炉。惊人卷轴须知有,随事文章不道无。篇数虽同光价异,十鱼目换十骊珠"。(《白居易集》卷二六《昨以拙诗十首寄西川杜相公,相公亦以新作十首惠然报示,首数虽等,工拙不伦,重以一章,用伸答谢》)大约杜元颖与当时文士有较广泛的交往,不少人对他的西川之败是同情和谅解的,李德裕后于会昌执政时曾有《论故循州司马杜元颖状》,为之回护,也是如此。实际上杜元颖在蜀中的所为多有可议,宋人孙甫在《唐史论断》中曾严加谴责,不无道理,其书卷下《贬杜元颖》条中谓:

> "杜元颖事宪宗为翰林学士,穆宗即位,自司勋员外即加中书舍人,不周岁,用为宰相,时议词臣进用之速,未有其比。……及出镇于蜀,遇昭愍冲年即位,首进罨画打球衣五百事,自后广求珍异玩好之具,贡奉相继,用图恩宠,以至纤悉掊敛,大取军民之怨,不忠无识,一至于此。……反以图宠之故,专务诛剥,以取众怨,蛮贼乘隙,大害一方,坐是贬死遐方,后之为将相者,可不戒者!"

正月,钱徽卒,年七十五。

《旧·文宗纪》大和三年正月,"庚寅,吏部尚书致仕钱徽卒"。据新旧《唐书》本传,徽卒时年七十五。

白居易于本年春称病免归,以太子宾客分司东都,自此不复出。

参顾学颉《白居易年谱简编》。按本年三月,令狐楚为东都留守,白居易与楚频有诗交往,如《送东都留守令狐尚书赴任》(《白居易集》卷二六)、《将至东都先寄令狐留守》(同上卷二七)、《令狐相公许过敝居先赠长句》(同上卷二七)。

九月,元稹由浙东观察使入朝为尚书左丞。

《旧·文宗纪》。

〔编年诗〕

《招隐山观玉蕊树戏书即事奉寄江西沈大夫阁老》(别集卷三)

本年春作,详见前文。

〔编年文〕

《请宣赐鹤林寺僧谥号奏》(文集补遗)

《重瘗禅众寺舍利题记》(《唐文续拾》)

《大迦叶赞》(别集卷八)

以上三文皆作于本年八月前,尚在浙西任,详参《李德裕文集校笺》。

《滑州瑶台观女真徐氏墓志铭》(洛阳出土,周绍良藏拓本)约本年十二月作,详见前文。

大和四年庚戌(八三〇)　四十四岁

正月,牛僧孺因李宗闵荐引,由武昌军节度使入相。李、牛相结,共同排挤裴度、元稹及与李德裕相知者,同时又引进杨虞卿等党人。

《通鉴》卷二四四大和四年:"春正月辛巳,武昌节度使牛僧孺入朝";"李宗闵引荐牛僧孺;辛卯,以僧孺为兵部尚书、同平章事。于是二人相与排摈李德裕之党,稍稍逐之。"

《旧书》卷一七六《李宗闵传》:"寻引牛僧孺同知政事,

二人唱和，凡德裕之党皆逐之。"又《旧书》卷一七二《牛僧孺传》："大和三年，李宗闵辅政，屡荐僧孺有才，不宜居外。四年正月，召还，守兵部尚书、同平章事。"《新书》卷一七四《牛僧孺传》也称"文宗立，李宗闵当国，屡称僧孺贤，不宜弃外。复以兵部尚书平章事"。

按诸书所载，牛僧孺此次得以入朝拜相，完全是出于李宗闵的援引，但杜牧所作牛僧孺墓志和李珏所作牛僧孺神道碑，却对此点有意避开。又《全唐文》卷六九文宗《授牛僧孺兵部尚书平章事制》中云："朕猥居大宝，首涉五年。"文宗以宝历二年十二月立，至大和四年亦恰为五年。杜《志》云："明年，文宗即位，就加吏部尚书。明年，急征拜兵部尚书、平章事，重拜中书侍郎、弘文大学士。"李《碑》云："文宗嗣位，二年，公入觐，诏复相位。"《志》、《碑》记时均误。

又《旧·李德裕传》云："宗闵寻引牛僧孺同知政事，二憾相结，凡德裕之善者，皆斥之于外。"《新·李德裕传》："（李宗闵）引僧孺协力，罢（裴）度政事。二怨相济，凡德裕所善，悉逐之。于是二人权震天下，党人牢不可破矣。"关于排斥朝臣之事，《新·李德裕传》较得其实。因此时李德裕虽然在任地方节镇时积有名声，但李宗闵、牛僧孺还未把他看成争夺权位的主要对手，他们这时仍把裴度视为主要敌手，其次乃是曾作过宰相而已由浙东召入的元稹，而且，在政治主张方面，李德裕与李宗闵、牛僧孺到现在为止，还未发生正面冲突，这种冲突，是在过了两年关于维州事件的争论才正式开始的。从此以后，牛、李党争始带上政治斗争的强烈色彩。

《旧·文宗纪》大和四年正月，"辛丑，以尚书左丞元稹检校户部尚书，充武昌军节度、鄂岳蕲黄安申等州观察使"。按，牛僧孺由武昌入相，元稹则出朝代其任，李宗闵如此安排的目的十分显然。元稹也有一定的声望，他也是李德裕的好友，李宗闵将他外放，既排除元稹，又间接打击李德裕。元稹赴任，刘禹锡有《微之镇武昌中路见寄蓝桥怀旧之作凄然继和兼寄安平》（《刘禹锡集笺证》外集卷六），有"同为三楚客，独有九霄期。宿草恨长在，伤禽飞尚迟"等句，刘禹锡是把元稹出镇武昌与屈原流放三湘联系起来的，刘禹锡此时在长安任礼部郎中兼集贤殿学士，他写这样的诗句，决非出于偶然。

排斥郑覃。《旧·文宗纪》大和四年四月，"丙午，以右散骑常侍、翰林侍讲学士郑覃为工部尚书"。《旧书》卷一七三《郑覃传》："（大和）五年（琮按此应为四年），李宗闵、牛僧孺辅政，宗闵以覃与李德裕相善，薄之。时德裕自浙西入朝，复为闵、孺所排，出镇蜀川，宗闵恶覃禁中言事，奏为工部尚书，罢侍讲学士。"《新书》卷一六五《郑覃传》："李宗闵、牛僧孺知政，以覃与李德裕厚，忌其亲近为助力，阳迁工部尚书，罢侍讲，欲推远之。"

排斥裴度。《通鉴》卷二四四大和四年，"初，裴度征淮西，奏李宗闵为观察判官，由是渐获进用。至是，怨度荐李德裕，因其谢病，九月壬午，以度兼侍中，充山南东道节度使"。《新书》卷一七三《裴度传》载此事较翔实，谓："大和四年，数引疾不任机重，愿上政事。帝择上医护治，中人日劳问相蹑，乃诏进司徒、平章军国重事，须疾已，三日若五日一至中书。

度让免册礼。度自见功高位极,不能无虑,稍诡迹避祸。于是牛僧孺、李宗闵同辅政,媢度勋业久居上,欲有所逞,乃共訾其迹损短之,因度辞位,即白帝进兼侍中,出为山南东道节度使。"《旧·李德裕传》亦载:"裴度于宗闵有恩,度征淮西时,请宗闵为彰义观察判官,自后名位日进,至是恨度援德裕,罢度相位,出为兴元节度使,牛、李权赫于天下。"牛、李当权,不到一年之内,排斥了好几个重臣。裴度在元和时于李宗闵也有援引之恩,但此时却被排挤,可见李宗闵之为人。

排斥崔从。《旧书》卷一七七《崔慎由传》,慎由父从,大和三年,由东都留守入为户部尚书,"李宗闵秉政,以从与裴度、李德裕厚善,恶之,改检校尚书右仆射、太子宾客东都分司。从请告百日,罢官,物论咎执政。宗闵惧,四年三月,召拜检校左仆射、兼扬州大都督府长史、御史大夫,充淮南节度副大使,知节度事"。按据《旧传》,崔从元和时为裴度所知,元和九年裴度为御史中丞时,奏从为侍御史知杂;度作相,荐从自代为中丞。《旧传》称其"正色立朝,弹奏不避权幸"。曾出使镇州王承宗,说承宗纳户口、符印,又不赂遗宦官。《新书》卷一一四本传谓:"从为人严伟,立朝棱棱有风望,不喜交权利,忠厚而让。阶品当立门戟,终不请。位方镇,内无声妓娱玩。士大夫贤之。"

按李宗闵一面打击、排挤裴度、李德裕等,一面扶植其亲党,除援引牛僧孺外,杨虞卿也是一例。《旧书》卷一七六《杨虞卿传》:"及李宗闵、牛僧孺辅政,起为左司郎中。五年六月,拜谏议大夫,充弘文馆学士,判院事。"杨虞卿是著名的结党营私、利用科试而舞弊纳贿的人物。如《旧书》卷一五七《韦弘景传》载弘景为尚书左丞时，"会吏部员外郎杨虞卿以公事为下吏所讪，狱未能辨，诏下弘景与宪司就尚书省详谳。虞卿多朋游，人多向附之，弘景素所不悦，时已请告在第，及准诏就召，以公服来谒。弘景谓之曰：'有敕推公！'虞卿失容自退"（《新书》卷一一六《韦弘景传》略同）。虞卿如此行为，李宗闵却加以提拔。由此可见李宗闵选拔官吏的标准。

十月，李德裕由义成节度使改为西川节度使。

《旧·文宗纪》大和四年十月，"戊申，以东都留守崔元略检校吏部尚书，兼滑州刺史、义成军节度使，代李德裕；以德裕检校兵部尚书、兼成都尹，充剑南西川节度使"。"甲寅，以前剑南西川节度使、检校司空郭钊为太常卿，代崔群为吏部尚书。"《通鉴》卷二四四大和四年，"西川节度使郭钊以疾求代，冬十月戊申，以义成节度使李德裕为西川节度使"。德裕离滑州后，贾𫗧曾奉诏作《赞皇公李德裕德政碑》，赞扬德裕在滑州的治绩。

文载《全唐文》卷七三一，叙李德裕抵任后，"下车三日而新政兴，涉旬而旧俗革，周月而风偃三郡，逾时而泽流四境，期年而人和岁穰，厥绩大成"。文中详叙其具体治绩云："公廉明刚健，精力过人，博以文雅，济以经术，发强开敏，贯达吏事，刃下无肯綮，毂中无逃遁。其治军也，法令严而赏罚信，阅实其籍，修利其器。征剿之勋，守备之劳，一有可追，罔不甄宠。除去姑息之弊，划革因循之政；户庭无纪纲之仆，营垒尽腹心之师。……郡有渚田千顷，盖上腴也，先是亩种之人，尽主兼并之家。至则均其耕垦，首及贫弱，俾共其利而一其征。《诗》曰'恺悌君子，人之父母'，恺以强教之，悌以悦安之。故流庸四归，播殖满野，化叹息愁恨为乐和之声，而政洽乎氓庶矣。"又云："其理财也，爱人以生之，节用以阜之，无名非法之费，饰奢崇侈之给，踵弊或久，一皆去之。行之期年，力乃滋殖，百姓与足，千箱既盈，通商而百货不匮，训工而五材咸理。由是军有余用，吏有常禄，而政施乎物力矣。其约己也，躬俭行简，居无玩好，日公之诣部，与家属偕，路人非见其旌幢，虽告以掾吏之家，不信也。及郡，凡昔之仰给于官不应法令者，悉还之。吏人皆惊而相告曰：'而今而后，吾知官之与法矣，吾侪其敢贪冒以愧吾贤帅耶？'至若均禄廪以赡军费，节宴游以宽日力，忠爱之私，视官犹家，而政先乎简约矣。政事本诸身，行乎吏人，成乎师旅，给乎氓庶，美于风俗，阜于财用。六者治之大节也，引而伸之，触类而长之，则其他可得矣。"

按《全唐文》卷七四文宗名下有《赐李德裕立德政碑敕》："敕德裕：卿文彰翰苑，行振儒风。廉察金陵，六郡歌惠慈之化；统安白马，三州怀思爱之心。凡所践经，理行第一。昨者段嶷以辕门将校，阖境士农，恳请主碑，以铭德政。朕以举善为教，所以劝不能，褒贤示后，所以报成绩。国之彝训，莫善于斯。所令礼部侍郎贾𫗧撰文，事实颇周，词藻甚丽，故令写录，专遣赐卿；亦别赐段嶷碑本，庶慰群情，想当知悉。冬寒，卿比平安好，遣书，指不多及。"又同卷《赐段嶷敕》："卿镇理方隅，辑宁方略，师戎知训，黎庶保安。言念事功，良深倚重。德裕顷临东郡，实著政绩，所谕碑文，撰录已毕，故令送往，宜便刊立，想当知悉。冬寒，卿比平安好，遣书，指不多及。"

按这两篇敕文提到的段嶷，此时正任义成节度使。据《旧书·文宗纪》，大和四年十月戊申，本任命东都留守崔元略为滑州刺史、义成节度使以代德裕，但崔元略于同年十二月己酉卒，十二月壬子，乃以左金吾卫大将军段嶷为义成军节度使。敕文中都提到"冬寒"云云，则当在十二月。贾餗碑文中也述及"今节度段公嶷"，可见贾餗于十二月作《德政碑》，这时李德裕已离滑赴蜀，故贾餗文中说："及戎轩西去，将校官吏，三州耆耄，感公之惠训，怀公之明德。"贾餗作《德政碑》，不无溢美，但仍可看出李德裕任地方节镇的声闻，文宗敕文所谓"凡所践经，理行第一"，即是当时人的评价。

德裕赴西川任，十一月初一日行经华山，有华岳题名。

清毛凤枝《关中金石文字存逸考》卷九华阴县，载有《剑南西川节度使李德裕题名》，谓："原石久逸，此系重模本。题名曰：剑南西川节度使、检校兵部尚书、成都尹、兼御史大夫李德裕，判官、殿中侍御史、内供奉崔知白，观察支使兼监察御史张嗣庆，江西都团练判官、监察御史里行李商卿，大和四年十一月一日。"又云："右题名十行，自左而右，李德裕、崔知白、张嗣庆、李商卿，共四人。原刻久逸，仪征阮文达公北湖祠塾重刻华山碑刻，此题名于碑额之右。"

李蟾为其副使。

据崔柿《唐故朝议郎守尚书比部郎中上柱国赐绯鱼袋陇西李府君墓志铭并序》，李蟾于德裕镇润州时，曾任浙西都团

练判官、都团练副使，见前长庆二年。《志》又云："洎相国节
制滑台，移镇蜀川，皆以副车之重，赞其戎事。转检校兵部郎
中兼御史中丞，俄归中书，拜比部正郎。"按李蟾，两《唐书》
无传。

三月，路随进上《宪宗实录》四十卷。

《旧·文宗纪》大和四年三月，"丁酉，监修国史、中书侍
郎、平章事路随所撰《宪宗实录》四十卷，优诏答之，赐史官
等五人锦绣银器有差"。

李德修于本年五月由淮南节度行军司马改授湖州刺史。

宋谈钥《嘉泰吴兴志》卷十四《郡守题名》："李德修，大
和四年五月十日自淮南节度行军司马授。"按据《旧书·文宗
纪》，段文昌于大和元年六月至四年三月为淮南节度使，崔从
于大和四年三月为淮南节度使代之。段、崔二人皆与李德裕
相善。

十二月，杨於陵卒。

《旧·文宗纪》大和四年十二月，"甲子，左仆射致仕杨於
陵卒，赠司空"。又参李翱《唐故金紫光禄大夫尚书右仆射致
仕上柱国弘农郡开国公食邑二千户赠司空杨公墓志铭》(《全
唐文》卷六三九)。

十二月，白居易为河南尹。

《旧·文宗纪》大和四年十二月，"戊辰，以太子宾客分司
白居易为河南尹，以代韦弘景"。

本年敕进士及第不得过二十五人，登科者有令狐绹、魏扶等人。
礼部侍郎郑澣知贡举(徐松《登科记考》卷二一)。

〔编年诗〕

《东郡怀古二首》（别集卷三）

其一为《王京兆》，其二为《阳给事》，诗末注云："大和四年六月一日题。"清毕沅《中州金石记》卷三载《东郡怀古诗刻》，云："李德裕撰，大和四年六月立，隶书，在滑县。"又云："朱长文《墨池编》有此诗刻。……今碑以大和四年立，其自署云义成军节度使、银青光禄大夫、检校户部尚书、兼滑州刺史、御史大夫，正与史合。《怀古诗二首》，亦见《全唐诗》。王京兆名尊，汉东郡太守，阳给事名瓒，宋濮阳太守。《元和郡县志》云，白马县河侯祠在县南一里，汉王尊为东郡太守，河水盛，浸瓠子堤，尊临河不去，后人嘉尊壮节，因为立祠。今诗云'登城见遗庙'，即其祠也。颜延年有《阳给事诔》，在《昭明文选》，序云，永初之末，佐守滑台。李善引《东郡图经》曰，滑台城即郑之廪延。《元和郡县志》云滑州城即古滑台城，相传云卫灵公所筑小城，昔滑氏为垒，后人增以为城，甚高峻坚险，临河亦有台，今诗云'俳徊望故垒'，即其地也。河侯祠在今滑县南一里，滑台当即县治。德裕有书名，李商隐《会昌一品集序》称为隶法遒媚，《金石录》亦有德裕隶书《平泉草本记》、《山居诗》，今不传。"

钱大昕《潜研堂金石文跋尾》卷八《东郡怀古诗》："右李德裕《东郡怀古诗》二篇。德裕时为义成军节度使，治滑州，州故东郡也。王京兆尊守东郡，河决，障御有功；阳给事瓒，为宋宁远司马，守滑台，城陷不屈死，皆宦东郡有名者，故德裕各为诗怀之。"按，滑州汉时为东郡，治所为白马（一称滑台），在今河南省滑县。

《清泠池怀古》（别集卷三）

"泠"，李集诸本均作"冷"，误，参《文集校笺》。按李吉甫《元和郡县图志》卷七云："清泠池在宋城县东二里。"池在宋州梁孝王故宫内，故址在今河南商丘东。宋州与滑州邻近，此诗当作于大和四年秋。

《秋日登郡楼望赞皇山感而成咏》（别集卷三）

《雨后净望河西连山怆然成咏》（别集卷三）

《秋日美晴郡楼闲眺寄荆南张书记》（别集卷三）

以上三诗皆系于《东郡怀古》诗之后，当皆为大和四年秋在滑州作。德裕于大和三年九月任为滑州刺史，抵任当在十月，以上三诗所写，皆非初到任时情景。《秋日登郡楼望赞皇山感而成咏》云："昔人怀井邑，为有挂冠旗。顾我飘蓬者，长随泛梗移。越吟因病感，潘鬓入秋悲。北指邯郸道，应无归去期。"此诗表面上是怀乡邑，感慨于仕途漂泊，实际上是见朝廷李宗闵等朋党连结，排挤裴度等人，感到前途渺茫，报国无路。故《雨后净望河西连山怆然成咏》中云："只恨无功书史籍，岂悲临老事戎轩。"

《故人寄茶》（别集卷三）

此诗系于《秋日美晴郡楼闲眺寄荆南张书记》之后，云："剑外九华英，缄题下玉京。……"似亦作于滑州，尚未赴西川。又，《全唐诗》卷五九二曹邺名下亦载此诗，诗题相同。《全唐诗》于题下校云"一作李德裕诗"。似以作德裕诗为是。

《上巳忆江南禊事》（《全唐诗》卷四七五）

诗云："黄河西绕郡城流,上巳应无祓禊游。为忆渌江春水色,更无宵梦向吴洲。"观诗之首句,当在滑州作。刘禹锡有《和滑州李尚书上巳忆江南禊事》(《刘禹锡集笺证》外集卷七),云:"白马津头春日迟,沙洲归雁拂旌旗。柳营唯有军中戏,不似江南三月时。"则德裕此诗当作于四年春。

又,刘禹锡于《和滑州李尚书上巳忆江南禊事》后有《酬滑州李尚书秋日见寄》诗,云:"一入石渠署,三闻宫树蝉,丹霄未得路,白发又添年。双节外台贵,洞箫中禁传。征黄在旦夕,早晚发南燕。"按禹锡于大和二年秋为集贤学士,至本年已历三年,故云"一入石渠署,三闻宫树蝉"。德裕原诗已佚,赖禹锡和作知在滑州尚有此作。

《汉州月夕游房太尉西湖》(别集卷四)

诗之前四句为:"丞相鸣琴地,何年闭玉徽(自注:房公以好琴闻于四海)。偶因明月夕,重敞故楼扉。"房公指房琯。《旧书》卷一一一《房琯传》,房琯于肃宗上元元年为汉州刺史,宝应二年征召,拜特进、刑部尚书,在路遇疾,代宗广德元年八月卒于阆州,赠太尉。杜甫有《陪王汉州留杜绵州泛房公西湖》诗(《杜诗详注》卷十二)。仇注谓西湖在汉州,又引钱《笺》:"《方舆胜览》:房公湖,又名西湖。"此当是德裕赴成都,经汉州,游西湖时所作。后一首《重题》有云:"晚日临寒渚,微风发棹讴。"其时当在大和四年十一、十二月间。

诗后附刘禹锡和作,署为"礼部郎中、集贤殿学士刘禹锡"。《刘禹锡集笺证》外集卷七,题为《和西川李尚书汉州微月游房太尉西湖》。刘诗为:"木落汉川夜,西湖悬玉钩。

旌旗环水次,舟楫泛中流。目极想前事,神交如共游。瑶琴久已绝,松韵自悲秋。"又《和重题》:"林端落照尽,湖上远岚清。水榭芝兰室,仙舟鱼鸟情。人琴久寂寞,烟月若平生,一泛钓璜处,再吟锵玉声。"

诗后又附郑澣和作,署为"兵部侍郎郑澣"。《旧书》卷一五八《郑澣传》:"大和二年,迁礼部侍郎,典贡举二年,选拔造秀,时号得人。转兵部侍郎,改吏部,出为河南尹,皆著能名。"按唐丁居晦《重修承旨学士壁记》,记郑澣于"(大和)二年六月一日,迁礼部侍郎出院",则其任礼部侍郎在大和二年六月,典三年、四年贡举,大和四年典贡举后改为兵部侍郎,与和诗所署之衔合。澣父余庆,与李吉甫在贞元时曾同官郴州。澣诗为:"太尉留琴地,时移重可寻。徽弦一掩抑,风月助登临。荣驻清油骑,高张白雪音。祗言酬唱美,良史记王箴。""静对烟波夕,犹思栋宇精。卧龙空有处,驯鸟独忘情。顾步襟期远,参差物象横。自宜雕乐石,爽气际青城。"

《房公旧竹亭闻琴缅慕风流神期如在因重题此作》(别集卷四)

此诗系于《汉州月夕游房太尉西湖》之后,当为同时所作。亦附刘禹锡、郑澣和作,刘诗题为《和游房公旧竹亭闻琴绝句》(《刘禹锡集笺证》外集卷七),《全唐诗》卷三六八载郑澣此诗,题作《和李德裕房公旧竹亭闻琴》。

《题剑门》(别集卷四)

亦为大和四年入蜀途中所作。清赵绍祖《古墨斋金石跋》卷六有《唐李德裕剑阁诗》,云:"八分书,无年月。"又云:

"大和四年,德裕为牛、李所挤,出为剑南节度使,此诗当是其时所作也。八分书板重而呆滞,不称其豪迈俊爽之气。"

〔编年文〕

《剑门铭》(别集卷八)

当与前《题剑门》诗同时所作。王象之《舆地碑记目》卷四剑门关碑记有《剑门铭》,下云:"李文饶集云《剑门铭》,注:'剑门当中有一岑,峻岭横峙,望若萧屏,此一峰最奇,而说者未尝及也。'故铭曰:'群山西来,波积云屯。地险所会,斯为蜀门。层岑峻壁,森若戈戟。万壑奔东,双飞高阙。翠岭中横,黯然黛色。树兹雄屏,以卫王国。'"按此所引可与文集相校。

《重写前益州五长史真记》(别集卷七)

文末署"大和四年闰十二月十八日,西川剑南节度副大使、知节度事、银青光禄大夫、检校兵部尚书、兼成都尹、御史大夫、赞皇县开国伯李德裕记"。德裕于十一月一日经华岳庙,约十一、十二月间抵达成都。又按王象之《舆地碑记目》卷四成都府碑记有《重写前益州五长史真记》,云"李文饶撰",并录其文数句,有云:"余以精舍甚古,貌象将倾,乃选其功德尤盛者五人,模于郡之厅正。"文集中"厅正"作"厅所",可据以参校。

大和五年辛亥(八三一)　四十五岁

李德裕在剑南西川节度使任。

西川经南诏侵扰以后，人不聊生，亟需治理。德裕本年政绩，大端有三：一、至南诏访查被俘的民人，约得僧道工匠等四千人归成都。二、巩固关防，训练士卒，修理兵器。三、招降吐蕃之维州守将。兹分别言之。

一、至南诏访查被俘的民人，约得僧道工匠等约四千人归成都。

《旧·文宗纪》大和五年五月，"戊午，西川李德裕奏：南蛮放还先虏掠百姓、工巧、僧道约四千人还本道"。又《旧传》："西川承蛮寇剽虏之后，郭钊抚理无术，人不聊生。德裕乃复葺关防，缮完兵守。又遣人入南诏，求其所俘工匠，得僧道、工巧四千余人，复归成都。"

按《文集》卷十二《论故循州司马杜元颖第二状》述此事颇详，云："蛮退后，京城传说驱掠五万余人，音乐伎巧，无不荡尽，缘郭钊无政，都不勘寻。臣德裕到镇后，差官于蛮，经历州县，一一勘寻，皆得来名，具在案牍。蛮共掠九千人，成都郭下成都、华阳两县只有八十人，其中一人是子女锦锦，杂剧丈夫两人，医眼大秦僧一人，余并是寻常百姓，并非工巧。其八千九百余人，皆是黎、雅州百姓，半杂猲獠。臣德裕到镇后，移牒索得三千三百人，两番送到，与监军使于龙兴大慈寺点阅。"此是会昌时所上奏疏，乃德裕为其故友杜元颖申雪，减轻其罪责，因此所云南诏掳掠人口的数字可能故意缩小，但其中叙述德裕抵任后，差官到南诏所经历的州县调查被掳掠的人户，并记录在案，向南蛮索取，则大抵近实。

二、巩固关防，训练士卒，修理兵器。

《通鉴》卷二四四于大和四年冬李德裕初抵西川,即载其走访山川城邑,加强兵力,巩固关防,使蜀士民心在南诏侵扰之后得以初步安定,云:"蜀自南诏入寇,一方残弊,郭钊多病,未暇完补。德裕至镇,作筹边楼,图蜀地形,南入南诏,西达吐蕃。日召老于军旅、习边事者,虽走近卒蛮夷无所间,访以山川、城邑、道路险易、广狭远近,未逾月,皆若身尝涉历。"又云:"上命德裕修塞清溪关以断南诏入寇之路,或无土,则以石垒之。德裕上言:'通蛮细路至多,不可塞,惟重兵镇守,可保无虞;但黎、雅以来得万人,成都得二万人,精加训练,则蛮不敢动矣。边兵又不宜多,须力可临制。崔旰之杀郭英义,张朏之逐张延赏,皆镇兵也。'时北兵皆归本道,唯河中、陈许三千人在成都,有诏来年三月亦归,蜀人恼惧。德裕奏乞郑滑五百人、陈许千人以镇蜀;且言:'蜀兵脆弱,新为蛮寇所困,皆破胆,不堪征戍。若北兵尽归,则与杜元颖时无异,蜀不可保。恐议者云蜀经蛮寇以来,已自增兵,向者蛮寇已逼,元颖始募市人为兵,得三千余人,徒有其数,实不可用。郭钊募北兵仅得百余人,臣复召募得二百余人,此外皆元颖旧兵也。恐议者又闻一夫当关之说,以为清溪可塞。臣访之蜀中老将,清溪之旁,大路有三,自余小径无数,皆东蛮临时为之开通,若言可塞,则是欺罔朝廷,要须大度水北更筑一城,迤逦接黎州,以大兵守之方可。况闻南诏以所掠蜀人二千及金帛赂遗吐蕃,若使二虏知蜀虚实,连兵入寇,诚可深忧。其朝臣建言者,盖由祸不在身,望人责一状,留入堂案,他日败事,不可令臣独当国宪。'朝廷皆从其请。德裕乃练士卒,葺堡鄣,积粮储以备边,蜀人粗安。"

《通鉴》又于大和五年八月载:"西川节度使李德裕奏:
'蜀兵羸疾老弱者,从来终身不简,臣命立五尺五寸之度,简
去四千四百余人,复简募少壮者千人以慰其心。所募北兵已
得千五百人,与士兵参居,转相训习,日益精练。又,蜀工所
作兵器,徒务华饰不堪用;臣今取工于别道以治之,无不坚
利。'"(《通鉴》所载德裕大和四年末及五年八月奏疏,皆不
载于文集)

按《通鉴》所载,主要是记叙德裕至西川初几个月在军事
上所采取的措施,首先是加强兵力,将蜀中土著兵员与所募
北兵结合,加以训练,同时查访主要关隘,加强防守,指出不
能消极地填塞关路,而应积极充实防守的兵力;与此平行的,
是提高武器装备。《新书·李吉甫传》曾言唐代军器以宣、
洪、蕲、鄂四州所制为精良,而经李德裕的整顿,"蜀兵器皆犀
利"(《玉海》卷一五一)。《新书·李德裕传》于此也有概括
而翔实的记载,谓:

"蜀自南诏入寇,败杜元颖,而郭钊代之,病不能事,民失
职,无聊生。德裕至,则完残奋怯,皆有条次。……乃建筹边
楼,按南道山川险要与蛮相入者图之左,西道与吐蕃接者图
之右。其部落众寡,馈饷远迩,曲折咸具。乃召习边事者与
之指画商订,凡虏之情伪尽知之。又料择伏瘴旧獠与州兵之
任战者,废遣狞耄什三四,士无敢怨。又请甲人于安定,弓人
河中,弩人浙西,由是蜀之器械皆犀锐。率户二百取一人,使
习战,贷勿事,缓则农,急则战,谓之'雄边子弟'。其精兵曰

南燕保义、保惠、两河慕义，左右连弩；骑士曰飞星、鸳击、奇锋、流电、霆声、突骑。总十一军。"

三、招降吐蕃之维州守将。

论维州事是李德裕与牛僧孺的第一次正面冲突，也影响大和后期李、牛二人的进退。历史上关于此事也有所论议。今辑集有关史料于下，以供治史者之参考，从中也可见出李、牛二人政治上的是非功过。

《通鉴》大和五年九月载："九月，吐蕃维州副使悉怛谋请降，尽帅其众奔成都；德裕遣行维州刺史虞藏俭将兵入据其城。庚申，具奏其状，且言'欲遣生羌三千，烧十三桥，捣西戎腹心，可洗久耻，是韦皋没身恨不能致者也！'事下尚书省，集百官议，皆请如德裕策。牛僧孺曰：'吐蕃之境，四面各万里，失一维州，未能损其势。比来修好，约罢戍兵，中国御戎，守信为上。彼若来责曰：何事失信？养马蔚茹川，上平凉阪，万骑缀回中，怒气直辞，不三日至咸阳桥。此时西南数千里外，得百维州何所用之！徒弃诚信，有害无利。此匹夫所不为，况天子乎！'上以为然，诏德裕以其城归吐蕃，执悉怛谋及所与偕来者悉归之。吐蕃尽诛之于境上，极其惨酷。德裕由是怨僧孺益深。"又《通鉴》卷二四七武宗会昌三年三月尝论此事，云："臣光曰：论者多疑维州之取舍，不能决牛、李之是非。……是时唐新与吐蕃修好而纳其维州，以利言之，则维州小而信大；以害言之，则维州缓而关中急。然则为唐计者，宜何先乎？悉怛谋在唐则为向化，在吐蕃不免为叛臣，其受诛也又何矜焉！且德裕所言者利也，僧孺所言者义也，匹夫徇利而忘义犹耻之，况天子乎！譬如邻人有牛，逸而入于家，或劝其兄归之，或劝其弟攘之。劝归者曰：'攘之不义也，且致讼。'劝攘者曰：'彼尝攘吾羊矣，何义之拘！牛大畜也，鬻之可以富家。'以是观之，牛、李之是非，端可见矣。"

《旧·文宗纪》大和五年九月记此事甚略，仅云"西川李德裕奏收复吐蕃所陷维州，差兵镇守"。其详见新旧《唐书》之《李德裕传》及《牛僧孺传》。

《旧·李德裕传》："五年九月，吐蕃维州守将悉怛谋请以城降。其州南界江阳，岷山连岭而西，不知其极；北望陇山，积雪如玉；东望成都，若在井底。一面孤峰，三面临江，是西蜀控吐蕃之要地。至德后，河、陇陷蕃，唯此州尚存。吐蕃利其险要，将妇人嫁于此州阍者。二十年后，妇人生二子成长。及蕃兵攻城，二子内应，其州遂陷。吐蕃得之，号曰'无忧城'。贞元中，韦皋镇蜀，经略西山八国，万计取之不获，至是悉怛谋遣人送款。德裕疑其诈，遣人送锦袍金带与之，托云候取进止，悉怛谋乃尽率郡人归成都。德裕乃发兵镇守，因陈出攻之利害。时牛僧孺沮议，言新与吐蕃结盟，不宜败约，语在僧孺传。乃诏德裕却送悉怛谋一部之人还维州，赞普得之，皆加虐刑。"《新书·李德裕传》："吐蕃维州将悉怛谋以城降。维距成都四百里，因山为固，东北由索丛岭而下二百里，地无险，走长川不三千里，直吐蕃之牙，异时戍之，以制虏入者也。德裕既得之，即发兵以守，且陈出师之利。僧孺居中沮其功，命返悉怛谋于虏，以信所盟，德裕终身以为恨。"（又《新书》卷二一六下《吐蕃传》下："五年，维州守将悉怛谋挈城以降,剑南西川节度使李德裕受之,收符章仗铠,更遣将虞藏俭据之。州南抵江阳岷山,西北望陇山,一面崖,三涯江,房号无忧城,为西南要捍。会牛僧孺当国,议还悉怛谋,归其城。吐蕃夷诛无遗种,以怖诸戎。")

《通鉴》与《旧书》所载吐蕃虐杀维州降将,德裕于会昌时所上《论大和五年八月将故维州城归降准诏却执送本蕃就戮人吐蕃城副使悉怛谋状》(《文集》卷十二)有具体记述,或即为《通鉴》诸书所本。德裕《状》云:"臣受降之初,指天为誓,宁忍将三百余人性命弃信偷安,累表陈论,乞垂矜舍。答诏严切,竟令执还,加以体被三木,舆于竹畚,及将即路,冤叫呜呼。将吏对臣,无不陨涕。其部送者,更遭蕃帅讥诮云:'既以降彼,何须送来!'乃却将此降人,戮于汉界之上,恣行残忍,用固携离,至乃掷其婴孩,承以枪槊。"

又《旧书·牛僧孺传》记此事云:"六年,吐蕃遣使论董勃义入朝修好,俄而西川节度李德裕奏,吐蕃维州守将悉怛谋以城降。德裕又上利害云:'若以生羌三千,出戎不意,烧十三桥,捣戎之腹心,可以得志矣。'上惑其事,下尚书省议,众状请如德裕之策。僧孺奏曰:'此议非也。吐蕃疆土,四面万里,失一维州,无损其势。况论董勃义才还,刘元鼎未到,比来修好,约罢戍兵。中国御戎,守信为上,应敌次之,今一朝失信,戎丑得以为词。闻赞普牧马茹川,俯于秦陇。若东袭陇坂,径走回中,不三日抵咸阳桥,而发兵枝梧,骇动京国。事或及此,虽得百维州,亦何补也。'上曰:'然。'遂诏西川不内维州降将。"(《新·牛僧孺传》略同,不录)

按牛僧孺此时论议，新旧《唐书》及《通鉴》所载，或当本之于杜牧所作牛僧孺墓志铭与李珏所作牛僧孺道碑，尤以杜《志》所载较详，且为牛僧孺回护之意也颇显然。《志》云："大和六年，西戎再遣大臣赍宝玉来朝，礼倍前时，尽罢东向守兵，用明臣附。李太尉德裕时殿剑南西川，上言维州降，今若冠生羌三千人，烧十三桥，捣戎腹心，可洗久耻，是韦皋二十年至死恨不能致。事下尚书省百官聚议，皆如剑南奏。公独曰：'西戎四面各万里，来责曰何事失信，养马蔚茹川，上平凉坂，万骑缀回中，怒气直辞，不三日至咸阳桥。西南远数千里，虽百维州，此时安可用？弃诚信，有利无害，匹夫不忍为，况天子以诚信见责于夷狄，且有大患。'上曰：'然。'遂罢维州议。"李珏所作神道碑略同，为避免重复，不录。李珏以为自维州论议起，德裕与僧孺二人乃"大不平，遂成宿憾"，则得其实。因为在此之前，二人虽也有权位争夺的矛盾，但终究不是直接的冲突，从这时开始，李德裕与牛僧孺、李宗闵在不少重大问题上引起冲突，成为政治上的重大是非之争。德裕也明确认识到，牛僧孺一派是他的对立面，因此他在上引的论维州状中说道："其时与臣仇者，望风疾臣，遽兴疑言，上罔宸听。"

　　历史上对于这一次事件的评论，也各有不同，司马光是明显偏向于牛僧孺的，南宋人洪迈赞成《通鉴》的论议，《容斋续笔》卷五《崔常牛李》条谓："议者亦德裕贤于僧孺，咸谓牛、李私憾不释，僧孺嫉德裕之功，故沮其事。然以今观之，则僧孺为得，司马温公断之以义利，两人曲直始分。"

但同是南宋人的胡寅却大不以《通鉴》的议论为然，其所著《读史管见》卷二十五论维州事，云："司马氏佑牛僧孺，抑李德裕，其素志也。至于维州之事，则判然以德裕为非，愚窃谓其言之过矣。夫维州，本唐地也。开元二十八年春，剑南帅章仇兼琼与维州别驾董承晏同结吐蕃安戎城中守者，开门纳唐兵，使监察御史许远守之；是秋吐蕃寇安戎城及维州。……是知维州者吐蕃所必争，唐失而复得、得而复失，不可弃焉者也。使本非唐地，既与吐蕃和，弃而不取，姑守信约可耳；本唐之地，为吐蕃所侵，乃欲守区区之信，举险要而弃之，借使吐蕃据秦州、下凤翔而来讲好，亦将守信而不取乎？僧孺所谓虏养马蔚茹川，下平凉坂，万骑缀回中，怒气直辞，不三日至咸阳，于时西南数千里外得百维州何所用，——此特以大言怖文宗，非事实也。……司马氏不以义断之，而以利害为言，既以利害为言，又斥德裕为利，取僧孺为义，是皆无所据矣。故以维州归吐蕃，弃祖宗土宇，缚送悉怛谋，沮归附之心，僧孺以小信妨大计也；下维州，遣兵据之，洗数十年之耻，追奖悉怛谋，赠以官秩，德裕以大义谋国事也。此二人是非之辨也。"

　　陆游《筹边楼记》（《渭南文集》卷十八）记范成大在任四川制置使时，曾恢复李德裕创建的筹边楼，并引述范成大的话谓："卫公守蜀，牛奇章方居中，每排沮之，维州之功，既成而败。……使卫公在蜀，适得此时，其功烈壮伟，讵止取一维州而已哉！"陆、范都是想有所作为的爱国诗人，其对德裕维州之措置亦持肯定之评价。

朱熹对此亦有所论列,《朱子语类》有云:"或问'维州事,温公以德裕所言为利,僧孺所言为义,如何?'曰:德裕所言虽以利害言,然意却全在为国;僧孺所言虽在义,然意却全济其己私。"(中华书局版,页三二四九)

又明初胡广《胡文穆杂著》一卷,中有"牛李维州事"一节,亦是李而非牛。清《四库全书总目》卷一二二子部杂家类提要谓:"其中如谓《资治通鉴》论维州悉怛谋事,司马光非不知李是牛非,特以意主和邻,不欲生衅,故矫为此言,引其临终与吕公著简为证,可谓深明时势。"

王夫之《读通鉴论》对维州一事更有详细的论辨,其书卷二十六《文宗》部分云:"牛、李维州之辨,伸牛以诎李者,始于司马温公。公之为此说也,惩熙、丰之执政用兵生事,弊中国而启边衅,故崇奖处镈之说,以戒时君。夫古今异时,强弱异势,战守异宜,利害异趣,据一时之可否,定千秋之是非,此立言之大病,而温公以之矣。"又云:"僧孺曰:'徒弃诚信,匹夫之所不为。'其所谓诚信者,盖亦匹夫之谅而已矣。其以利害言之,而曰:'彼若来责,养马蔚茹川,上平凉坂,万骑缀回中,不三日至咸阳桥。'是其张皇虏势以相恐喝也,与张仪夸秦以胁韩、楚之游辞,同为千秋所切齿。而言之不忌,小人之横,亦至此哉!"

王夫之又比较吐蕃前后国力的强弱,指出这时的吐蕃,根本不可能如牛僧孺所说的,能轻易深入唐的关中地带:"夫吐蕃自宪宗以后,非复昔之吐蕃久矣。元和十四年,率十五万众围盐州。刺史李文悦拒守而不能下,杜叔良以二千五百人击之，大败而退；其明年，复寇泾州，李光颜鼓厉神策一军往救，惧而速退；长庆元年，特遣论讷罗以来求盟，非慕义也，弱丧失魄，畏唐而求安也。其主彝泰多病而偷安，不数年，继以荒淫残虐之达磨，天变于上，人叛于下，浸衰浸微，而论恐热、婢婢交相攻以迄于亡。安得如僧孺之言，扣咸阳桥、深入送死而无择哉？敛手俯颜，取悉怛谋献之，使磔于境上，以寒向化之心。幸吐蕃之弱也，浸使其强，目无唐，而镞刃之下岂复有唐乎？"王夫之又指出，牛僧孺反对李德裕关于招降维州的主张，完全出于私党之见，而置国家利害于不顾："夫僧孺岂果崇信以服远、审势以图宁乎？事成于德裕而欲败之耳。小人必快其私怨，而国家之大利，夷夏之大防，皆不胜其恫疑之邪说。文宗弗悟而从之，他日追悔而弗及。"

近代史学家岑仲勉在其所著《隋唐史》中对此事件也作了详细剖析，并对《通鉴》的"臣光曰"作了驳正。今摘录有关部分如下："维州地区（今汶川西北）辟自刘蜀，隋开皇四年讨叛羌，以其地属会州，后又没贼。武德七年，白狗羌首领内附，因地有姜维城，命名曰维州。乾元二年，被吐蕃攻陷。德宗时，韦皋屡出兵攻之，不能克。大和五年九月，吐蕃所置吏悉怛谋尽率其众来降成都，德裕方节度西川，受其人及地，事下百官议，时僧孺执政，借口弃信恐激吐蕃侵京师，于是诏将维州及诸降众付吐蕃，吐蕃悉诛之。'掷其婴孩，承以枪槊'（《文饶集》一二），惨不忍闻。司马光为自护其非，乃拾僧孺余唾，断断作义利之辩。……僧孺之说，王夫之已详予驳正。然司马之说，迄未得史家注意。"岑氏所驳，主要有以下几点：

"维州本我失地，我纳其自拔来投，于'义'何害？""吐蕃四盟而有平凉之劫，尤为唐耻；况维州自拔前一年，彼已先失信围攻鲁州，以此言'信'，何异宋襄不禽二毛。""司马谓关中急而维州缓，乍似有理，但吐蕃陷维州后，'得并力于西边，更无虞于南路'（《文饶集》一二及《旧书》一四七）；我收维州，作用与谋通南诏相同，正是釜底抽薪，围魏救赵，不收维州，则剑南节度所押西山八国蕃落，都被隔断，藩篱尽失。""大中三年，正牛党执政时期，去大和五年仅十八年，去德裕追论维州事仅六年，吐蕃国势，当无大更变，而是年秦、原、安乐三州及石门等七关之来归，即诏令剑南、山南对没蕃州县，量力收复，随有西川杜悰报收维州，山南西郑涯报收扶州（《通鉴》二四八），相去无几时，何以彼则'信大'，此则可'徇利而忘义'？彼则'维州缓而关中急'，此遽不然？其为挟持私见，百辞莫辨。""大中复收维州，'亦不因兵刃，乃人情所归'（《旧书》一四七），扶州想亦相同；僧孺所言蕃兵三日至咸阳，无非长他人意气，灭自己威风，假其可能，则边防已十分脆弱，尤非放弃维州便可了事，何未闻僧孺建言修缮守备，如德裕所为？（德裕立五尺五寸之度，汰去蜀兵羸弱四千四百余人，又以蜀作兵器不堪用，取工别道以治之，此两事《通鉴》二四四即叙在悉怛谋来归之前）""唯僧孺'与德裕不协，遽勒还其城'（《旧书》一四七），以私害公，故德裕恶之，非私怨也，而《通鉴》偏书曰'德裕由是怨僧孺益深'，对于公私之叛别，模糊已极。"（《隋唐史》四二六—四二八页）

汉州刺史薛元赏曾上书朝廷，赞同德裕关于维州的主张，未见采纳。

　　《新书》卷一九七《循吏·薛元赏传》:"薛元赏,亡里系所来。大和初,自司农少卿,出为汉州刺史。时李德裕为剑南西川节度使,会维州降,德裕受之以闻,牛僧孺沮其议,执还之。元赏上书极言可因抚之,溃虏膺腹,不可失。不省。"

　　据《新书·地理志》,汉州属剑南道。段文昌后于大和六年十二月代李德裕为西川节度使,张次宗曾在文昌幕府(见后大和六年谱),次宗曾为文昌草《荐前汉州刺史薛元赏状》(《全唐文》卷七六〇),盛赞薛元赏精明能干,吏治有绩。状云:"右件官明敏多才,干能有用,尝列班行之任,亦专繁剧之司。广汉在蜀川之中最为大郡,凋瘵之后,为理甚难。流庸自占者过九千家,田业开辟者逾五百顷,修兵甲则戎备斯足,置什器则公用有余。事无不周,去有遗美。臣任当廉察,备睹政能,伏望圣恩,特垂甄奖。"

德裕本年作《黄冶赋》,反对方士之炼丹、求长生之术。此一思想与在浙西时反对周息元应征入朝相一致。

　　《黄冶赋》(《别集》卷一)自序云:"蜀道有青城、峨眉山,皆隐沦所托。辛亥岁,有以铸金术干余者。窃叹刘向累世懿德,为汉儒宗,其所述作,振于圣道,犹爱信鸿宝,几婴时戮。况流俗之士,能无感于此乎? 因作赋以正之。"辛亥岁,即本年。赋中又进一步阐明这一思想:"汉武帝遵世承平,百蛮以宁。自谓德成尧、禹,功高汤、武,闻升龙于鼎湖,乃甘心于斯语。有方士李少君,谲诈丕诞,乘邪进取,盛称化丹砂为黄金,可以登青霄而轻举。时董大夫侍侧,帝曰:'子知其术乎？'仲舒进曰：'臣惟闻天地变化，圣人镕范，方士之言，臣以为诡。……若乃不务远德，营信秘录，祈年永久，以极嗜欲，斯则不由于正道，无益于景福。'帝曰善，乃罢方士而去之，故得汉道隆盛，令名不亏。"此处所述，与德裕在浙西时反对征召周息元，劝谏敬宗炼丹求仙，是前后一致的。

庾敬休为工部侍郎时，约于本年前后曾奏议茶税钱，并遣使与德裕商量制置。

《旧书》卷一八七下《忠义传下·庾敬休传》载敬休为工部侍郎时，曾奏曰："剑南西川、山南西道每年税茶及除陌钱，旧例委度支巡院勾当榷税。当司于上都召商人便换。大和元年，户部侍郎崔元略与西川节度使商量，取其稳便，遂奏请茶税事使司自勾当，每年出钱四万贯送省。近年已来，不依元奏，三道诸色钱物州府逗留，多不送省。请取江西例，于归州置巡院一所，自勾当收管诸色钱物送省，所冀免有逋悬。欲令巡官李潢专往与德裕、遵古商量制置，续具奏闻。"按庾敬休曾与德裕同在翰林学士院供职。

李德修于本年四月由湖州刺史改楚州刺史。刘禹锡有诗送之。

宋谈钥《嘉泰吴兴志》卷十四《郡守题名》："李德修：大和四年五月十日自淮南节度行军司马授，后迁楚州刺史。"李德修之后为韦珩，云："大和五年四月自江州刺史拜。"则德修改除楚州亦当在大和五年四月间。又《楚州金石录·唐·楚州官属题名幢》："使大中大夫、使持节楚州诸军事、守楚州刺史、充本州团练使、淮南营田副使、上柱国、袭赵国公、食邑三千户、赐紫金鱼袋李德修：大和五年四月十九日授。"

刘禹锡有《送李中丞赴楚州》(《刘禹锡集笺证》卷二八)："缇骑朱旗入楚城,士林皆贺振家声。儿童但喜迎贤守,故吏犹应记小名。万顷水田连郭秀,四时烟月映淮清。忆君初得昆山玉,同向扬州携手行。"

正月,幽州军乱,副兵马使杨志诚逐节度使李载义,自立为留后,牛僧孺采取姑息妥协态度,以杨志诚为节度使。

《旧·文宗纪》大和五年正月,"庚申,幽州军乱,逐其帅李载义,立后院副兵马使杨志诚为留后"。四月,"己丑……以幽州卢龙节度留后杨志诚检校工部尚书,为幽州卢龙节度使"。

《通鉴》卷二四四大和五年正月载此事稍详,且有司马光评语,颇可参考。《通鉴》记曰:"庚申,卢龙监军奏李载义与敕使宴于球场后院,副兵马使杨志诚与其徒呼噪作乱,载义与子正元奔易州;志诚又杀莫州刺史张庆初。上召宰相谋之,牛僧孺曰:'范阳自安史以来,非国所有,刘总暂献其地,朝廷费钱八十万缗而无丝毫所获。今日志诚得之,犹前日载义得之也;因而抚之,使捍北狄,不必计其逆顺。'上从之。载义自易州赴京师,上以载义有平沧景之功,且事朝廷恭顺;二月壬辰,以载义为太保,同平章事如故。以杨志诚为卢龙留后。"司马光记此事,有评曰:"载义藩屏大臣,有功于国,无罪而志诚逐之,此天子所宜治也。若一无所问,因以其土田爵位授之,则是将帅之废置生杀皆出于士卒之手,天子虽在上,何为哉! 国家之有方镇,岂专利其财赋而已乎! 如僧孺之言,姑息偷安之术耳,岂宰相佐天子御天下之道哉!"

按新旧《唐书·牛僧孺传》亦载此事，与《通鉴》所载同，《旧书》卷一八〇《杨志诚传》更具体记述牛僧孺被召应对的情况，谓："文宗闻之惊，急召宰臣。时牛僧孺先至，上谓曰：'幽州今日之事可奈何？'僧孺曰：'此不足烦圣虑，臣被召疾趋气促，容臣稍缓息以对。'上良久曰：'卿以为不足忧，何也？'僧孺对曰：'陛下以范阳得失系国家休戚耶？……'"以上记载，都可见出牛僧孺对当时藩镇跋扈所采取的姑息妥协的态度，表现其一味保持禄位，根本不以国事安危为念。同样对待幽州的乱军，李德裕于会昌期间所采取的对策就完全不同（详后谱），从这里也可看出牛、李两党政治主张的显著区别。正因此事的处理对牛僧孺的行绩不利，因此杜牧所作牛僧孺墓志铭及李珏所作牛僧孺神道碑就只字未提。杜、李二文对牛僧孺之所谓"善政"是尽量采录的，有些根本不能算作"善政"的也被曲意夸饰而记入文内，而对本年处理幽州军乱一事则摒弃不录，正好说明当时即使像杜牧、李珏等人也认为此事于僧孺不利，无法回护，于是索性不写。

二月，宦官王守澄及郑注诬告宰相宋申锡联漳王凑谋反，三月，贬宋为开州司马。

此事《通鉴》所载较翔实，且李德裕此后于大和九年袁州之贬也与此有关，故摘《通鉴》所录于下：

"上与宋申锡谋诛宦官，申锡引吏部侍郎王璠为京兆尹，以密旨谕之。璠泄其谋，郑注、王守澄知之，阴为之备。"

"上弟漳王凑贤，有人望，注令神策都虞候豆卢著诬告申锡谋立漳王。戊戌，守澄奏之，上以为信然，甚怒。……是日，旬休，遣中使悉召宰相至中书东门。中使曰：'所召无宋公名。'申锡知获罪，望延英，以笏扣头而退。宰相至延英，上示以守澄所奏，相顾愕眙。上命守澄捕豆卢著所告十六宅宫市品官晏敬则及申锡亲事王师文等，于禁中鞫之；师文亡命。三月庚子，申锡罢为右庶子。自宰相大臣无敢显言其冤者，独京兆崔琯、大理卿王正雅连上疏请出内狱付外廷核实，由是狱稍缓。……

狱成，壬寅，上悉召师保以下及台省府寺大臣面询之。午际，左常侍崔玄亮、给事中李固言、谏议大夫王质、补阙卢钧、舒元褒、蒋系、裴休、韦温等复请对于延英，乞以狱事付外覆按。上曰：'吾已与大臣议之矣。'屡遣之出，不退。玄亮叩头流涕曰：'杀一匹夫犹不可不重慎，况宰相乎！'上意稍解，曰：'当更与宰相议之。'乃复召宰相入，牛僧孺曰：'人臣不过宰相，今申锡已为宰相，假使如所谋，复与何求！申锡殆不至此。'郑注恐覆按诈觉，乃劝守澄请止行贬黜。癸卯，贬漳王凑为巢县公，宋申锡为开州司马。"

按宋申锡事件的发动者，是宦官王守澄及其当时的依附者郑注，他们打击的对象其实是文宗，宋申锡不过是一只替罪羊。由于文宗的懦弱，又由于他对漳王李凑的嫉妒，于是他就只好牺牲宋申锡来保全自己。史实说明，当时极力营救宋申锡，并由此想抑制王守澄一派的是一些中层官员（特别是一些言官），以及宦官中极少见的像马存亮那样的人物（李德裕后曾为他撰写过神道碑，即《唐故开府仪同三司行右领军卫上将军致仕上柱国扶风公神道碑铭》，别集卷六）。牛僧孺身居宰臣,虽也有所谏诤,但语气极软弱,且据《新书·宰相表》大和五年,三月庚子,申锡罢为太子右庶子,乙丑,僧孺为中书侍郎,一黜一迁,正好说明宦官集团对牛僧孺的策略,以及牛僧孺在此事件中的表现。至于李宗闵,这时也在执政之列,但在史料记载中他更是一言不发,连牛僧孺还不如。这是文宗朝宦官对朝官发动的第一次较大的攻击,即制造冤狱,罢黜宰相,间接打击文宗想要削弱宦官当权的谋划;而在这次明显的冤案中,李宗闵、牛僧孺却基本上采取顺应和敷衍的态度。

八月,李逢吉为东都留守。

《旧·文宗纪》大和五年八月,以河阳三城怀州节度使杨元卿为宣武军节度使,代李逢吉;以逢吉检校司徒、兼太子太师,充东都留守,代温造。又《旧·李逢吉传》载:"大和二年,改汴州刺史、宣武军节度使。五年八月,入为太子太师、东都留守、东畿汝防御使,加开府仪同三司。"自李宗闵、牛僧孺执政,李逢吉的政治地位逐步得到改善。

七月,元稹卒于武昌节度使任。李德裕有悼念元稹诗二首寄刘禹锡,禹锡有和作。今刘诗存而李诗佚。

《旧·文宗纪》大和五年八月,"庚午,武昌军节度使、检校户部尚书元稹卒"。

按白居易《唐故武昌军节度处置等使正议大夫检校户部尚书鄂州刺史兼御史大夫赐紫金鱼袋赠尚书右仆射河南元公墓志铭并序》(《白居易集》卷七十):"大和五年七月二十二日,遇暴疾,一日,薨于位,春秋五十三。"《旧纪》云八月卒,当是按奏到之日计算。

刘禹锡有《西川李尚书知愚与元武昌有旧远示二篇吟之泫然因以继和二首》(《刘禹锡集笺证》外集卷七),题下自注:"来诗云:元公令陈从事求蜀琴,将以为寄,而武昌之讣闻,因陈生会葬。"由此可知,元稹卒前,曾遣府中陈从事者至蜀,求德裕为置办蜀琴一张,未及寄而元稹讣闻至,陈从事乃离蜀赴鄂会葬,德裕因作诗悼之,并寄禹锡。禹锡诗云:"如何赠琴日,已是绝弦时。无复双金报,空余挂剑悲。""宝匣从此闭,朱弦谁复调? 只应随玉树,同向土中销。"今德裕原诗已佚,由刘诗乃知其原作亦为五绝二首。刘禹锡于本年冬由礼部郎中出为苏州刺史,则此时仍在长安。

本年冬,德裕又作诗悼念元稹及韦处厚、杜元颖等,并寄沈传师。

德裕有《忆金门旧游奉寄江西沈大夫》诗(别集卷四):"东望沧溟路几重,无因白首更相逢。已悲泉下双琪树(自注:韦中令、武元昌皆已沦没),又惜天边一卧龙(自注:杜西川谪官南海)。人事升沉才十载,宦游漂泊过千峰。思君远寄西山药(自注:大夫尝镇锺陵,兼好金丹之术),岁暮相期向赤松。"

按此诗小注中之"武元昌",各本皆同,《全唐诗》所载亦然。诗题为忆金门旧游,乃忆昔年同在翰林中供职之旧友,但据记载,当年旧友中并无"武元昌"其人。此当为"元武昌"之讹,元稹卒于武昌军节度使,故称之为"元武昌"。又诗中之韦中令,指韦处厚,处厚于长庆时与德裕同在翰林,宝历二年十二月为中书侍郎、同中书门下平章事,大和初又仍为相，故称为"韦中令"。杜西川指杜元颖，也是昔日同在翰林者。元颖于大和三年十二月因南诏侵扰、守蜀无状而贬为循州司马，此处称杜为卧龙，不免为之回护。

又诗题谓"奉寄江西沈大夫"，此沈大夫当是沈传师，传师亦为翰林旧友。沈曾任江西观察使，据《旧·文宗纪》，大和四年九月丁丑，"以大理卿裴谊充江西观察使，代沈传师，以传师为宣歙观察使"。德裕作此诗时，元稹已卒，元颖尚存（杜元颖于大和六年十二月卒于贬所），德裕时在西川，则当作于五年冬。但此时沈传师早已离江西，赴宣歙任，且德裕诗注中亦谓沈"尝镇锺陵"，称其镇江西为昔时，则作此诗时沈已不在江西明甚。未知诗题中何故又称为"江西沈大夫"？或"江西"二字有误，当作"宣州"，俟考。

〔编年文〕

《黄冶赋》（别集卷一）

文中有"辛亥岁"云云，当作于本年。详见前谱。

《画桐花凤扇赋》（别集卷一）

自序云："成都夹岷江，矶岸多植紫桐。每至暮春，有灵禽五色，小于玄鸟，来集桐花，以饮朝露；及华落，则烟飞雨散，不知其所往。有名工绘于素扇，以偿稚子。余因作小赋，书于扇上。"按此《画桐花凤扇赋》乃接于上《黄冶赋》之后，为别集第一、二两篇，首标曰"成都二首"。此篇写暮春景色，当在本年或明年在成都作。今姑系于本年。

〔编年诗〕

《忆金门旧游奉寄江西沈大夫》（别集卷四）

约本年冬作,详见前谱。

《锦城春事忆江南五言三首》(别集卷四)

按此三诗,有目无文,当作于今明两年春日。

大和六年壬子(八三二) 四十六岁

德裕于本年十二月前仍在剑南西川节度使任。在蜀之治绩:

一、治关塞以防南诏与吐蕃。

《旧·文宗纪》大和六年五月,"甲辰,西川修邛崃关城。又移巂州于台登城"。《通鉴》卷二四四亦载:大和六年五月,"甲辰,李德裕奏修邛崃关及移巂州理台登城"。

《旧传》"(大和)六年,复修邛崃关(按《通鉴》胡注曰:邛崃关,或作邛峡关,误也。邛崃关在雅州荣经县,所谓邛崃九折坂,王尊叱驭处也。祝穆曰:邛崃关在巂州北九十里。巂州先治越巂县。宋白曰:越巂,汉邛都地。台登,汉旄牛地。李心传曰:邛崃关,近荣经,去黎州六十里。琮按,据胡注及所引诸书,《旧·李德裕传》作邛峡关者误),移巂州于台登城以捍蛮。"

《新·李德裕传》载德裕治关厄之状较《旧传》为详,但未明载年月,今一并叙于此处:"筑杖义城,以制大度、清溪关之阻;作御侮城,以控荣经掎角势(琮按:以上对南诏);作柔远城,以厄西山吐蕃(琮按:此对吐蕃);复邛崃关,徙巂州治台登,以夺蛮险(琮按:此又对南诏)。"

二、因地制宜,改进军粮运输。

《新传》:"旧制,岁杪运内粟赡黎、巂州,起嘉、眉,道阳山江,而达大度,乃分饷诸戍。常以盛夏至,地苦瘴毒,辇夫多死。德裕命转邛、雅粟,以十月为漕始,先夏而至,以佐阳山之运,馈者不涉炎月,远民乃安。"

三、改革旧俗,抑制浮屠。

《新传》:"蜀人多鬻女为人妾,德裕为著科约,凡十三而上,执三年劳;下者,五岁。及期则归之父母。毁属下浮屠私庐数千,以地予农。蜀先主祠旁有猱村,其民剔发若浮屠者,畜妻子自如,德裕下令禁止。蜀风大变。"

德裕幕府人物:

(一)韦绚:为西川从事,著《戎幕闲谈》。

《郡斋读书志》(袁州本)卷三下著录《戎幕闲谈》一卷,云:"唐韦绚撰。大和中为李德裕从事,记德裕所谈。"按韦绚另有《刘宾客嘉话录》。绚,新旧《唐书》无传。《说郛》卷七收有《戎幕闲谈》,前有韦绚自序:"赞皇公博物好奇,尤善语古今异事。当镇蜀时,宾佐宣吐,亹亹不知倦焉。乃谓绚曰:'能题而记之,亦足以资闻见。'绚遂操觚录之,号为《戎幕闲谈》。大和五年十一月二十三日,巡官韦绚引。"

(二)张周封:西川从事。

《新书·艺文志》曾著录张周封《华阳风俗录》一卷,谓字子望,西川节度使李德裕从事,试协律郎。段成式《酉阳杂俎》续集卷二《支诺皋》中,有"张周封员外入蜀,亲睹其事"云云,当即在德裕幕中时。又李商隐有《为张周封上杨相公启》(《樊南文集》卷三),约作于开成三、四年间,时杨嗣复为相,请求荐引。张周封当是久任幕府职者(据《尚书故实》,周封曾为泾川从事),故李商隐文中亦有"淹留莲幕,栖托戎麾"之语。

(三)赵公祐:画家。

宋郭若虚《图画见闻志》卷二载:"赵公祐,成都人。工画佛道鬼神,世称高绝。大和间已著画名。李德裕镇蜀,以宾礼遇之,改莅浙西,辟从莲幕。成都大慈、圣兴两寺皆有画壁。"按赵公祐及其子、孙,三世皆以画著称于世,《图画见闻志》同卷于赵公祐后又云:"赵温其,公祐之子,绰有父风,成都寺观多见其迹。""赵德齐,温其之子,袭二世之精艺,奇踪逸笔,时辈咸推服之。"

德裕在蜀曾著《西南备边录》一书,今已佚。

李德裕于会昌中有《进西南备边录状》(《文集》卷十八),中云:"臣顷在西川,讲求利病,颇收要害之地,实尽经远之图,因著《西南备边录》十三卷。"又云:"臣所创立城镇,兼画小图,米盐器甲,无不该备。"可见此书,原系德裕在西川为防备吐蕃、南诏入侵而作。《通鉴》卷二四四大和五年五月载:"丙辰,西川节度使李德裕奏遣使诣南诏索所掠百姓,得四千人而还。"《考异》引《西南备边录》文:"南诏以所虏男女五千三百六十四人归于我。"由此可见:(一)司马光修《通鉴》时,曾见到此书。(二)此书的撰作,当在大和五年五月以后至大和六年十二月德裕入为兵部尚书之前。又可参见《玉海》卷五十八引《中兴书目》。

又《直斋书录解题》卷七传记类载《西南备边录》一卷，云："唐宰相李德裕文饶撰。大和中镇蜀所作，内州县城镇兵食之数，大略具矣。"则陈振孙所见，已只一卷。《进西南备边录状》中有云："第四卷叙维州本末，尤似精详。"则《直斋书录解题》作一卷，恐是南北宋之际散佚所致。

《舆地碑记目》所载德裕治蜀行迹。

宋王象之《舆地碑记目》有数处记载德裕在蜀行迹，可见后人对其功业的敬仰，今摘录如下：

卷四嘉定府碑记有《申孝友西南会要》，云："孝友论唐自开元之际，始有南诏之忧，盖合六诏，而南诏最强，连吐蕃，而蜀患乃酷。降及大和之际，李德裕作筹边楼，南诏颇有所惮，而蜀赖之以安。"

卷四嘉定府碑记有《李德裕石阙》，云："旧市镇有名滩曰墨崖，其上有'唐李德裕领重兵过此'九字。"

卷四永康军碑记有《唐崇德庙记》，云："唐李德裕镇蜀时，重建崇德庙，命段全暐为记。"

卷四成都府碑记有《观政阁记》，云："秦汉至唐，领太守、刺史、节度使之职，有政绩可考，而画像存焉者得二十八人，别图于他阁，而榜曰观政。"此二十八人中，有李德裕。

李塨论李德裕治蜀及论德裕之相业。

清李塨《阅史郄视》卷二："唐自南诏入寇蜀，败杜元颖，而郭钊代之，病不能事，民失职无聊。李德裕至，则完残奋怯，皆有条次。成都既南失姚、协，西亡维、松，由清溪下沫水，而左尽为蛮有。始韦皋招来南诏，复巂州，倾内赀结蛮好,示以战阵文法。德裕以皋启戎资盗,养成痈疽,第未决耳,至元颖时遇隙而发,故长驱深入,蹂剔千里,荡无孑遗。今瘢痍尚新,非痛革弊,不能刷一方耻,乃建筹边楼,按南道山川险要与蛮相入者图之左,西道与吐蕃接者图之右,其部落众寡,馈运远迩,曲折咸具,乃召习边事者与之指画商订,凡虏之情伪尽知之。……德裕既得之(维州),即发兵以守,且陈出师之利。牛僧孺居中沮其功,命返悉怛谋于虏以信所盟,德裕终身以为恨。夫唐相自李绛、裴度而后,可人意者惟李文饶一人而已,乃以党邪制之,惜哉!"

十二月乙丑,牛僧孺罢相,出为淮南节度使;丁未,李德裕入为兵部尚书。

《旧·文宗纪》大和六年十一月,"乙卯,以荆南节度使段文昌为剑南西川节度使"。十二月,"乙丑,以中书侍郎、同平章事牛僧孺检校右仆射、同平章事、扬州大都督府长史,充淮南节度使"。"丁未,以前西川节度使李德裕为兵部尚书"。

按牛僧孺之出朝,李德裕之召入,主要原因即在于维州事件,牛僧孺处理之不当,朝议以为牛因与德裕有隙,故沮其功,同时德裕治蜀,成绩斐然,也为文宗所知。如《旧·李德裕传》:"德裕所历征镇,以政绩闻。其在蜀也,西拒吐蕃,南平蛮、蜑。数年之内,夜犬不惊,疮宥之民,粗以完复。会监军王践言入朝知枢密,尝于上前言悉怛谋缚送以快戎心,绝归降之义,上颇尤僧孺。其年冬,召德裕为兵部尚书,僧孺罢相,出为淮南节度使。"《新·李德裕传》亦谓:"会监军使王践言入朝,盛言悉怛谋死,拒远人向化意。帝亦悔之,即以兵部尚书召。"

又《通鉴》载牛僧孺对文宗关于天下太平的答语，也使牛僧孺失去文宗的信任，牛僧孺姑息偷安、无所作为，正与李德裕积极进取形成鲜明的对比。《通鉴》大和六年十一月载："僧孺内不自安，会上御延英，谓宰相曰：'天下何时当太平，卿等亦有意于此乎？'僧孺对曰：'太平无象。今四夷不至交侵，百姓不至流散，虽非至理，亦谓小康。陛下若别求太平，非臣等所及。'退，谓同列曰：'主上责望如此，吾曹岂得久居此地乎！'因累表请罢。十二月乙丑，以僧孺同平章事，充淮南节度使。"牛僧孺之意以为由于文宗的苛责，使他只得求罢，这完全是文饰和借口，连在牛、李党争中偏向于牛党的司马光也对此加以斥责。《通鉴》叙此事后即谓：

"臣光曰：君明臣忠，上令下从，俊良在位，佞邪黜远，礼修乐举，刑清政平，奸宄消伏，兵革偃戢，诸侯顺附，四夷怀服，家给人足，此太平之象也。于斯之时，阉寺专权，胁君于内，弗能远也；藩镇阻兵，陵慢于外，弗能制也；士卒杀逐主帅，拒命自立，弗能诘也；军旅岁兴，赋敛日急，骨血纵横于原野，杼轴空竭于里闾，而僧孺谓之太平，不亦诬乎！当文宗求治之时，僧孺任居承弼，进则偷安取容以窃位，退则欺君诬世以盗名，罪孰大焉！"

牛僧孺论"太平无象"事，《新·牛僧孺传》亦载之。杜牧所作牛《志》仅云"大和六年，检校右仆射、平章事、淮南节度使"（《樊川文集》卷七），李珏作牛之神道碑铭也未载此事，可见是有意回避。

德裕本年在西川任内曾有悼薛涛诗,刘禹锡有和作(时刘为苏州刺史)。德裕原诗已佚。薛涛卒于本年。

刘禹锡有《和西川李尚书伤韦令孔雀及薛涛之什》(《刘禹锡集笺证》外集卷七):"玉儿已逐金环葬,翠羽先随秋草萎。唯见芙蓉含晓露,数行红泪滴清池(自注:后魏元树,南阳王禧之子,南奔到建业,数年后北归,爱姬朱玉儿脱金指环为赠。树至魏,却以指环寄玉儿,示有还意)。"

按刘之诗题云"西川李尚书",即指李德裕,当是德裕在蜀时曾作诗悼薛涛寄禹锡,禹锡和之,今李之原唱已佚。元费著《笺纸谱》:"涛出入幕府,自(韦)皋至李德裕,凡历事十一镇,皆以诗受知。……后段文昌再镇成都,大和岁,涛卒,年七十三。文昌为撰墓志。"则似薛涛之卒在段文昌为西川节度使时。

按《淳熙秘阁续帖》载白居易《与刘禹锡书》,首云"冬候斗寒",末署"十一月日",即作于十一月之某日。中云:"前月廿六日,崔家送终事毕,执绋之时,长恸而已。况见所示祭文及祭微哀辞,岂胜凄咽!来使到迟,不及发引,反虞之明日申奠,亦足以及哀。因睹二文,并录祭敦并微志同往,览之当一恻恻耳!平生相识虽多,深者盖寡,就中与梦得同厚者,深、敦、微而已。今相次而去,奈老心何!……微既往矣,知音兼勍敌者,非梦而谁?故来示有脱膊毒拳、脑门起倒之戏,如此之乐,谁复知之?从报白君黦榴裙之逸句,少有登高称,岂人之远思,唯余两仆射之叹词?乃至'金环、翠羽'之凄韵,每吟皆数四,如清光在前。"(此据顾学颉校点《白居易集》外

集卷下）

　　书中敦指崔群，崔群字敦诗，微指元稹，稹字微之。据《旧书》卷一五九《崔群传》，群于大和五年拜检校左仆射兼吏部尚书，六年八月卒（《旧·文宗纪》大和六年"八月辛酉朔，吏部尚书崔群卒"），年六十一。《白居易集》卷七十有《祭崔相公文》，云："维大和六年，岁次壬子，十月庚申朔，二十四日癸未，中大夫、守河南尹、上柱国、晋阳县开国男、食邑三百户、赐紫金鱼袋白居易，谨以清酌庶羞之奠，敬祭于故相国、吏部尚书、赠司空崔公敦诗。"白氏《与刘禹锡书》中所谓"前月廿六日崔家送终事毕"，即指十月二十六日。元稹则卒于去年七月。《书》中所谓"金环、翠羽"之句，即刘禹锡《和西川李尚书伤韦令孔雀及薛涛之什》中的"玉儿已逐金环葬，翠羽先随秋草萎"二句。可见白居易于本年十一月某日作书与刘禹锡时，已看到刘之和李德裕诗。这时白居易为河南尹，刘禹锡为苏州刺史（按白居易与禹锡书中又云："洛下今年旱损至甚，蠲放大半，经费不充，见议停减料钱。……承贵部大稔，流亡悉归，既遇丰年，又加仁政。……且使君之心，得以与众同乐。"可证一在洛阳，一在苏州）。

　　又据《旧纪》，任段文昌为西川节度使在本年十一月乙卯。十一月己丑朔，乙卯为二十七日。计段文昌抵达成都，最早亦当在十二月上旬。而白居易已于十一月之某日看到刘禹锡酬和李德裕伤悼薛涛之诗，计此诗由西川寄苏州，再由苏州寄洛阳，以当时交通条件而论，得需一月左右的时间。则薛涛之卒不可能在段文昌抵蜀以后，《笺纸谱》所谓"后段文昌再镇成都,大和岁,涛卒",似不确。疑薛涛当卒于大和六年十一月前,时德裕尚在西川任,作诗悼念,并以寄刘禹锡,禹锡有和作,并寄白居易。至段文昌抵成都后,为薛涛撰墓志,则仍有可能。

段文昌抵蜀后,曾上奏状,请为李德裕立德政碑,以表彰其治蜀的功绩。奏状由幕府从事张次宗起草。

《全唐文》卷七六〇载张次宗《请立前节度使李德裕德政碑文状》:"右伏以勋著王室者则铭于景钟,功及于生人者则刊于乐石。故扶风存必拜之地,岘山有堕泪之思,固有旧章,盖无余美。窃以李某缵庆相门,伏膺儒业,得郤縠诗书之学,兼祭遵儒雅之风。自授任坤方,镇安全蜀,亭戍多警,灾旱相仍。外有定戎之功,则城栅相望;内有缮完之备,则器甲维新。强寇将罢其东渔,邻敌自止其南牧。况令行属郡,威肃连营,来暮之谣,已章于昔岁;去思之美,无谢于古人。今合境同词,诸郡献状。虽黄霸入用,宠方盛于登贤;而邓侯不留,情犹深于爱树。臣谬当交代,备闻政能,愿嗟卧辙之情,特允纪功之请。"

按此文为张次宗代节度使段文昌所草拟。岑仲勉《读全唐文札记》云:"据《旧纪》一七下,继德裕节度西川者为段文昌,今考次宗位未至节度、观察,则此等表状,皆代作也。其余数状,可以类推。"岑氏说是。张次宗为张弘靖子,《旧书》卷一二九《张弘靖传》载弘靖有四子,"次宗最有文学,稽古履行"。文宗开成时为起居舍人,改礼部员外郎。《新书》卷二二七《张弘靖传》亦附载其事,并云"李德裕再当国,引为考功员外郎,知制诰"。"再当国",即德裕第二次入相时,在武宗会昌年间,两《唐书》皆未载次宗在蜀幕府事。今查《全唐文》所载张次宗诸文,如《荐前汉州刺史薛元赏状》等,皆在西川代段文昌所草拟。

〔辨正〕《通鉴》所载李德裕入朝后对杜悰的答语。

《通鉴》卷二四四大和六年十二月载李德裕为兵部尚书事,云:"初,李宗闵与德裕有隙,及德裕还自西川,上注意甚厚,朝夕且为相,宗闵百方沮之不能。京兆尹杜悰,宗闵党也,尝诣宗闵,见其有忧色,曰:'得非以大戎乎?'宗闵曰:'然。何以相救?'悰曰:'悰有一策,可平宿憾,恐公不能用。'宗闵曰:'何如?'悰曰:'德裕有文学而不由科第,常用此为慊慊,若使之知举,必喜矣。'宗闵默然,有间,曰:'更思其次。'悰曰:'不则用为御史大夫。'宗闵曰:'此则可矣。'悰再三与约,乃诣德裕。德裕迎揖曰:'公何为访此寂寥?'悰曰:'靖安相公令悰达意。'即以大夫之命告之。德裕惊喜泣下,曰:'此大门官,小子何足以当之!'寄谢重沓。宗闵复与给事中杨虞卿谋之,事遂中止。"

按《通鉴》此处所记,皆不见于新旧《唐书》之李德裕、李宗闵或杜悰等传。张固《幽闲鼓吹》曾载其事,当为《通鉴》所本,今录于下,以资比较:

"初,朱崖、封川早相善,在中外致力。及位高,稍稍相倾。及封川在位,朱崖为兵部尚书,自得歧路,必当大拜。封川多方沮之,未效。朱崖知而忧之。邠公杜相即封川党,时为京兆尹,一日,谒封川,封川深念,杜公进曰:'何戚戚也?'

封川曰：'君揣我何念？'杜公曰：'非大戎乎？'曰'是也，何以相救？'曰：'某即有策，顾相公必不能用耳。'曰：'请言之。'杜曰：'大戎有辞学而不由科第，于今怏怏。若与知举，则必喜矣。'封川默然良久，曰：'更思其次。'曰：'更有一官，亦可平治慊恨。'曰：'何官？'曰：'御史大夫。'宗闵曰：'此即得。'邠公再三与约，乃驰诣安邑门。门人报杜尹来，朱崖迎揖曰：'安得访此寂寞？'对曰：'靖安相公有意旨，令某传达。'遂言亚相之拜。朱崖惊喜，双泪遽落，曰：'大门官，小子岂敢当此荐拔！'寄谢重叠。遽告封川，封川与虔州议之，竟为所堕。"（《唐语林》卷七《补遗》亦载此，字句小有异同）

此当为《通鉴》所本。其事之确否，宋人早已致疑。胡寅《读史管记》卷二十五论《通鉴》载此事曰："观人者当观其大概，譬如松柏有拳曲而无樛轕之状，譬如骐骥有蹶失而无驽骞之资。李德裕志气豪迈，盖以公辅自许，人亦以是期之。今对杜悰称小子，闻大夫之命，惊喜泣下，此凡庸搜琐、不应得而得者之情态也，德裕岂有是哉！杜悰，宗闵之党也，故造为此语，以陋文饶，而史家不别，乃掇取之。司马氏自以至公无私为心，然于牛、李二人则偏有左右，故悰之猥说亦不削去。若以文饶为人之大概观焉，无此事也必矣。"

胡寅认为以李德裕为人行事的大概而论，不可能有此事，这是有道理的。但他仍以为这是出于杜悰编造，却纯属揣想；若是杜悰"造为此语"，则当时亦可能有此一说。至王应麟则考出《通鉴》所载出于张固《幽闲鼓吹》，而《幽闲鼓吹》本为小说家言，其事多出于杜撰，且正因为是小说，固不必要求是否合于事实。《通鉴》采小说而入于正史，固然是采择不严，而实则出于司马光对李德裕的偏见。王应麟《困学纪闻》卷十四《考史》云："《通鉴》载李德裕对杜悰称小子，闻御史大夫之命，惊喜泣下。致堂（翁注：《读史管见》二十五）谓德裕岂有是哉，杜悰李宗闵之党，故造此语以陋文饶，史掇取之；以文饶为人大概观焉，无此事必矣。愚按此事出张固所撰《幽闲鼓吹》，杂说不足信也。"

令狐楚本年二月为太原尹、河东节度使。李商隐应举不第，从令狐楚于太原幕府，是年二十岁。

《旧·文宗纪》大和六年二月甲子朔，"以前义昌军节度使殷侑检校吏部尚书，充天平军节度、郓曹濮等州观察使，代令狐楚；以楚检校右仆射，兼太原尹、北都留守，河东节度使"。李商隐《上令狐相公状》（《樊南文集补编》卷五）："自叨从岁贡，求试春官，前达开怀，后来慕义，不有所自，安得及兹。然犹摧颓不迁，拔刺未化。……倘蒙识以如愚，知其不佞，俾之乐道，使得讳穷，则必当刷理羽毛，远谢鸡鸟之列，脱遗鳞鬣，高辞鳣鲔之群。"张采田（《玉溪生年谱会笺》）、岑仲勉（《玉溪生年谱会笺平质》）都以为义山本年应举不第，又入太原幕。

按据《旧书》卷一七二《令狐楚传》："（大和）六年二月，改太原尹、北都留守、河东节度等使。楚久在并州，练其风俗，因人所利而利之，虽属岁旱，人无转徙。……楚绥抚有方，军民胥悦。"按令狐楚于元和时依附皇甫镈以进，长庆时李逢吉又援之以为己助而排挤李绅。此后李逢吉外出，楚历任汴州刺史、东都留守、郓州刺史,所至均有治绩。观其此后行事,则并无依附李宗闵、牛僧孺而求进的行迹。

李宗闵、牛僧孺以其党与分据要职,如杨汉公充史馆修撰,李汉为御史中丞。

《旧·文宗纪》大和六年七月,"甲午,以谏议大夫王彦威、户部郎中杨汉公、祠部员外郎苏涤、右补阙裴休并充史馆修撰。故事,史官不过三员,或止两员,今四人并命,论者非之"。又八月辛酉,"以驾部郎中、知制诰李汉为御史中丞"。

十二月,杜元颖卒于循州贬所。

《旧·文宗纪》大和六年十二月,"责授循州司马杜元颖卒,赠湖州刺史"。又《新书》卷九六《杜如晦传》附元颖传:"元颖死于贬所,年六十四。将终,表乞赠官,乞归葬。诏赠湖州刺史。"又云:"元颖与李德裕善,会昌初,德裕当国,因赦令复其官。"德裕会昌时有《论故循州司马杜元颖状》(《文集》卷十二),详后谱。

本年,许浑、杜颛登进士科,礼部侍郎贾𫗧知贡举(徐松《登科记考》卷二一)。

〔编年诗〕

《奉送相公十八丈镇扬州》(别集卷四)

关于此诗是否德裕所作的考证:

此诗载别集卷四,题下署为"西川节度使李德裕",诗云:"千骑风生大旆舒,春江重到武侯庐。共悬龟印衔新绶,同忆鳣庭访旧居。取履桥边啼鸟换,钓璜溪畔落花初。今来却笑临邛客,入蜀空驰使者车。"后附王播诗,题为《酬西川尚书》,

署为"淮南节度使王播",诗云:"昔年献赋去江湄,今日行春到始悲。三径尚存新竹树,四邻唯见旧孙儿。壁间潜认偷光处,川上宁忘结网时。更见桥边记名字,始知题柱免人嗤。"

按此又见《唐诗纪事》卷四十五王播条下,云:"播为淮南节度使,《游故居感旧》诗云……李德裕和云……"《唐诗纪事》以王播所作为原唱,德裕为和作,而《别集》卷四则作德裕送王播赴淮南任而撰此诗,王播则为酬和,二书所载已相矛盾。又查《旧·穆宗纪》,长庆二年三月戊午,"以中书侍郎、平章事王播检校右仆射,兼扬州大都督府长史,充淮南节度使,依前兼诸道盐铁转运使"。又《旧·文宗纪》,大和元年六月,王播由淮南入相,以御史大夫段文昌代为淮南节度使。又据《旧书》卷一六四《王播传》,播卒于大和四年正月,年七十二。而李德裕大和四年十月始授命为西川节度使,即在王播卒后九个多月;至王播始任淮南时,德裕尚在长安任翰林学士之职。

按据《旧·王播传》,播父恕曾为扬州使府参军,播少时亦居扬州,"出自单门"。据《唐诗纪事》,播诗题为《游故居感旧》,无论诗题与内容,均与王播身世切合,当为播作无疑。但另一首是否德裕所作,确甚可疑。岑仲勉《唐人行第录》"王十八播"条云:"如以诗确李诗只结衔舛误为辨,则须知播弟起号十一,播不得为十八。而且李诗有'春江重到武侯庐……今来却笑临邛客,入蜀空驰使者车'等句,确是西川节度口气,又'同忆鳣庭访旧居'句,实切吉甫之曾镇淮南。以此思之,李诗不特题伪,诗亦伪,与白居易《吊崖州》三绝同一捏造伎俩也。王播贪冒，大不理众口，李诗底本虽未知原出何处，然南宋初计有功已采入，相信传自唐末，牛党期以此污德裕也。牛党诋李，无所不用其极，奈何读史者忽不加察长为金壬所蒙耶！（参前《史语所集刊》九本七四—七五页拙著）"

岑说似可信从，但王谠《唐语林》卷四《伤逝》已记此事，云："王太尉播，少贫，居瓜洲寄食，多为人所薄。及登第，历荣显，掌盐铁三十余年，自刘忠州之后，无如播者，后镇淮南，乃游瓜洲故居，赋诗感旧。李卫公出在（任？）蜀关，而致和其诗以寄播。"此处所载，与《唐诗纪事》基本相同，言之凿凿，若确有其事者。《唐语林》虽为宋人所撰，但其采集多有所本，恐晚唐五代即有类似记载。

大和七年癸丑（八三三）　四十七岁

李绅于本年正月由寿州刺史改太子宾客、分司东都，由刺史改为闲职。

《旧书》卷一七三《李绅传》："再迁太子宾客、分司东都。"《新书》卷一八一《李绅传》同，皆不著年月。李绅《寿阳罢郡日有诗十首……》（《全唐诗》卷四八〇），第五首《发寿阳分司敕到又遇新正感怀旧事》，题下注"七年正月八日立春，在寿阳凡四年"。首二句云："休为建隼临淝守，转作垂丝入洛人。"又第一首《肥河维舟阻冻祗待敕命》，题下注"大和七年十二月",此"七"字即为"六"字之误,首二句云:"罢分符竹作闲官,舟冻肥河拟棹难。"由此可见,罢任之于大和六年十二月即下,七年正月敕命到,即赴洛阳。

李绅又有诗,题为《转寿春守,大和庚戌岁二月祗命寿阳,时替裴五墉终殁,因视壁题,自墉而上,或除名在边坐殿没凡七子,无一存焉。寿人多寇盗,好诉讦,时谓之凶郡,犷俗特著,蒙此处之。顾余衰年,甘蹙前患,俾三月而寇静,期岁而人和,虎不暴物,奸吏屏审。三载复遭邪佞所恶,授宾客分司东都……》(《全唐诗》卷四四八〇)。按大和六年十二月,执政者为李宗闵、牛僧孺、路隋。李绅所谓"邪佞",当指李宗闵及其党与。

二月,李德裕以兵部尚书守本官同中书门下平章事;七月,拜中书侍郎。

《旧·文宗纪》大和七年二月,"丙戌,诏以银青光禄大夫、守兵部尚书、上柱国、赞皇县开国伯、食邑七百户李德裕以本官同中书门下平章事"。又《新书》卷六十三《宰相表》下,大和七年,"七月丁酉,德裕为中书侍郎"。

《唐大诏令集》卷四十八《李德裕平章事制》,文末署"大和七年七月"。中云:"银青光禄大夫、守兵部尚书、上柱国、赞皇县开国伯、食邑七百户李德裕,元精孕灵,和气毓德;坚直成性,清明保躬。贞规澹夷,敏识冲远。学综九流之奥,文师六义之宗,令问凤彰,金谐允属。自提纲柏署,掌诰禁闱,厘纪律详平之司,竭讦谟密勿之节。泊廉视浙右,总镇滑台,再委旄麾,缉安邛蜀,克有殊政,咸怀去思。谅惟全才,茂此声绩。朕以畴庸之典，彝训所先，入迁司马之崇，弥积济川之望。是宜纳诲朝夕，擢居股肱，勉弘伊吕之勋，以嗣韦平之美。业传相印，门袭戎旆，绍丝纶内职之荣，继鼎铉中枢之重。珪绂之盛，恩辉罕俦。尔馨乃忠贞，副我毗倚，无忝成命，服兹宠光。可守本官同中书门下平章事。"按此云"可守本官同中书门下平章事"，前又云"守兵部尚书"，据《旧纪》当是大和七年二月事，《唐大诏令集》署为七月，误。

《旧传》："（大和）七年二月，德裕以本官平章事，进封赞皇伯，食邑七百户，六月，宗闵亦罢，德裕代为中书侍郎、集贤大学士。"

此次德裕入相，甚合群情。

钱易《南部新书》戊："李太尉，大和七年自西川还，入相。上谓王涯：'今日除德裕，人情怕否？'对曰：'忠良甚喜，其中小人亦有怕者。'再言曰：'须怕也。'涯时为盐铁使也。"按王涯此时为守尚书右仆射、诸道盐铁转运使，至本年七月迁同中书门下平章事，领使如故，与李德裕同掌朝政。

又《类说》卷七载《献替记》，共七条，其中一条题为《李德雨》，云："京师久旱，德裕拜相，即日大雨。枢密使曰：'禁中喜此雨，呼相公名讹下一字，曰李德雨。'"

德裕入相之初，即对朝制进行改革。

《新传》："故事，丞郎诣宰相，须少间乃敢通，郎官非公事不敢谒。李宗闵时，往往通宾客。李听为太子太傅，招所善载酒集宗闵阁，酣醉乃去。至德裕，则喻御史：'有以事见宰相，必先白台乃听。凡罢朝，由龙尾道趋出。'遂无辄至阁者。

又罢京兆筑沙堤、两街上朝卫兵。"《南部新书》庚亦载:"李德裕自西川入相,视事之日,令御史台牓兴礼门:'朝官有事见宰相者,皆须牒台。其他退朝从龙尾道出,不得横入兴礼门。'于是禁省始静。"

又《类说》卷七载《献替记》:"德裕初作相,两街使请准例每早朝令兵卫送。予判曰:在具瞻之地,自有国容,当无事之时,何劳武备。卫送宜停。"

破朋党,出李宗闵之党杨虞卿、杨汝士、杨汉公、张元夫、萧澣等人于外。

《新传》谓:"(德裕)尝建言:'朝廷惟邪正二途,正必去邪,邪必害正。然其辞皆若可听,愿审所取舍。不然,二者并进,虽圣贤经营,无由成功。'"这是德裕破除朋党、任用人材的原则,也是鉴于大和时期的实际情况提出来的。大和时,先是李宗闵因宦官之助,得为宰相,李又荐引牛僧孺共掌朝政,在李、牛的操持下,排斥李德裕及裴度、李绅、元稹等,同时又引用杨虞卿、张元夫、萧澣、李汉等党人。朝中几乎一半为牛僧孺、李宗闵之党。文宗也有所察觉,故于去年十二月因得知维州事件的真相,而出牛僧孺于淮南,并召李德裕入京。及李德裕拜相,六月以前为与李宗闵共同执政时期,如果这时德裕不排除牛僧孺、李宗闵之党,则其政治设施就无法推行。前人往往批评李德裕排斥异己,实则在政治斗争中不能仅以此来衡量政治人物,而应当分析其排斥的人是正是邪,也即是这些人在历史上是可以肯定的还是应该否定的。而已有的材料足以证明,属于李宗闵一党而为李德裕所排斥的，如杨虞卿等人，确实是依附权要、趋利贪财等辈。

《通鉴》卷二四四大和七年二月，"丙戌，以兵部尚书李德裕同平章事。德裕入谢，上与之论朋党事，对曰：'方今朝士三分之一为朋党。'时给事中杨虞卿与从兄中书舍人汝士、弟户部郎中汉公、中书舍人张元夫、给事中萧澣等善交结，依附权要，上干执政，下挠有司，为士人求官及科第，无不如志，上闻而恶之，故与德裕言首及之；德裕因得以排其所不悦者"。又三月，"庚戌，以杨虞卿为常州刺史，张元夫为汝州刺史。他日，上复言及朋党，李宗闵曰：'臣素知之，故虞卿辈臣皆不与美官。'李德裕曰：'给、舍非美官而何！'宗闵失色。丁巳，以萧澣为郑州刺史"。《通鉴》此处所载，除"德裕因得以排其所不悦者"外，其他都尚近实。而更可以见出李宗闵之结党营私者，则莫如《新书·李宗闵传》所载，云：

"久之，德裕为相，与宗闵共当国。德裕入谢，文宗曰：'而知朝廷有朋党乎？'德裕曰：'今中朝半为党人，虽后来者，趋利而靡，往往陷之。陛下能用中立无私者，党与破矣。'帝曰：'众以为杨虞卿、张元夫、萧澣为党魁。'德裕因请皆出为刺史，帝然之。即以虞卿为常州，元夫为汝州，萧澣为郑州。宗闵曰：'虞卿位给事中，州不容在元夫下。德裕居外久，其知党人不如臣之详。虞卿日见宾客于第，世号行中书，故臣未尝与美官。'德裕质之曰：'给事中非美官云何？'宗闵大沮，不得对。"

按由此可见：（一）文宗问李德裕："而知朝廷有朋党乎？"则当时朝中的所谓朋党，非指德裕而言，至少在文宗的心目中,是把李德裕排除在朋党之外的。而且李宗闵也说:"德裕居外久,其知党人不如臣之详。"可见即使李宗闵,也认为李德裕前此久居外官,不知朝中朋党的详情;知之尚不详,怎么能说参与朋党之事呢?

(二)李德裕认为当时朝臣中半为朋党,情况相当严重,必须破之,而破朋党,必须"用中立无私者"。

(三)文宗认为杨虞卿、张元夫、萧澣三人是党魁,本来受到李宗闵的支持与回护,而李宗闵见回护不住,也只得将他们贬出,以保护自己,说:"虞卿日见宾客于第,世号行中书,故臣未尝与美官。"可见连李宗闵也承认杨虞卿结党营私、把持权柄。破除杨虞卿等朋党,是革新朝政的必要步骤。关于杨虞卿结党营私的情况,见于史籍者,摘录于此,以供研讨。《南部新书》戊:"大和中朋党之首:杨虞卿、张元夫、萧澣。后杨除常州,张汝州,萧郑州。"又同书己:"大和中,人指杨虞卿宅南亭子为行中书,盖朋党聚议于此尔。"《旧书》卷一七六有《杨虞卿传》,据传,李宗闵、牛僧孺于大和间执政时,起杨虞卿为左司郎中;五年六月,拜谏议大夫,充弘文馆学士,判院事;六年,拜给事中,官位是一直往上升的。传又云:"虞卿性柔佞,能阿附权幸以为奸利。每岁铨曹贡部,为举选人驰走取科第,占员缺,无不得其所欲,升沉取舍,出其唇吻。而李宗闵待之如骨肉,以能朋比唱和,故时号党魁。八年,宗闵复入相,寻召为工部侍郎。"可见杨虞卿宦海中的浮沉,是与李宗闵的进退密切相关的。《新书》卷一七五《杨虞卿传》也载:"虞卿佞柔,善谐丽权幸,倚为奸利。岁举选者,皆走门下,署第注员,无不得所欲,升沉在牙颊间。当时有苏景胤、张元夫,而虞卿兄弟汝士、汉公为人所奔向,故语曰:'欲趋举场,问苏、张;苏、张犹可,三杨杀我。'宗闵待之尤厚,就党中为最能唱和者,以口语轩轾事机,故时号党魁。德裕之相,出为常州刺史。"显然,把杨虞卿这样的人排除出外,是洽于舆情的,不能以此说李德裕为挟私报怨,出于朋党之见。又如杨汉公,据《新书》卷一七五本传,他在任荆南节度使时,曾有人"劾汉公治荆南有贪赃",乃由工部尚书降为秘书监。(按,张元夫、萧瀚,两《唐书》无传)

禁抑两淮大贾。

《新传》:"始,二省符江淮大贾,使主堂厨食利,因是挟赀行天下,所至州镇为右客,富人倚以自高。德裕一切罢之。"又《类说》卷七《献替记》,其四《罢给食利文牒》云:"两省旧以江淮富人给文牒,周行天下,称堂厨食利人,影占兴贩,利入富室。余判曰:万钱已厚,常怀素餐。百姓尚贫,岂宜争利。既异拔葵之义,尤伤脱粟之名。将欲率人,理当正本。给食利文牒,并宜停罢。"

德裕为相时进用之人:李回、郑覃、沈传师、韦温、王质等。

(一)李回。李回,史称其强干有吏才,遇事通敏。《旧书》卷一七三《李回传》:"长庆初进士擢第,又登贤良方正制科。释褐滑台从事,扬州掌书记,得监察御史。入为京兆府户曹,转司录参军。登朝为左补阙、起居郎,尤为宰相李德裕所知。回强干有吏才,遇事通敏,官曹无不理。授职方员外郎,判户部案,历吏部员外郎,判南曹。"《新书》卷一三一《李回传》亦称："李德裕雅知之。为人强干，所莅无不办。由职方员外郎判户部案。四迁中书舍人。"按李回后曾于会昌三年因李德裕之荐出使河北三镇，在平定泽潞之叛时立有功效，后入相；宣宗时因受李德裕之累而贬出。详后谱。

（二）郑覃。《旧·文宗纪》大和七年六月，"壬申，以御史中丞李汉为礼部侍郎，以工部尚书、翰林侍讲学士郑覃为御史大夫"。又《旧书》卷一七三《郑覃传》："（大和）七年春，德裕作相。五月，以覃为御史大夫。文宗尝于延英谓宰相曰：'殷侑通经学，为人颇似郑覃。'宗闵曰：'覃、侑诚有经学，于议论不足听览。'李德裕对曰：'殷、郑之言，他人不欲闻，唯陛下切欲闻之。'覃尝嫉人朋党，为宗闵所薄故也。"按郑覃，《旧书》卷一七三有传。覃元和时为谏议大夫，宪宗用内官五人为京西北和籴使，覃上疏论罢。穆宗时曾出使镇冀，使叛将乱卒听命。文宗大和三年为翰林侍郎讲学士。大和五年，李宗闵、牛僧孺执政，"恶覃言禁中事"，又因其与李德裕善，"奏为工部尚书，罢侍讲学士"。郑覃好经学，在文宗朝，他受到李宗闵、杨虞卿等人的排挤。

（三）沈传师。《旧·文宗纪》大和七年四月，"甲申，以江西观察使裴谊为歙池观察使，代沈传师；以传师为吏部侍郎"。又杜牧《唐故尚书吏部侍郎赠吏部尚书沈公行状》（《樊川文集》卷十四）："自宣城入为吏部侍郎，二年考核搜举，品第伦比，时称精能，宰物之望，属于金议。公每愿用所长，复理于外。及薨于位，知与不知莫不相吊。"又称颂沈传师洁身自好，拒绝权贵的请托："公常居中，虽有重名，每苦于饥寒，两求廉镇。时宰许之，皆先要公曰：'欲用某为从事，可乎？'公必拒之。至有怒者，公曰：'诚如此，愿息所请。'故二镇幕府，皆取孤进之士，未尝有吏一人因权势入。……故二镇（按指江西、宣歙）号为富饶，凡十年间，权势贵幸之风不及于公耳，苞苴宝玉之赂亦不至权门，虽有怒者，亦不敢以言议公，公然侵公。其为守道自得，皆如此类。"按沈传师与德裕长庆时曾同在翰林，相交甚善，自后有诗唱和。此次传师由宣歙召入任吏部侍郎的要职，当即出于德裕的奏请。

（四）韦温。《旧书》卷一六八《韦温传》："改侍御史。李德裕作相，迁礼部员外郎。或以温厚于牛僧孺，言于德裕，德裕曰：'此人坚正中立，君子也。'"（《新书》卷一六九《韦温传》略同）按温字弘育，京兆人，父绶，绶弟贯之，宪宗朝宰相。宋申锡被诬时，温为右补阙，曾率同列伏阁切争，由是知名，以"忠鲠救时"著称。杜牧有《唐故宣州观察使御史大夫韦公（温）墓志铭并序》（《樊川文集》卷八），未叙韦温为李德裕荐引事，此为杜牧党人之见。

（五）王质。刘禹锡《唐故宣歙池等州都团练观察处置使宣州刺史兼御史中丞赠左散骑常侍王公神道碑》（《刘禹锡集笺证》卷三）："大凡以智谋而进者，有时而衰，以朴厚而知者，无迹而固。公雅为今扬州牧赞皇公所知，人不见其迹。方在虢略，赞皇入相，擢为左曹给事中。凡有大官缺，必宠荐。居数月，迁河南尹，又未几，镇宛陵。是三者中外所注意，不旬岁而周历之，时论不以为党。"按王质开成元年十二月卒于宣歙任，二年八月葬，此文当作于葬时。据碑文，王质为谏议大夫时，"会宋丞相（即指宋申锡——琼）坐狷直为飞语所陷，抱不测之罪，大僚进言无益。公率谏官数辈，日晏伏阁，上为不时开便殿。公于旅进中独感激雪涕居多。由是上怒稍解，得从轻比。公终以言责为忧，求为虔州刺史"。碑又称王质"方雅特立"。《旧书》卷一六三《王质传》谓"质射策时，深为李吉甫所器，及德裕为相，甚礼之，事必咨决，寻召为给事中、河南尹"。又称"质清廉方雅，为政有声。虽权臣待之厚，而行己有素，不涉朋比之议"。此处所谓"权臣"，即指李德裕，《新书》卷一六四《王质传》所谓："虽与德裕厚善，而中立自将，不为党。"李德裕因其"清廉方雅，为政有声"，因而荐拔，王质并不因此而阿附德裕，德裕也仍信任不疑，这种关系在封建社会中是并不多见的。

　　由以上征引的史料，可以看出，凡李德裕主张外放的人，即李宗闵一派如杨虞卿等所谓朋党，大都结党营私、趋利奔走、贪污受贿，即使在当时也为物情所不满；而李德裕拜相后所进用者，大都精敏强干，有实际吏才，在当时也称之为中立不倚、不依附权贵以求进的。应当加以具体的比较分析，而不能笼统地说李德裕得势后就排挤牛党人物，进用自己的亲信。其实当时人对李德裕的政事和文学，是有较高的评价的。如崔栩《唐故朝议郎守尚书比部郎中上柱国赐绯鱼袋陇西李府君墓志铭并序》（按此系拓本，据周绍良先生所藏过录），此李府君即李蟾。文载李蟾大和七年五月卒，闰七月葬，此篇墓志即当时所作。中称："赞皇公自内庭领天宪，以风望当倚注之重旧矣。出居藩关，凡三镇，且十年，厚下之慈仁,服远之威功,播于声诗,刻在金石。"李德裕镇浙西时,李蟾为都团练判官、都团练副使;后德裕镇滑州、西川,李蟾皆为副使,故与德裕较熟谙,崔栩为蟾之旧友,志文中对德裕赞颂之词,可视为当时一部分士人的评价。

六月,李宗闵罢相,出为山南西道节度使。

《通鉴》卷二四四大和七年六月,"乙亥,以中书侍郎、同平章事李宗闵同平章事,充山南西道节度使"。《旧书》卷一七六《李宗闵传》:"(大和)七年,德裕作相;六月,罢宗闵知政事,检校礼部尚书、同平章事、兴元尹、山南西道节度使。"

按《通鉴》卷二四四大和七年载:"二月癸亥,加卢龙节度使、检校工部尚书杨志诚检校吏部尚书。进奏官徐迪诣宰相言:'军中不识朝廷之制,唯知尚书改仆射为迁,不知工部改吏部为美,敕使往,恐不得出。'辞气甚慢,宰相不以为意。"此事又见《旧书》卷一八〇、《新书》卷二一二杨志诚本传。二月癸亥李德裕尚未拜相,当时宰相为李宗闵、路隋,而执掌大权者为李宗闵。由《通鉴》等所记,唐朝廷给予杨志诚之检校官由工部迁为吏部尚不满意,其进奏官态度之蛮横,简直视朝中为无人,而李宗闵却不敢出一言予以驳斥,可见其对强藩的懦怯之状。杨志诚前曾驱逐其主帅李载义,自立为留后,牛僧孺亦不敢有所作为(已详见前)。由此可见牛(僧孺)、李(宗闵)对藩镇跋扈之态度。

七月,李德裕请将刘从谏由泽潞徙宣武,不使其势力深固;文宗以为未可,不得实行。

《通鉴》卷二四四大和七年七月,宣武节度使杨元卿有疾,朝廷议除代,李德裕请徙刘从谏于宣武,因拔出上党,不使与山东连结;上以为未可。癸丑,以左仆射李程为宣武节度使。

按从谏父刘悟为泽潞节度使,宝历元年九月病卒,遗表请以其子从谏继袭其位。当时李绛持反对态度,"以泽潞内地,与(河北)三镇事理不同,不可许。宰相李逢吉、中尉王守澄受其赂,曲为奏请"(《旧书》卷一六一《刘悟传》)。可见刘从谏继其父为泽潞节度使,是仿效河北三镇跋扈自专的惯伎,而这正与李逢吉、王守澄等姑息养奸有关。李宗闵、牛僧孺对河北、山东藩镇的态度,已见前述。现在李德裕当政,就想从泽潞着手,采取积极有为的政策,这与牛党的懦怯之状完全不同。但终因文宗的优柔寡断,未得实行。

八月,李德裕奏请进士应通经术,停诗赋试;又言诸王应出阁为诸州上佐,十六宅县主委吏部简配。

《旧·文宗纪》大和七年,"八月甲申朔,御宣政殿,册皇太子永。是日降诏:'……诸王自今年后相次出阁,授紧望已上州刺史佐。其十六宅诸县主,委吏部于选人中简择配匹,具以名闻。……其公卿士族子弟,明年已后,不先入国学习业,不在应明经、进士限。其进士举宜先试帖经,并略问大义,取经义精通者放及第。……'"

《册府元龟》卷六四一《贡举部·条制》三:"(大和)七年八月制:……其进士举宜先试帖经,并略问大义,取经义精通者,次试议论各一道,文理高者便与及第。所试诗赋并停。"

又《册府元龟》卷九〇《帝王部·赦宥》:"(大和)七年八

月庚寅，册皇太子，礼毕，制曰：'……宗周之盛，实在于维城；二汉之隆，亦由于磐石。自开元已后，累圣子孙，皆长于深宫，罔知稼穑。……诸王等宜以今年已后，相次出阁，宜授紧望已上刺史上佐，观其才能，续有叙用。人伦所先，婚礼为重，笄年许嫁，则有明文。其十六宅诸县主等，宜选良偶，以时出适，仍委吏部，乃于诸色人中选简，令具名闻奏。汉代用人，皆由儒术，故能风俗深厚，教化兴行。近日苟尚浮华，莫修经艺，先圣之道，埋芜不传。况进士之科，尤要厘革。虽乡举里选，不可复行，然务实抑华，必有良术，既当甚弊，思其改张。……其进士举宜先试帖经，并略问大义，精通者次试议论各一道，文理高者便与及第，其所试诗赋并停。……' "

按以上制词所载规定，据《通鉴》，乃出于德裕的奏请。《通鉴》大和七年载其事，谓："上患近世文士不通经术，李德裕请依杨绾议，进士试论议，不试诗赋。德裕又言：'昔玄宗以临淄王定内难，自是疑忌宗室，不令出阁；天下议皆以为幽闭骨肉，亏伤人伦。向使天宝之末，建中之初，宗室散处方州，虽未能安定王室，尚可各全其生；所以悉为安禄山、朱泚所鱼肉者，由聚于一宫故也。陛下诚因册太子，制书听宗室年高属疏者出阁，且除诸州上佐，使携其男女出外婚嫁；此则百年弊法，一旦因陛下去之，海内孰不欣悦！'上曰：'兹事朕久知其不可，方今诸王岂无贤才，无所施耳！'八月庚寅，册命太子，因下制：诸王自今以次出阁，授紧望州刺史上佐；十六宅县主，以时出适；进士停试诗赋。诸王出阁，竟以议所除官不决而罢。"

按杨绾于肃宗时曾上疏论贡举之弊，其文详见《旧书》卷一一九绾本传。所论的中心内容有二：一是停明经、进士等科，恢复汉时的乡举里选；二是停试诗赋、帖经，策问经义，"其策皆问古今理体及当时要务"。关于停进士、实行乡举里选，当时贾至就认为行不通，因经过南北朝的纷乱变迁，至唐代，"版图则张，闾井未设，士居乡土，百无一二，因缘官族，所在耕筑，地望系之数百年之外，而身皆东西南北之人焉。今欲依古制乡举里选，犹恐取士之未尽也"。现在李德裕加以变通，并不停止进士科，而是加以改进。他所谓试经术，是使应举之士关心当世要务，以求改革。进士试只讲究文辞的华美，不仅杨绾已经指出其弊病，与德裕同时的舒元舆也曾加以指责："及睹今之甲赋律诗，皆是偷折经诰侮圣人之言者……试甲赋律诗，是待之以雕虫微艺，非所以观人文化成之道也。有司之不知，其为弊若此。"作为实际政治家李德裕，他反对进士试中仅仅考试诗赋，而并不一般性地反对进士科，这点是与杨绾不同的。这一主张，与他认为应当使宗室出任外州上佐，不应坐食租赋，都是从改革实际政治出发的。

德裕于今明年内主持修撰《大和辨谤略》三卷，书成奏上，并为作序。

《直斋书录解题》卷五典故类载李德裕撰《大和辨谤略》三卷，并云："初，宪宗命令狐楚等为《元和辨谤略》十卷，录周秦汉魏迄隋忠贤罢谗谤事迹。德裕等删其繁芜，益以唐事，裁成三卷，大和中上之。集贤学士裴潾为之序。"可知李德裕裁定之三卷本《大和辨谤略》为大和中德裕任相时所撰进,德裕于七年二月入相,八年十月罢相,此书即修撰于七、八年间。

《四部丛刊》本《李文饶文集》据《全唐文》李德裕文补入《大和新修辨谤略序》,中有云:"臣等将顺天聪,缀缉旧典,发东观藏书之室,得元和辨谤之文,辞过万言,书成十卷。以其广而寡要,繁则易芜,方镜情伪之源,尤资详略之当,遂再加研考。……于是征之周秦,罩及圣代,必极精简,有合箴规,特立新编,裁成三卷,谨缮写封进。"此即《直斋》所谓元和书为十卷,李德裕等裁为三卷者。但《直斋》谓裴潾为作序,而《全唐文》则以序文为德裕作。又,《唐会要》卷三六《修撰》:"(元和)十二年十二月,翰林学士沈传师等奏《元和辨谤略》两部,各十卷,一部进上,一部请付史馆。从之。"

刘禹锡约于今明年内编订与李德裕唱和诗,题为《吴蜀集》。

刘禹锡《吴蜀集引》(《刘禹锡集笺证》外集卷九):"长庆四年,予为历阳守,今丞相赵郡李公时镇南徐州。每赋诗,飞函相示,且命同作。尔后出处乖远,亦如邻封。凡酬唱始于江南,而终于剑外,故以《吴蜀》为目云。"按此处称"今丞相赵郡李公",则是德裕为相之日,也即今年二月至明年十月。谓所编之唱和诗,"终于剑外",德裕去年十二月由西川召入。刘禹锡编定《吴蜀集》当在今明年内,而以本年所编的可能性较大。时禹锡在苏州刺史任。

三月,张仲方由左散骑常侍改为太子宾客、分司洛阳。

《旧·文宗纪》大和七年三月,"壬辰,以左散骑常侍张仲方为太子宾客分司。仲方为郎中时,常驳故相李吉甫谥,德裕秉政,仲方请告,因授之。"

按张仲方于元和中借议李吉甫谥号事,反对对藩镇用兵,并对李吉甫主张对藩镇的积极进取措施加以抨击,触怒宪宗,贬官外出(见前谱),后又稍稍升迁。此次德裕入相,张仲方挟于私见,请告外放,并非出于德裕的排挤。后来李宗闵为了扩大自己的势力,搜集李德裕的对立面,又用提升的办法把张仲方拉入本派的圈子之内。

《旧书》卷一七一《张仲方传》云:"(大和)七年,李德裕辅政,出为太子宾客、分司。八年,德裕罢相,李宗闵复召仲方为常侍。"

六月,令狐楚入为吏部尚书。

《旧·文宗纪》大和七年六月,"乙酉,以前河东节度使令狐楚检校右仆射、兼吏部尚书"。

闰七月,李绅由太子宾客改授浙东观察使。

《旧·文宗纪》大和七年闰七月,"癸未,以太子宾客李绅检校左散骑常侍、兼越州刺史,充浙东观察使"。

按令狐楚过去皆以为是牛党,而李德裕执政后,却将其召入授以吏部尚书的要职;李绅与德裕相善,德裕拜相后虽改授实职,但仍外放为浙东观察使。可见李德裕用人并不完全从私人的恩怨出发。

又,李绅赴浙东时,路过扬州,曾得牛僧孺宴请,并赋诗。李绅《忆被牛相留醉州中时无他宾牛公夜出真珠数辈人》(《全唐诗》卷四八一),中有云:"严城画角三声闭,清宴金樽一夕同。银烛坐隅听子夜,宝筝筵上起春风。"

本年,李福(李石弟)、魏谟登进士科,礼部侍郎贾𫗧知贡举(徐松《登科记考》卷二一)。

〔编年文〕

《大和新修辨谤略序》(文集补遗)

见前谱。

〔编年诗〕

《忆平泉山居赠沈吏部》(别集卷九)

此诗题下注"中书作"。沈吏部当为沈传师。沈传师于大和七年四月由宣州入为吏部侍郎,时德裕为中书侍郎、同平章事。此诗当作于本年四月以后,明年九月德裕罢相以前。五言古诗,颇有陶诗风格。

大和八年甲寅(八三四) 四十八岁

正月,李德裕奏请罢进士名单先呈宰相以定取舍之旧例。

《唐会要》卷七六《贡举中·进士》:"(大和)八年正月,中书门下奏,进士放榜,旧例,礼部侍郎皆将及第人名先呈宰相,然后放榜。伏以委任有司,固当精慎,宰相先知取舍,事匪至公。今年以后,请便令放榜,不用先呈人名。"又见《册府元龟》卷六四一《贡举部·条制》三。

按文集补遗有《请罢呈榜奏》,由此可知《唐会要》所载中书门下奏,乃出于德裕的创议。《请罢呈榜奏》所论较《唐会要》所载更为剀切具体，云："旧例进士未放榜前，礼部侍郎遍到宰相私第，先呈及第人名，谓之呈榜，比闻多有改换，颇致流言。宰相稍有寄情，有司固无畏忌，取士之滥，莫不由斯。将务责成，在于不挠，既无取舍，岂必预知。臣等商量，今年便任有司放榜，更不得先呈臣等，仍向后便为定例，如有固违，御史纠举。"此文当依《唐会要》系于本年正月。由此可见，李德裕确实并非主张废止进士试，而是在可能的范围之内革除进士试中出现的弊病。礼部侍郎已决定录取的名额，在放榜以前先要到宰相私第呈榜，其间"多有改换"，这是一个很大的流弊，在此之前似乎还未有人提出过。身为宰相的李德裕，提出废止这种旧例，实际上是限制包括自己在内的宰相的一种特权，这在当时说来是难能可贵的，这与李宗闵、杨虞卿等人利用科举试的弊端以受赂纳财、结党拉派，形成鲜明的对照。

又据徐松《登科记考》卷二一引《纪纂渊海》，谓据《秦中记》载，本年登第进士多贫士，故无名子曾作诗云："乞儿还有大通年，六十三人笼仗全。薛庶准前骑瘦马，范酂依旧盖番毡。"按此处"六十三"当为"三十六"之误，是年进士登第者为三十六人。无名子之诗虽出于讥嘲，但也可见出德裕当国时寒士登科之情况。

九月，李德裕进所撰《御臣要略》及《次柳氏旧闻》。

《旧·文宗纪》大和八年九月，"己未，宰臣李德裕进《御臣要略》及《柳氏旧闻》三卷"。《新书》卷五九《艺文志》三子部儒家类载李德裕《御臣要略》，注云"卷亡"。同书卷五八

《艺文志》二史部杂史类载"李德裕《次柳氏旧闻》一卷"。

又《唐会要》卷三六《修撰》："其年（琼按指大和八年）九月，宰相李德裕进《御臣要略》、《次柳氏旧史》。"

按《御臣要略》已亡佚。《旧·文宗纪》作《柳氏旧闻》，《新·艺文志》作《次柳氏旧闻》，《唐会要》又作《次柳氏旧史》，通行多作《次柳氏旧闻》，今存一卷十七条，前有德裕自序，云：

"大和八年秋八月乙酉，上于紫宸殿听政，宰臣涯以下奉职奏事。上顾谓宰臣曰：'故内臣力士终始事迹，试为言之。'臣涯谨奏云：'上元中史臣柳芳得罪窜黔中，时力士亦从事巫州，因与周旋。力士以旧尝司史，为芳言先时禁中事，皆芳所不能知。而芳亦有质疑者，芳默识之。及还，编次其事。号曰《问高力士说》。'上曰：'令访史氏，取其事书之。'臣涯等既奉诏，乃诣芳孙度支员外郎璟询事，璟曰：'某祖芳前从力士问，觏缕未竟，复著《唐历》，采摭义数尤相近者以传之。其录或秘不敢宣，或怪奇非编录所宜及者，不以传。'今按求其书亡失不获，臣德裕亡父先臣与芳子吏部郎冕，贞元初俱为尚书郎，后谪官亦俱东出，道相与语，遂及高力士说，且曰彼皆目睹，非出传闻，信而有征，可为实录。先臣每为臣言之，臣伏念所忆授凡有十七事，岁祀久更，遗稿不传。臣德裕非黄琼之练达，能习故事，愧史迁之该博，唯次旧闻。惧失其传，不足以对大君之问。谨录如左，以备史官之阙云。"（据文集补遗）

据此自序，当时德裕写录即只十七事，而清修《四库全书总目提要》谓:"柳珵《常侍言旨》(原注:案此书无别行之本,此据陶宗仪《说郛》所载)首载李辅国逼胁玄宗迁西内事,云此事本在朱崖太尉所续《桯史》第十六条内,盖以避时事,所以不书也。考德裕所著,别无所谓《桯史》者,知此书初名《桯史》,后改题今名。又知此书本十八条,删此一条,今存十七。至其名《桯史》之义,与所以改名之故,则不可详矣。"柳珵之说,别无佐证,是否原名《桯史》,及原书是否为十八条,后删存为十七条,皆未有确证,《四库提要》所考,可备一说。

郑注、李训结纳宦官王守澄等,渐次得到文宗的宠信。

  郑注、李训皆有传,见《旧唐书》卷一六九、《新唐书》卷一七九。据传,郑注,绛州翼城人,"始以药术游长安权豪之门"(《旧传》)。元和后期,在襄阳节度使李愬幕府,得到信用,后李愬移镇徐州,郑注又进而结纳徐州监军、宦官王守澄。后来王守澄入朝知枢密,专国政,时当穆宗、敬宗际,此时,"注昼伏夜动,交通赂遗,初则谗邪奸巧之徒附之以图进取;数年之后,达僚权臣,争凑其门"(《旧传》)。大和五年,文宗曾与宰相宋申锡谋诛宦官,不慎谋泄,郑注又帮助王守澄,出谋划策,诬陷宋申锡,终于将宋远贬。"既陷宋申锡,中外侧目"(《新传》)。大和七年,"九月丙寅,侍御史李款阁内奏弹注:'内通敕使,外连朝士,两地往来(胡三省注:两地,谓往来南牙、北司间也),卜射财贿,昼伏夜动,干窃化权,人不敢言,道路以目;请付法司。'旬日之间,章数十上"(《通鉴》卷二四四)。李款当时是与李中敏、李甘齐名,以奏弹宦官、直言不阿而著称于时的(见《旧书》卷一七一本传)。但郑注却为王守澄所包庇,而且又进而授予他以侍御史的官职,并充右神策判官,"朝野骇叹"(《通鉴》)。

大和七年十二月,文宗得风疾,不能说话,王守澄推荐郑注为文宗治病。文宗的病情好转,郑注就又得到进一步的宠信,拜太仆卿,兼御史大夫。于是又进一步勾结王守澄,"间日入禁军,与守澄款密,语必移时,或通夕不寐"(《旧传》)。郑注与宦官的交结,引起朝中一些较为正直的官吏愤慨。大和八年六月,久旱,"司门员外郎李中敏上表,以为:'仍岁大旱,非圣德不至,直以宋申锡之冤滥,郑注之奸邪。今致雨之方,莫若斩注而雪申锡。'"(《通鉴》)李中敏这次上表与去年李款伏阁奏弹同样结果,但由此也可看出郑注在一般士大夫心目中,是一个依附宦官以求进的奸邪小人。

李训初名仲言,是肃宗时宰相李揆的族孙。进士擢第。"宝历中,从父李逢吉为宰相,以训阴险善计事,愈亲厚之"(《旧传》)。后与他人计谋,制造冤狱,以此来中伤裴度,但被人揭发,流徙到岭南,遇赦得还,居洛阳。这时李逢吉为东都留守,"思复为宰相,且深怨裴度,居常愤郁不乐"(《旧传》)。李训就说动李逢吉,以金帛珍宝数百万,持入长安,贿赂郑注,郑注就又把李训推荐给王守澄,王守澄又荐引于文宗,以讲《易》道得宠于文宗。

八月,李德裕对文宗言李训不可用。郑注、李训与王守澄合谋,利用李宗闵以与德裕为敌,九月,乃召李宗闵自山南西道节度使入;十月,用李宗闵为相。

《通鉴》载此事较详,且具始末,卷二四五大和八年载:

"仲言既除服，秋八月辛卯，上欲以仲言为谏官，置之翰林。李德裕曰：'仲言向所为，计陛下必尽知之，岂宜置之近侍？'上曰：'然岂不容其改过？'对曰：'臣闻唯颜回能不贰过。彼圣贤之过，但思虑不至，或失中道耳。至于仲言之恶，著于心本，安能悛改邪？'上曰：'李逢吉荐之，朕不欲食言。'对曰：'逢吉身为宰相，乃荐奸邪以误国，亦罪人也。'上曰：'然则别除一官。'对曰：'亦不可。'上顾王涯，涯对曰：'可。'德裕挥手止之，上回顾适见，色殊不怿而罢。"按，对于郑注、李训及大和九年的甘露之变，前人的议论曾有分歧，这主要是郑、李二人后来与文宗合计，欲除宦官集团。但在本年八月李德裕论列以前，郑注、李训完全是结纳阿附于王守澄，朝野多以奸邪目之的。由李德裕对文宗的答语，可见德裕态度之坚决，主要是防止李训再进一步挤入言官行列，操持舆论，与宦官相呼应。王涯之所以首鼠两端，因王涯之得为宰相，郑注曾为出力，交结王守澄之故。

《通鉴》又载："寻以仲言为四门助教，给事中郑肃、韩佽封还敕书。德裕将出中书，谓涯曰：'且喜给事中封敕！'涯即召肃、佽谓曰：'李公适留语，令二阁老不用封敕。'二人即行下。明日，以白德裕，德裕惊曰：'德裕不欲封还，当面闻，何必使人传言！且有司封驳，岂复禀宰相意邪！'二人怅恨而去。""九月辛亥，征昭义节度副使郑注至京师。王守澄、李仲言、郑注皆恶李德裕，以山南西道节度使李宗闵与德裕不相悦，引宗闵以敌之。壬戌，诏征宗闵于兴元。""十月……庚寅，以李宗闵为中书侍郎，同平章事。"

十月,李德裕罢执政,出为山南西道节度使,未行,又改为兵部尚书。十一月,终为李宗闵等所排斥,复出为浙西观察使。

《通鉴》大和八年十月载:"甲午,以中书侍郎,同平章事李德裕同平章事,充山南西道节度使。是日,以李仲言为翰林侍讲学士。给事中高铢、郑肃、韩佽、谏议大夫郭承嘏、中书舍人权璩等争之,不能得。""李德裕见上自陈,请留京师。丙午,以德裕为兵部尚书。"十一月,"李宗闵言李德裕制命已行,不宜自便。乙亥,复以德裕为镇海节度使,不复兼平章事"。

《旧·文宗纪》大和八年九月,"甲午,以银青光禄大夫、守中书侍郎、平章事李德裕检校兵部尚书、同平章事、兴元尹,充山南西道节度使。以助教李仲言为国子《周易》博士,充翰林侍讲学士。……丙申,谏官上疏论李仲言不合奖任,上令中使宣谕谏官曰:'朕留仲言禁中,顾问经义,敕命已行,不可遽改。'……壬寅,翰林院宴李仲言,赐《法曲》弟子二十人奏乐以宠之。丙午,以新除兴元节度使李德裕为兵部尚书"。十一月,"乙亥,以兵部尚书李德裕检校右仆射,充镇海军节度使、浙江西道观察等使"。

又《旧书》卷一七六《李宗闵传》:"及德裕秉政,群邪不悦,而郑注、李训深恶之,文宗乃复召宗闵于兴元,为中书侍郎、平章事,命德裕代宗闵为兴元尹。既再得权位,辅之以训、注,尤恣所欲,进封襄武侯,食邑千户。"《新书》卷一七四《李宗闵传》:"李训、郑注始用事,疾德裕,共訾短之。乃罢德裕,复召宗闵知政事,进封襄武县侯,恣肆附托。"

《旧·李宗闵传》说李德裕执政，"群邪不悦"，这所谓"群邪"，主要是指以王守澄为首的宦官集团和以郑注、李训为代表的一部分朝官。他们为了抵制并进而排挤李德裕，就特意引用李宗闵为相，李宗闵果然不负所望，将李德裕排挤出外，同时又进一步擢用李训为翰林侍讲学士。而李宗闵既排除李德裕，同时以为有依附于宦官的郑注、李训为支柱，因而就更"恣肆附托"（《新传》），"尤恣所欲"（《旧传》）。

《唐会要》卷五三《举贤》谓"文宗勤于听政，然浮于决断"。宋胡寅《读史管见》也云："文宗虽天资清俭，奉身寡过，而暗于识别，所任宰相，多小人而少君子。"郑注、李训、李宗闵等的进用，李德裕的被排斥，正说明文宗的昏昧。《通鉴》载李德裕出为镇海军节度使时，文宗叹曰："去河北贼易，去朝廷朋党难！"他把德裕与宗闵、郑注等一例看待，不分是非，概而目之为朋党，这正说明他暗于识人，这就不免如司马光所讥："文宗苟患群臣之朋党，何不察其所毁誉者为实、为诬，所进退者为贤、为不肖，其心为公、为私，其人为君子、为小人！……释是不为，乃怨群臣之难治，是犹不种不芸而怨田之芜也。朝中之党且不能去，况河北贼乎！"

德裕赴浙西任，经汝州，时刘禹锡为汝州刺史，有诗送之。

刘禹锡于本年七月为汝州刺史（据卞孝萱《刘禹锡年谱》）。

刘禹锡有《奉送浙西李仆射相公赴镇》（《刘禹锡集笺证》卷二八），题下自注："奉送至临泉驿，书札见征拙诗，时在汝州。"诗云："建节东行是旧游，欢声喜气满吴州。郡人重得黄丞相，童子争迎郭细侯。诏下初辞温室树，梦中先到景阳楼。自怜不识平津阁,遥望旌旗汝水头。"后一首为《重送浙西李相公,顷廉问江南已经七载,后历滑台、剑南两镇,遂入相,今复领旧地,新加旌旄》,诗云:"江北万人看玉节,江南千骑引金铙。凤从池上游沧海,鹤到辽东识旧巢。城下清波含百谷,窗中远岫列三茅。碧鸡白马回翔久,却忆朱方是乐郊。"可见刘禹锡对李德裕的以往政绩是充分肯定的,对德裕的此次东南之行给予慰藉,表现了二人深挚的交谊。

又《嘉定镇江志》卷十四《唐润州刺守》李德裕条,亦载八年十一月为镇海军节度浙西观察使事,并引刘禹锡上述二诗,注云"以李卫公年谱参定"。

李宗闵入相后,又排斥异己,汲引其党与。

《旧·文宗纪》大和八年十月庚子(即李德裕罢相后第六天),"以御史大夫郑覃为户部尚书",又左授为秘书监。《旧书》卷一七三《郑覃传》:"八年,迁户部尚书。其年,德裕罢相,宗闵复知政,与李训、郑注同排斥李德裕、李绅。二人贬黜,覃亦左授秘书监。"又可参王应麟《困学纪闻》卷十四《考史》:"奸臣惟恐其君之好学近儒,非独仇士良也,吴张布之排韦昭、盛冲,李宗闵之排郑覃、殷侑,亦士良之术也。"

《旧·文宗纪》大和八年十二月,"己丑,以太子宾客分司张仲方为左散骑常侍,常州刺史杨虞卿为工部侍郎"。《旧书》卷一七一《张仲方传》:"(大和)八年,德裕罢相,李宗闵复召仲方为常侍。"《旧书》卷一七六《杨虞卿传》:"(大和)八年,宗闵复入相,寻召为工部侍郎。"

《旧·文宗纪》大和八年三月,"丙子,以右丞李固言为华州刺史,代崔戎"。按李固言为李宗闵所善,《旧书》卷一七三《李固言传》:"(大和)七年四月,转尚书左丞,奉诏定左右仆射上事仪注。八年,李德裕辅政,出为华州刺史。其年十月,宗闵复入,召拜吏部侍郎。"《新书》卷一八二《李固言传》略同。《旧传》称固言为"宗闵朋党",《新传》称其为宗闵"党人",可见当时人是把李固言看成李宗闵的党与的。当然,李固言与杨虞卿朋比为奸仍有不同,他在此后尚有政绩可言。

白居易本年仍为太子宾客分司,在洛阳。有诗与李宗闵,表示不愿复出之意。

《白居易集》卷三十一有《寄李相公》诗:"渐老只谋欢,虽贫不要官;唯求造化力,试为驻春看。"李相公当即李宗闵。此当是李宗闵复居相位时欲征召居易入朝,居易乃作此诗寄之,婉转拒绝,不愿参与朋党斗争。

德裕在浙西,辟杜牧之弟杜颛为巡官,宾主颇相得。杜牧有送颛赴浙西幕诗。

杜牧《唐故淮南支使试大理评事兼监察御史杜君墓志铭》(《樊川文集》卷八):"李丞相德裕出为镇海军节度使,辟君试协律郎,为巡官。"墓志曰"君讳颛,字胜之",即杜牧弟。按杜颛前此曾为贾餗所知,志云:"年二十五,举进士;二十六,一举登上第。时贾相国餗为礼部之二年,朝士以进士干贾公不获,有杰强毁嘲者,贾公曰:'我只以杜某敌数百辈足矣。'"据《新书》卷一六六《杜佑传》附杜颛事,谓:"李德裕奏为浙西府宾佐。德裕贵盛,宾客无敢忤,惟颛数谏正之。"可见杜颛在润州,与德裕相处甚得。据杜牧所作墓志,谓"大和九年夏,君客扬州"。按德裕于大和九年四月间由浙西改授太子宾客公司,则德裕府罢,杜顗也即离去。大和九年十一月甘露事变后,顗又由汴州东下居扬州。这时牛僧孺为淮南节度使,欲辟杜顗入幕府,顗谢绝曰:"李公在困,未愿副知己。"李君指李德裕,"在困"指德裕贬袁州刺史(德裕于大和九年四月为郑注等所诬构,贬袁州刺史)。可见杜顗对李德裕的交谊。

杜顗赴润州时,杜牧有诗送之,《送杜顗赴润州幕》(《樊川文集》外集):"少年才俊赴知音,丞相门栏不觉深。直道事人男子业,异乡加饭弟兄心。还须整理韦弦佩,莫独矜夸玳瑁簪。若去上元怀古去,谢安坟下与沉吟。"

〔编年文〕

《请罢呈榜奏》(文集补遗)

当在本年正月,详前谱。

《次柳氏旧闻序》(文集补遗)

当作于本年八、九月间,详前谱。

《通犀带赋》(别集卷一)

《鼓吹赋》(别集卷一)

二文均大和八年冬作。详《李德裕文集校笺》。

大和九年乙卯(八三五)　四十九岁

王璠、李汉等诬李德裕前在浙西时厚赂漳王傅母杜仲阳(秋娘),

阴结漳王,图为不轨。赖宰相路隋解救,仅免浙西任,改为宾客分司。（附考杜仲阳事,辨正《通鉴》、《旧书·李德裕传》及杜牧《杜秋娘》诗之误载）

《通鉴》卷二四五大和九年载:"初,李德裕为浙西观察使,漳王傅母杜仲阳坐宋申锡事放归金陵,诏德裕存处之。会德裕已离浙西,牒留后李蟾使如诏旨。至是,左丞王璠、户部侍郎李汉奏德裕厚赂仲阳,阴结漳王,图为不轨。上怒甚,召宰相及璠、汉、郑注等面质之。璠、汉等极口诬之,路隋曰:'德裕不至有此。果如所言,臣亦应得罪!'言者稍息。夏四月,以德裕为宾客分司。"

《旧·文宗纪》大和八年四月丙戌,"以镇海军节度使、浙西观察等使李德裕为太子宾客,分司东都"。未载王璠、李汉等诬告事。此事又详记于新旧《唐书·李德裕传》,但无论《旧传》、《新传》或《通鉴》,记李德裕与杜仲阳事,皆有误载、不确或含混不清之处,今为之辨正如下。

《旧传》:"寻改检校尚书左仆射、润州刺史、镇海军节度、苏常杭润观察等使,代王璠。德裕至镇,奉诏安排宫人杜仲阳于道观,与之供给。仲阳者,漳王养母,王得罪,放仲阳于润州故也。九年三月,左丞王璠、户部侍郎李汉进状,论德裕在镇,厚赂仲阳,结托漳王,图为不轨。四月,帝于蓬莱殿召王涯、李固言、路隋、王璠、李汉、郑注等,面证其事。璠、汉加诬构结,语甚切至。路隋奏曰:'德裕实不至止。诚如璠、汉之言,微臣亦合得罪。'群论稍息。寻授德裕太子宾客,分司东都。"

按《通鉴》与《旧传》所载王璠、李汉诬告李德裕事,共同点是:第一,杜仲阳是因宋申锡事发,漳王得罪,因而遣放到润州安置的。第二,杜仲阳到润州后,李德裕任浙西观察使(《旧传》更明确记载是李德裕代王璠为浙西的那一次,即大和八年十一月),因而厚赂杜仲阳,阴结漳王。但这两点都有时间上的矛盾。宋申锡被诬告为交结漳王凑以谋反一事,在大和五年三月(详见本书前大和五年谱)。李德裕第一次镇浙西在长庆二年至大和三年八月,这时宋申锡事还未发生,也不可能有厚赂杜仲阳而结纳漳王事。德裕第二次任浙西在大和八年十一月,这时宋申锡、漳王事早已发生,且王璠、李汉之告发在大和九年三月,这时德裕仍在浙西,何来如《通鉴》所云"会德裕已离浙西,牒留后李蟾使如诏旨"?李蟾有崔栯所作墓志(《全唐文》未收,今存拓本,见本书前所引)。据墓志,李蟾卒于大和七年。即此一条,已可证《通鉴》等将此事系于李德裕第二次镇润州时即大和八年为不确。《通鉴》所记,胡三省已经提出怀疑,胡注云:"德裕自浙西征见(大和)三年,镇蜀见四年,宋申锡事见五年。系年差殊,当考。"胡氏已致疑,故曰当考,惜未详考,故此问题一直留待至今,今之学者考杜仲阳(秋娘)事者,仍沿旧说之误(如考杜牧《杜秋娘》诗,详后说)。

《新·李德裕传》云:"先是大和中,漳王养母杜仲阳归浙西,有诏在所存问。时德裕被召,乃檄留后使如诏书。璠入为尚书左丞,而漳王以罪废死,因与户部侍郎李汉共谮德裕尝赂仲阳导王为不轨。帝惑其言,召王涯、李固言、路隋质之。注、璠、汉三人者语益坚,独隋言:'德裕大臣,不宜有此。'谗焰少衰。遂贬德裕为太子宾客,分司东都。"按《新传》叙事仍有含混之处,但其中说及杜仲阳归润州,没有以此与漳王得罪联系起来,这点值得注意。据《旧书》卷一七五《怀懿太子李凑传》,凑于长庆初封漳王,大和五年,因王守澄、郑注诬告宋申锡而受累,降封巢县公,大和八年卒。《新书》卷八十二本传同。《旧纪》与《通鉴》系李凑之死在大和九年正月,此当系据奏报,其卒当依据本传在大和八年(或当即在八年十二月)。如前所述,李德裕授浙西任在大和八年十一月,抵任当已是十二月,其时李凑已死,何能赂杜仲阳为之交结;即使李凑未死,已经禁锢,更何能结纳?王璠、李汉说李德裕阴谋结纳漳王,当然是诬陷,但如《旧传》等所载,王璠等所指系李德裕第二次镇浙西事,虽昏暗如文宗,对此也未能置信。因此说李德裕厚赂杜仲阳是在德裕第二次镇浙西,这一说应当排除。

《嘉定镇江志》卷十四《唐润州刺守》,记李德裕之后为李蟾,云:"大和三年七月,浙西观察使李德裕召为兵部侍郎,以李蟾为留后。"注云出自李德裕《献替记》。参前所引崔栯所作李蟾墓志,《献替记》之说可信。

《嘉定镇江志》又谓:"漳王傅母杜仲阳坐宋申锡事放归金陵,召德裕存处之。会德裕已离浙西,在道奉诏书,至宿州,闻仲阳已过,遂牒留后李蟾,令依诏旨处分。后至大和九年三月,王璠与李汉、郑注诬奏德裕,德裕得罪,分司东都。至开成元年冬,德裕再授观察浙西,因供奉官梁承敏送官诰至,德裕具录得令安存仲阳诏白,及至宿州牒留后李蟾,并奏状附承敏封进。上览状叹息。"此处注云:"以德裕《献替记》及《通鉴》参定。"按《献替记》今已佚,《通鉴考异》尚加引用,则司马光尚及见之,此书当南宋时仍存,故卢宪编纂《嘉定镇江志》时曾数处征引。此处所述,除"漳王傅母杜仲阳坐宋申锡事放归金陵"一语不确外,其他都合于史实。

由上所引诸书,可以考订之如下:大和三年八月,李德裕由浙西观察内召,在途得到诏旨,言漳王养母杜仲阳归润州(杜仲阳本为镇海节度使侍妾,元和初李锜谋反被诛,杜仲阳等随锜之家属均被没入掖庭,后又得宠,为漳王傅母,可见她本是润州人),令德裕存处。德裕因已离任,于是在宿州牒留后李蟾,请其安存,使如诏旨。这时宋申锡事尚未发生,因此李汉等可以告李德裕厚赂杜仲阳,结托漳王,若在大和五年宋申锡事之后,漳王已被贬黜禁锢,再说李德裕欲加结托,怎能取信于文宗?王璠、李汉诬告,在大和九年三月,漳王凑卒于大和八年十二月,这也使得王璠等认为死无对证,行其诬构。李德裕既然在大和三年八月离浙西时,于途中奉诏旨,令其存处杜仲阳,而漳王因宋申锡事"得罪"在大和五年,由此可以确证,杜仲阳在漳王"得罪"前二年即已归润州,也就是说,她并非因漳王之事而流放到润州,如《旧书·李德裕传》及《通鉴》等之所载。由此亦可辨析唐宋人的不少类似的记载。

如杜牧有《杜秋娘诗》(《樊川文集》卷一),其自序云:"杜秋,金陵女也。年十五,为李锜妾,后锜叛灭,籍之入宫,有宠于景陵(琼按指宪宗)。穆宗即位,命秋为皇子傅姆。皇子壮,封漳王。郑注用事,诬丞相欲去异己者,指王为根,王被罪废削,秋因赐归故乡。予过金陵,感其穷且老,为之赋诗。"此所谓金陵,即指润州。杜秋本润州人,为李锜侍妾,故大和时放归,可以称之为归故乡。据缪钺《杜牧年谱》,牧之此诗作于大和七年春奉沈传师之命报聘于淮南节度使牛僧孺之时,谓"聘淮南节度使牛僧孺,往来于润州(江苏镇江市),闻杜秋娘流落事,作《杜秋娘诗》"。系年大致可信。但缪《谱》又云:"漳王得罪,事在大和五年,杜秋放归,盖亦在此时。"据前所考,杜秋之归在大和三年,非因漳王得罪而流徙。可见杜牧之闻见已误,缪钺先生作《杜牧年谱》,尚未暇参证李德裕事为之订正。牧诗中"王幽茅土削,秋放故乡归"云云,也同此致误。

宋人笔记中同此误者尚有《南部新书》、《西溪丛语》等,兹录之如下,以供参阅:

钱易《南部新书》戊:"李锜之诛也,二婢配掖庭,曰郑曰杜。郑则幸于元和,生宣皇帝,是为孝明皇后。杜即杜秋。《献替录》中云杜仲阳,即杜秋也,漳王养母。"又同书壬:"杜仲阳,即杜秋也。始为李锜侍人,锜败填宫,亦进帛书,后为漳王养母。大和三(琼按此'三'字当为'五'字之讹)年,漳王黜,放归浙西,续诏令观院安置,兼加存恤。故杜牧有《杜秋诗》,称于时。"

姚宽《西溪丛语》卷下:"《新唐书·李德裕传》:德裕徙镇海军,代王璠。先是,大和中,漳王养母杜仲阳归浙西,有诏在所存问。时德裕被召,乃檄留后,使如诏书。璠入为尚书左丞,而漳王以罪废死,因与户部侍郎李汉共谮德裕尝赂仲阳导王为不轨,帝惑其言。窦革《音训》云,杜牧作《杜秋诗》,乃云漳王得罪后,秋始被放归本郡,疑即仲阳也,与此不同,似牧之之误。《南部新书》云:杜仲阳即杜秋也,始为李锜侍人,锜败填宫,亦进帛书。后为漳王养母。大和中,漳王黜,放归浙西,续诏令观院安置,兼加存恤。故杜牧有《杜秋诗》,称于时。此说与牧之合。《漳王凑传》,黜为巢县公,时大和五年也。命中人封诏即赐,且慰曰:'国法当尔,无他忧。'八年薨,赠齐王。郑注后以罪诛,帝哀凑被谗死不明,开成三年,追赠怀懿太子。盖大和五年漳王虽黜,尚特诏赐慰云,故德裕檄留后使如诏书,至八年废死后,德裕方被谮也。恐牧之诗不误。"姚宽不相信《新书·李德裕传》记载中合理的成分,想用《漳王凑传》来调和矛盾,证成杜牧诗之不误,仍未能得出正确的结论,原因也在于未能结合李德裕的有关事迹加以考证。

路隋因解救李德裕,罢执政,外出为镇海军节度使,代德裕。七月,隋病卒于赴润州之扬子江中。

王璠、李汉、郑注等诬构李德裕,赖路隋救解,德裕得免于重罪论处,改太子宾客分司,已见前述。但路隋却因而罢相,《通鉴》卷二四五,大和九年四月,"丙申,以门下侍郎、同平章事路隋充镇海节度使,趣之赴镇,不得面辞;坐救李德裕故也"。

《旧书》卷一五九《路隋传》:"(大和)九年四月,拜检校尚书右仆射、同中书门下平章事,兼润州刺史、镇海军节度、浙江西道观察等使。大和九年七月,遘疾于路,薨于扬子江之中流。"

按路隋在应答文宗时曾言:"德裕不至有此。果如所言,臣亦应得罪。""臣亦应得罪"句颇费解,《通鉴》与新、旧《唐书》本传都未提供解答。今查《唐语林》卷一《德行》类,有云:"路相隋,幼孤。……李卫公慕其淳笃,结为亲家,以女适路氏。"新旧《唐书》本传都未载路隋与德裕结为儿女亲家,《唐语林》之记载未知本于何书,虽为孤证,但与《通鉴》等所载路隋的话"果如所言,臣亦应得罪"合看,则"结为亲家"之说似可成立。

又《旧·路隋传》末史臣评曰:"自宝历初为承旨学士,即参大政矣。后十五年在相位(中华书局点校本校云:《新旧唐书合钞》卷二一〇《路隋传》作'五年'),宗闵、德裕朋党交兴,攘臂于其间,李训、郑注始终奸诈,接武于其后,而隋藏器韬光、隆污一致,可谓得君子中庸而常居之也。"

德裕由镇海军节度使改授太子宾客分司,未行,即于同月(四月)因所谓对文宗"大不敬"而贬为袁州刺史。

据《旧·文宗纪》,德裕改太子宾客在大和九年四月丙戌,是月丙子朔,丙戌为十一日。《旧纪》又载,同月,"庚子,诏银青光禄大夫、守太子宾客分司东都、上柱国、赞皇县开国伯、食邑七百户李德裕贬袁州长史"。庚子为二十五日,即半月以后,又加贬谪。新旧《唐书》德裕本传均仅言同月复贬为袁州刺史,未言其他。《通鉴》载谓:"(四月)庚子,制以向日上初得疾，王涯呼李德裕奔问向起居，德裕竟不至；又在西蜀征逋悬钱三十万缗，百姓愁困；贬德裕袁州长史。"《唐大诏令集》卷五十七《李德裕袁州长史制》，所载较详，今录之如下："有国之典，本于明罚；为君之道，必在去邪。皇王大政，谅无易此。奸凶与比，诚敬尽亏，无君之心，因事辄见，岂可尚居崇秩，犹列东朝。银青光禄大夫、守太子宾客分司东都、上柱国、赞皇县开国伯、食邑七百户李德裕，性本阴狡，材则脆弱，因缘薄艺，颉颃清途。既忝藩镇，旋处钧轴，靡怀愧畏，肆意欺诬，废挠旧章，汨乱彝序。贤良尽逐，当白昼而重关；诡诈是谋，逮中宵而万变。朕尝以寒暑得疾，初甚惊人，凡百臣子，奔走道路，而德裕私室晏然，全无忧戚。王涯驻车道左，络绎追呼，满朝倾骇，竟以不至。又在西蜀之日，征逋悬钱，仅三十万贯，使疲羸老弱，徒转沟壑。交结异类，任用憸人，贿赂流行，朱紫无辨。是宜处之重典，以正刑书。犹以凤经委使，载深宽宥，俾佐遐服，用示宽恩。可守袁州长史，驰驿发遣。"

按本年三月王璠、李汉、郑注诬告德裕因杜仲阳而结交漳王凑，图为不轨，这是大和五年郑注、王守澄诬害宋申锡的故伎重演，由于路隋的解救，也由于宋申锡被贬后舆论多以为冤，才使王璠、李汉等计谋未能得逞，于是时隔数日，又捏造两个借口，其一说是文宗去年十二月病时，王涯呼李德裕同去问安，德裕未去。王涯作相，郑注出力为多，正是由于买通中人关节的缘故。言官弹劾郑注，也由于王涯的回护，才得免于论列。王涯这时已成为郑注等工具，他的证词当然不足为信。至于在蜀中追逋悬饯,也是旧事重提,而且也未能证实。诏书中所举这两条罪状,完全出于捏造。更可研究的是,诏书中只字未提杜仲阳、漳王事,正又证明前所论奏完全是假,自知理亏,故不敢再加写入。

这两次的诬告,背后仍有李宗闵指使,因李汉本是李宗闵一党。《新书》卷七八《宗室·淮阳王道玄传》附李汉传,汉为道玄六世孙,"会李宗闵当国,擢知制诰,稍进御史中丞,吏部侍郎。初,德裕贬袁州,汉助为排挤"。可以说,李德裕此次之贬谪,是李宗闵及其党与、郑注、宦官共同合谋的结果。

德裕于四、五月启程赴袁州,自历阳登舟,溯长江而上,途中曾往访陶渊明故里。

德裕有《畏途赋》(别集卷二),自序云:"乙卯岁孟夏,余俟罪南服,自历阳登舟,五月届于蠡泽。当隆暑赫曦之候,涉浔阳不测之川。亲爱闻之,无不挥泪。"赋中有云:"于时行潦猥至,百川皆注,望九派而无际,横扁舟而径度。……访浔阳之故里,怀靖节之旧居。陈一樽以遥奠,悲三径之久芜。"按此文作于开成元年北归途中,赋中所云,皆为追忆。历阳即今安徽和县。德裕当由润州(镇江)西行,走陆路,至历阳始走水路。袁州在今江西宜春。

李宗闵、郑注既贬李德裕,郑注复与李宗闵有矛盾,乃因杨虞卿案,于本年六月贬李宗闵为明州刺史;七月,郑注又发李宗闵结宦官等求为宰相事,再贬为处州刺史;八月,又贬为潮州司户。宗闵之党杨虞卿、李汉、萧澣等皆贬出。

《通鉴》卷二四五,大和九年载:"京城讹言郑注为上合金丹,须小儿心肝,民间惊惧,上闻而恶之。郑注素恶京兆尹杨虞卿,与李训共构之,云此语出于杨虞卿家人。上怒,六月,下虞卿御史狱。注求为两省官,中书侍郎、同平章事李宗闵不许,注毁之于上。会宗闵救杨虞卿,上怒,叱出之;壬寅,贬明州刺史。"又七月载:"初,李宗闵为吏部侍郎,因驸马都尉沈𬤵结女学士宋若宪、知枢密杨承和得为相。及贬明州,郑注发其事,壬子,再贬处州长史。"又:"贬左金吾大将军沈𬤵为邵州刺史。八月丙子,又贬李宗闵潮州司户。赐宋若宪死。"

《旧书》卷一七六《杨虞卿传》记杨虞卿案如下:"(大和)九年四月,拜京兆尹。其年六月,京师讹言郑注为上合金丹,须小儿心肝,密旨捕小儿无算。民间相告语,扃锁小儿甚密,街肆恼恼。上闻之不悦,郑注颇不自安。御史大夫李固言素嫉虞卿朋党,乃奏曰:'臣昨穷问其由,此语出于京兆尹从人,因此扇于都下。'上怒,即令收虞卿下狱。虞卿弟汉公并男知进等八人自系,挝鼓动诉冤,诏虞卿归私第。翌日,贬虔州司马,再贬虔州司户,卒于贬所。"

《全唐文》卷七十文宗名下有《授李固言崇文馆大学士、贾𫗧集贤殿大学士制》,称李固言"刚毅自任,端严不回,常怀疾恶之心,每负佐时之业。顷者奸雄蔽过,私党比连,非尔固言,孰开予意。况面陈至恳,章疏继来,辨虞卿、宗闵之倾邪,明萧瀚、李汉之朋附。爰付大任,益章器能"。按制词中称贾𫗧为"朝议大夫、守中书侍郎、同中书门下平章事、上柱国、姑臧县开国男、食邑三百户、赐紫金鱼袋"，称李固言为"朝散大夫、守门下侍郎、同中书门下平章事，上柱国、赐紫金鱼袋"。据《新书·宰相表》下，贾餗于大和九年四月戊戌由浙西观察使守中书侍郎、同中书门下平章事，李固言于同年七月辛亥由御史大夫守门下侍郎、同中书门下平章事，九月丁卯，李固言则出为山南道节度使，贾餗亦于十一月甘露之变时被杀。李、贾同相，在七、八、九三月。又据《旧纪》，贬李宗闵、萧澣、李汉等在七月。此制词大约于八月间行下。从这一制词可以看出，揭发杨虞卿及李宗闵朋比为奸事，李固言之功居多，李当时是御史大夫，而他之所以任御史大夫，正是李宗闵荐引的结果。由他来揭发李宗闵、杨虞卿朋党奸邪等事，当然比李德裕一派或郑注等人更易为文宗所信任，同时也正可说明李宗闵等结党营私的情状确实存在，而且较前更有发展，连像李固言本与宗闵相善的人也已不能容忍。郑注不过是利用这一缺口，再向文宗告发李宗闵的私事，进一步给予打击。

　　《旧·李宗闵传》云："（大和）九年六月，京兆尹杨虞卿得罪，宗闵极言救解，文宗怒叱之曰：'尔尝谓郑覃是妖气，今作妖，覃耶？尔耶？'翌日，贬明州刺史，寻再贬处州长史。七月，郑注发沈𬤇、宋若宪事，内官杨承和、韦元素、沈𬤇及若宪姻党坐贬者十余人，又贬宋闵潮州司户。"《新·李宗闵传》亦载文宗叱李宗闵语："尔尝以郑覃为妖气，今自为妖耶！"又载："训、注乃劾宗闵异时阴结驸马都尉沈𬤇、内人宋若宪、宦者韦元素、王践言等求宰相。"由此可见李宗闵出于党私之见，曾屡次攻讦郑覃等人，已引起文宗的不满，加上这次怂恿杨虞卿造作谣言，事发后又极力为其解辩，乃更使得文宗怒不可遏，七月间郑注又揭发李宗闵结纳驸马都尉沈𫖯、女学士宋若宪以求宰相，就又促使文宗将他远贬。

据《通鉴》大和九年七月载："初，李宗闵为吏部侍郎，因驸马都尉沈𫖯结女学士宋若宪、知枢密杨承和得为相。"《旧书》卷五十二《后妃·宪宗孝明皇后郑氏传》曾附载宋若宪事，可参。

又，此次所贬，除李宗闵、杨虞卿外，另有宗闵之党如萧澣、李汉等人。《旧·文宗纪》大和九年七月，癸丑，"贬吏部侍郎李汉为汾州刺史，刑部侍郎萧澣为遂州刺史"。《旧书》卷一七一《李汉传》亦云："（大和）九年四月，转吏部侍郎。六月，李宗闵得罪罢相，汉坐其党，出为汾州刺史。宗闵再贬，汉亦改汾州司马，仍三二十年不得录用。"可见李汉是由于李宗闵的党与而被贬出的，但《新书·李汉传》却将汉之远贬归因于李德裕，谓："初，德裕贬袁州，汉助为排挤，后德裕复辅政，汉坐宗闵党出为汾州刺史，宗闵再逐，改州司马。"德裕之贬在大和九年四月，李宗闵、李汉之贬在同年七月，这时德裕尚在贬所，何来"德裕复辅政"之事？可见晚唐史料，多被朋党之见弄得相当混乱，而其间往往出牛党之手，诬陷李德裕，有时连基本事实也完全颠倒。

与此同时，朝官中既非李德裕党，也非李宗闵党的，也有因而贬出的，如《旧纪》七月"戊午，贬工部侍郎、充皇太子侍读崔侑为洋州刺史，贬吏部郎中张讽夔州刺史，考功郎中、皇太子侍读苏涤忠州刺史，户部郎中杨敬之连州刺史"；"癸亥，贬侍御史李甘为封州司马,殿中侍御史苏特为潘州司户"。这是郑注、李训乘势对朝官、特别是对言官的打击。

《唐大诏令集》曾载《贬李宗闵明州刺史制》、《贬李宗闵处州长史制》、《贬李宗闵潮州司户制》,今摘录有关部分如下:"事每怀私,言非纳诲。近者别登俊彦,与之同列,忌贤不悦,物论喧哗。翼赞之效蔑闻,怨嫌之声屡作。前后叨位,中外同辞,惟进奔竞之徒,莫修恭慎之道。"(《贬明州刺史制》)"细大之愆,既暴前诏,而交通匪类,踪迹又彰,岂可尚领方州,牧我黎庶,宜谪遐佐,以肃朝伦。"(《贬处州长史制》)"交结凶邪,叨取荣显,奸险阴慝,因事尽彰,顷为吏部侍郎,令沈𫘧于内人宋若宪处密求宰相,乃事迹败露,文字犹在,阅视之际,良深叹骇。既专枢柄,益附私党,附下罔上,废义灭公。言多矫诬,动挟欺诈,伤风败俗,负我何深。"

九月癸卯朔,下诏:李宗闵、李德裕之党,除已放黜外,一切不问。

《旧·文宗纪》大和九年九月,"癸卯朔,奸臣李训、郑注用事,不附己者,即时贬黜,朝廷悚震,人不自安。是日,下诏曰:'朕承天之序,烛理未明,劳虚襟以求贤,励宽德以容众。顷者台辅乖弼谐之道,而具僚扇朋比之风,翕然相从,实斁彝宪。……今既再申朝典,一变浇风,扫清朋附之徒,匡饬贞廉之俗,凡百卿士,惟新令猷。如闻周行之中,尚蓄疑惧,或有妄相指目,令不自安,今兹旷然,明喻朕意。应与宗闵、德裕或新或故及门生旧吏等,除今日已前放黜之外,一切不问。'"(按此诏又见《旧书·李宗闵传》,文字小有异同)

《通鉴》以此诏出自郑注、李训之意,七月载:"是时李训、郑注连逐三相(琼按三相指李德裕、路隋、李宗闵),威震天下,于是平生丝恩发怨无不报者。"后又云:"时注与李训所恶朝士,皆指目为二李之党,贬逐无虚日,班列殆空,廷中恼恼,上亦知之。训、注恐为人所摇,九月癸卯朔,劝上下诏:'应与德裕、宗闵亲旧及门生故吏,今日已前贬黜之外,余皆不问,'人情稍安。"(又可参见《旧书》卷一六九《郑注传》)

宋孙甫论李德裕、李宗闵之所谓朋党,及论文宗听察之不明。

宋人孙甫《唐史论断》下,专立一节为《辨朋党》,从李德裕、李宗闵立身行事加以比较,其说较为公允,又论文宗听察之不明,均可供参考。其说云:

"后李宗闵得用,排李德裕及其相与者,德裕得用,亦排宗闵及其相与者,故交怨不解,其过似均矣。但德裕未相,在穆宗、昭愍朝,论事忠直,有补于时,所历方镇,大著功效;又裴度尝荐之作相,为宗闵辈所沮而罢,遂领剑南,虽因监军王践言入言维州事,文宗召以归朝,遂命作相,本由功名用也。及秉政,群邪不悦,竟为奸人李训、郑注所潜,引宗闵代之。宗闵未相,绝无功效著闻。任侍郎日,结女学士宋若宪、知枢密杨承和求作相,以此得之;及其出镇也,又由训、注复用。此德裕之贤与宗闵不侔矣。又德裕所与者多才德之人,几于不党,但刚强之性好胜,所怨者不忘,所与者必进,以此不免朋党之累;然比宗闵之奸,则情轻也。文宗但以其各有党嫉之,不能辨其轻重之情,明已不足矣;又听训、注所潜,朝之善士,多目为二李党而逐之,此所谓君明不足,虽察其朋党而不能辨其情之轻重也。"

十一月，**李训、郑注谋诛宦官**，"诈言金吾仗舍石榴树有甘露，请上观之。内官先至金吾仗，见幕下伏甲，遽扶帝辇入内，故训等败，流血涂地"（《旧纪》）。**宰相王涯、贾餗、舒元舆及李训皆为宦官所杀。郑注时为凤翔节度使，亦被杀。史称"甘露之变"。**

此事详见《旧·文宗纪》、《通鉴》，及新旧《唐书》之李训、郑注、王涯等本传，此处不具录。关于"甘露之变"及李训、郑注的评价，前人所论不一。唐宋以后大多目郑注、李训为奸佞、小人，当然不少是从封建正统思想出发的，需要辨析。本书不拟详予论列，只摘举代表性意见，稍加评论。

清王鸣盛《十七史商榷》卷九十一《训注皆奇士》条，对李训、郑注持完全肯定的态度，其说云："李愬目郑注为奇士，其实训、注皆奇士也，特奇功不成耳。……然训杀守澄及陈宏志、杨承和、韦元素、王践言，剖崔潭峻棺，鞭其尸，元和逆党几尽，功亦大矣。《训传》言训本挟奇进，及权在己，锐意去恶，欲先诛宦竖，乃复河湟，攘却回鹘、吐蕃，归河朔诸镇，志大如此，非奇士乎？《注传》言日日议论帝前，谋锄剪中官，亦忠于为国者；即使本欲揽权，假公济私，脱令其功得成，乱本拔矣。……传中讥其诡谲贪沓，皆空诋无指实，指实处仅榷茶税、兴曲江工役二事，茶者末业妨农，榷之未为过。曲江小役耳，士大夫尚有别墅，天子一葺池亭，奚不可？……诋讥之词，安知非沿当日史官曲笔。千载而下，读史者于训、注但当惜之，不当复恶之。"

史学家岑仲勉先生宗其说，所著《隋唐史》中说："《十七史商榷》九一《训注皆奇士》条，辨《新唐书》本传诡谲贪沓之说,语最公允。当日阉人势盛,士夫固多为作鹰犬者,《新唐书》仅据旧籍转录,正王氏所谓史官曲笔,不可尽恃也。……按处变用权,圣贤所许,因守澄而进,固未能定训、注终身。旧说谓训、注反覆,无非为其谋杀守澄。充彼辈之说,则邪正不分,示人以从恶须终,而绝人自新之路,其为悖理,无待蓍龟。文宗既与郑、李有密谋(见《通鉴》二四五),则请问头巾书生,应背守澄以诛奸恶乎?抑应念私恩而忘国事乎?大义尚可灭亲,以谋守澄而目郑注曰反覆,直不啻为宦官泄愤。"(页三三四)

按王、岑二氏肯定郑注、李训,不外两点,一是"李训、郑注为上画太平之策,以为当先除宦官,次复河湟,次清河北",文宗"以为信然,宠任日隆"(《通鉴》卷二四五大和九年七月)。这里牵涉到对历史人物的评价,是看其行动,还是只听其言论。复河湟,清河北,确是当时朝廷所亟盼解决的大问题,正因如此,李、郑才对文宗吹嘘,所谓"开陈方略,如指诸掌"(同上《通鉴》),以求得文宗的信用。而实际上他们根本没有为此而作任何准备,他们所忙的,只是如何排除异己,尤其是对有所作为的李德裕,也想置之死地而后快,就可推知李、郑实在没有什么政治方略,而只有政治投机。至于令王涯榷茶税,只不过是扩大税收,增加工商的负担,兴曲江工役,是投文宗一己之所好。其次,所谓诛杀宦官,也要作具体分析。郑注本是因为投靠宦官王守澄而发迹的,李训的从父李逢吉早时也曾结纳王守澄,李逢吉要想东山再起,就派李训走郑注的门路,并用大量金银钱帛贿赂王守澄,李训因而得荐引于文宗。就是说,他们的政治靠山本来就是宦官集团,而且在尔后的一系列行动中仍是依靠宦官来打击朝官中不党附他们(如李德裕、李甘等),或与他们有利害冲突的人(如李宗闵等一派)。他们之诛杀王守澄、陈宏志等,只不过是宦官中的这一派已经失势,正可打击,这对于宦官中握有实权的仇士良一派来说并无妨害,宁唯是只有好处。而他们要进一步诛杀仇士良的一派,也不过是一种政治冒险,幻想借此来掌握更大的权力,甘露之变前夕李训与郑注的权力之争正可看出他们只不过是图谋私利的攫权者。范文澜先生《中国通史简编》第三编论此事,颇可参考,其中说:"八三五年,唐文宗将心事密告李训、郑注。李训、郑注二人认为有大利可图,都答应以诛宦官为己任。二人给唐文宗策划,擢用宦官仇士良为中尉,分王守澄的权势,又斥逐李宗闵出京。大批朝官被指为李宗闵、李德裕的徒党,遭受贬逐,重要官职都换用二人的徒党。"又说:"李训、郑注原先商定的阴谋,唐文宗是同意的,后来李训自定的阴谋,也得到唐文宗的同意。这说明他只求杀死宦官,至于如何杀和杀了以后如何,似乎都是不值得考虑的小事。他看宦官仅仅是若干个阉人,不看见宦官代表着一种社会势力,甚至不看见宦官与神策军的关系,以为用阴谋一杀即可成事。这种愚蠢的想法和行动,决不会让他获得什么好处。"(页一七六——一七七)

正月,李逢吉卒,时为司徒致仕。四月,沈传师卒,时为吏部侍郎。

据《旧·文宗纪》。

李绅于五月又为李宗闵所排,由浙东观察使改授太子宾客、分司

东都。

《旧·文宗纪》大和九年五月，"丁未，以浙东观察使李绅为太子宾客，分司东都"。又《旧书》卷一七三《李绅传》："（大和）九年，李训用事，李宗闵复相，与李训、郑注连衡排摈德裕罢相，绅与德裕俱以太子宾客分司。"《新书》卷一八一《李绅传》："李宗闵方得君，复以太子宾客分司。"

又，李绅这次由浙东赴洛阳，途经扬州，时牛僧孺仍在淮南节度使任，僧孺曾设宴款待李绅，绅有《州中小饮便别牛相》诗（《全唐诗》卷四八二），云："笙歌罢曲辞宾侣，庭竹移阴就小斋。愁不解颜徒满酌，病非伤肺为忧怀。耻矜学步贻身患，岂慕醒狂蹋祸阶。从此别离长酩酊，洛阳狂狷任椎埋。"此诗情真意深，对牛僧孺不隐瞒其就洛阳闲职的"忧怀"。牛僧孺与李宗闵似仍有不同，牛与当时文人如白居易、刘禹锡、杜牧、李绅等，均有诗什酬唱，而李宗闵则无，纯粹是官场中人物，无与风雅之道。

十二月，薛元赏代张仲方为京兆尹。时禁军横暴，张仲方不敢治，郑覃于十一月"甘露之变"后拜相，乃以元赏代之。薛元赏治神策军有方，其势稍戢。

《旧·文宗纪》大和九年十二月，"丁亥，以权知京兆尹张仲方为华州防御使，以司农卿薛元赏权知京兆"。

按薛元赏，《旧书》无传，《新书》卷一九七《循吏传》载其传，但记其为京兆尹事极简略，仅云"迁累司农卿、京兆尹"，亦未言及年月。《通鉴》卷二四五本年十二月记其事颇详，云："时禁军暴横，京兆尹张仲方不敢诘，宰相以其不胜任，出为华州刺史，以司农卿薛元赏代之。元赏常诣李石第，闻石方坐听事与一人争辩甚喧，元赏使觇之，云有神策军将诉事。元赏趋入，责石曰：'相公辅佐天子，纪纲四海。今近不能制一军将，使无礼如此，何以镇服四夷！'即趋出上马，命左右擒军将，俟于下马桥，元赏至，则已解衣踞之矣。其党诉于仇士良，士良遣宦者召之曰：'中尉屈大尹。'元赏曰：'属有公事，行当继至。'遂杖杀之。乃白服见士良，士良曰：'痴书生何敢杖杀禁军大将！'元赏曰：'中尉，大臣也，宰相亦大臣也，宰相之人若无礼于中尉，如之何？中尉之人无礼于宰相，庸可恕乎？中尉与国同体，当为国惜法，元赏已囚服而来，惟中尉死生之！'士良知军将已死，无可如何，乃呼酒与元赏欢饮而罢。"

按薛元赏前任汉州刺史时，曾上疏表示赞同李德裕对维州事件的处理，吏事精明。会昌时李德裕为相，曾加重用，宣宗大中初亦坐李德裕贬官。此次处理神策军将事，固然因"甘露之变"后，宦官专横太甚，人多怨怒，仇士良欲稍加收敛，但也由于薛元赏的机智和强干，这是牛党人物所不能有的。张仲方就远非如此，《旧书》卷九十九《张九龄传》附张仲方事，即云："是时军人横恣，仲方脂韦，坐不称职，出为华州刺史。"《新传》亦云："已而禁军横，多挠政，仲方势笮，不能有所绳劾。宰相郑覃更以薛元赏代之，出为华州刺史。"

按甘露之变，宰相王涯、李训、贾餗、舒元舆皆被杀。十一月，乃命郑覃、李石为相，郑、李二人的政见接近于李德裕，过去史籍载以为李党。

《酉阳杂俎》前集卷八《黥》部又载："上都街肆恶少，率髡而肤劖,备众物形状。恃诸军,张拳强劫,至有以蛇集酒家,捉羊胛击人者。今京兆尹薛公元赏上三日,令里长潜捕,约三十余人,悉杖煞,尸于市。市人有点青者,皆炙灭之。时大宁坊力者张干,劖左膊曰'生不怕京兆尹',右膊曰'死不畏阎罗王'。又有王力奴,以钱五千召劖工,可胸腹为山、亭院、池榭、草木、鸟兽,无不悉具,细若设色。公悉杖杀之。"

〔编年文〕

《白芙蓉赋》(别集卷一)

题下注"再至江南作"。自序云:"金陵城西,池有白芙蓉,素萼盈尺,皎如霜雪,江南梅雨麦秋后,风景甚清,漾舟绿潭,不觉隆暑。"赋亦云"朱明夕霁,佳木凝阴"。则当为本年初夏作,时尚未贬袁州。

《重台芙蓉赋》(别集卷一)

此为"再至江南"所作四赋之最末一篇,当与上篇《白芙蓉赋》同时稍后所作,约为本年四月贬袁州前。

《山凤凰赋》(别集卷一)

《孔雀尾赋》(别集卷一)

《智囊赋》(别集卷一)

此三赋为"袁州七首"之前三篇。德裕于大和九年抵袁州任,此三篇当为本年下半年作,详参《李德裕文集校笺》。

〔编年诗〕

《夏晚有怀平泉林居》(别集卷九)

《早秋龙兴寺江亭闲眺忆龙门居寄崔张旧从事》(同上)

按以上二诗,皆于题下注云"宜春作"。当作于本年夏秋。